DU

DROIT D'ARRESTATION

A ROME

DES ARRESTATIONS ARBITRAIRES

EN DROIT FRANÇAIS

PAR

Armand NICOLLE

DOCTEUR EN DROIT

LAURÉAT DE LA FACULTÉ DE DROIT DE BORDEAUX.

2ᵉ ANNÉE : 2ᵉ PRIX DE DROIT ROMAIN.

3ᵉ ANNÉE : 2ᵉ MENTION DE DROIT CIVIL.

PARIS

V. GIARD & E. BRIÈRE

LIBRAIRES-ÉDITEURS

16, rue Soufflot, 16

1894

DROIT ROMAIN

DU
DROIT D'ARRESTATION
A ROME

DROIT FRANÇAIS

DES ARRESTATIONS ARBITRAIRES

THÈSE POUR LE DOCTORAT

PRÉSENTÉE ET SOUTENUE

le Mercredi *11 Avril 1894*, à 2 heures 1/2.

PAR

Armand NICOLLE

LAURÉAT DE LA FACULTÉ DE DROIT DE BORDEAUX.
2ᵉ ANNÉE : 2ᵉ PRIX DE DROIT ROMAIN.
3ᵉ ANNÉE : 2ᵉ MENTION DE DROIT CIVIL.

PARIS.

V. GIARD & E. BRIÈRE

LIBRAIRES-ÉDITEURS

16, rue Soufflot, 16

1894

DU DROIT

D'ARRESTATION

A ROME

INTRODUCTION

Il est difficile de trouver chez un peuple l'amour de la liberté plus profond qu'il ne le fut chez les Romains. Ils savaient, il est vrai, dans les moments de danger social, faire céder l'intérêt de chacun devant celui de tous, pour ne plus connaître qu'un principe : *Salus populi suprema lex esto*. Sans doute aussi, dans les dernières années de la République et pendant la période impériale, la liberté individuelle fut souvent violée, mais il n'en est pas moins vrai qu'en temps normal, à l'époque de la République, cette liberté fut toujours, à Rome, l'objet d'un véritable culte.

De même que le rôle prépondérant, dans le gouvernement, appartenait à l'assemblée du peuple, à qui revenait toujours le dernier mot, de manière à empêcher tout abus de pouvoir, de même, en matière cri-

minelle, la liberté des citoyens était garantie par une
procédure excessivement juste et méticuleuse au point
de faire écarter la détention préventive de l'accusé,
fût-il sous le coup d'une accusation capitale.

Quelles étaient donc les circonstances dans lesquelles
on avait recours à l'arrestation? A quelles conditions
était-elle soumise quand elle était possible? Enfin,
quels magistrats avaient le droit de l'ordonner? Telles
sont les questions auxquelles nous allons nous efforcer
de répondre.

La théorie du droit d'arrestation rentre, pour la plus
grande partie, dans le droit public, et nous nous pro-
posons de l'étudier principalement à ce point de vue.
Néanmoins, l'arrestation privée jouait, à Rome, un
rôle trop important pour que nous croyions pouvoir
nous dispenser, sinon d'en parler en détail, du moins
de la citer à titre de mémoire.

Le droit privé, beaucoup plus étendu, en droit romain, que dans notre législation actuelle, puisque l'on
y faisait entrer tous les crimes et les délits contre la
propriété, différait aussi de cette législation par la nature des moyens de contrainte et des voies d'exécution
contre le débiteur ou l'auteur d'un délit. Non seulement, en effet, les Romains admettaient, comme nous,
la contrainte sur les biens, mais en outre, ils permet-
taient au créancier ou à la victime d'un délit de s'emparer de la personne du débiteur pour l'incarcérer et
même de le tuer ou de le vendre comme esclave. Une loi
Pétilia, votée en l'an 429 ou 440 de Rome, vint atténuer
les droits du créancier, mais ce dernier put néanmoins

encore détenir chez lui (*in carcere privato*) et enchaîner son débiteur.

Cet état de choses fut maintenu jusqu'au règne de l'empereur Zénon, qui remplaça, pour l'Égypte, la prison privée par la prison publique. Justinien généralisa cette réforme et punit de la perte de son propre droit, ainsi que d'un emprisonnnement, l'individu coupable d'avoir incarcéré lui-même son débiteur.

Quant à la procédure suivie pour arriver à la détention privée (*manus injectio*), son explication détaillée nous entraînerait hors de notre cadre. Nous nous bornerons à citer, dans un ordre d'idées un peu différent, un exemple d'arrestation privée se rapprochant davantage du droit public. Nous voulons parler du droit accordé, en cas d'adultère, au mari à l'égard du complice de sa femme.

Dans le droit romain primitif, le mari pouvait tuer impunément le complice de sa femme qu'il surprenait en flagrant délit d'adultère. Il pouvait également, au lieu de le tuer, le battre ou le mutiler. Plusieurs textes, citant des faits de ce genre, les accompagnent, en effet, des mots : *jure fecit*, ou bien : *ei fraudi non fuit* (1).

Cela n'empêchait pas que le magistrat pût, dans tous les cas, traduire le coupable devant l'assemblée du peuple. Peut-être même, en cas de flagrant délit, le mari pouvait-il amener l' « *adulter* » devant le magistrat qui appliquait une peine fixée soit par la loi, soit par l'usage. S'il en était ainsi, le mari devait, vraisem-

_____

(1) Valère-Maxime : VI, 1, 13.

blablement, pour obtenir la prononciation de cette peine, faire constater par des témoins la présence du coupable, et, dans ce but, il l'enchaînait : « *Conligavit primum cum miseris modis* » (1). De même, on trouve au Digeste (2) la phrase suivante : « *Proinde si quis in … adulterio deprehensus…, timuit enim vel mortem, vel vincula* » (3).

Auguste modifia la législation sur cette matière : la loi *Julia de adulteriis*, rendue en l'an de Rome 736 ou 737, institua *un judicium publicum* destiné à combattre les progrès de l'immoralité et retira, dans certains cas, au mari le droit de tuer le complice de sa femme. Sous l'empire de cette loi, l' « *adulter* » ne peut plus être tué par le mari que s'il est de condition vile et s'il est surpris dans la propre maison du mari. Même alors, ce dernier est tenu d'observer certaines formalités. Il doit, dans les trois jours, avertir le magistrat et lui faire connaître les faits et le lieu où ils se sont passés (4). Enfin, il faut qu'il répudie sa femme immédiatement.

Lorsque le mari ne peut ou ne veut pas tuer le complice de sa femme, il peut le retenir en prison pendant vingt heures, même s'il l'a surpris en dehors de la maison conjugale (5).

La loi *Julia de adulteriis* donne au père de la femme

---

(1) Térence : Eunuch. act. V, sc. V, v. 15.
(2) Loi 7, § Ier, IV, 2.
(3) Esmein : *Le délit d'adultère à Rome*, pages 9 et 10.
(4) Loi 24 Dig. XLVIII, 5.
(5) Loi 25 eodem.

les mêmes droits, en ce qui concerne l'arrestation du complice, et lui attribue, en outre, le *jus occidendi*, dans les cas où elle le retire au mari. Toutefois, le père ne peut user impunément de ce droit que s'il a surpris les complices dans sa maison ou dans celle de son gendre, et qu'à la condition de les tuer tous les deux sur-le-champ (1).

Dans le droit de Justinien, le mari est autorisé à tuer le complice de sa femme, même en l'absence du flagrant délit (2), seulement il doit appliquer la procédure suivante : s'il soupçonne un individu déterminé, il doit lui adresser par écrit trois dénonciations et faire constater ce fait par trois hommes dignes de foi. Si, après cela, le mari rencontre *l'adulter* présumé avec sa femme, soit dans la maison conjugale, soit dans une maison appartenant à lui-même ou à sa femme, soit « *in popinis aut in suburbanis* », il a le droit de le tuer. Si le mari trouve les complices dans un autre lieu, il doit faire constater le fait par trois témoins et peut ensuite arrêter *l'adulter* et le livrer au juge, qui prononce sans autre preuve la condamnation pour adultère (Esmein : *Délit d'adultère*, page 78).

(1) Lois 22 et 23 eod.
(2) Nov. 117, C. 15, pr.

PREMIÈRE PARTIE

ARRESTATION DES CITOYENS ROMAINS

DANS LA COMPÉTENCE URBAINE

SOUS LA RÉPUBLIQUE

CHAPITRE 1ᵉʳ

Rapports de l'arrestation avec la coercition et la juridiction criminelle.

C'était un principe à Rome, que les magistrats considérés comme représentants du peuple, participaient à la *majestas* de ce dernier et, en cette qualité, avaient droit au respect de leurs concitoyens (1). Dès lors, pour leur permettre d'assurer le respect de leur personne et l'obéissance à leurs ordres, il leur était accordé des pouvoirs très étendus, composant ce qu'on appelait leur droit de coercition.

On désigne sous ce nom « le moyen par lequel le « magistrat qui a émis un ordre dans les limites de « ses attributions ou le collègue de ce magistrat, se fait

---

(1) Willems, Droit public romain, page 231.

« justice à lui-même contre le citoyen qui refuse
« d'obéir. On considère, en outre, comme équivalent à
« une désobéissance, tout acte par lequel une personne
« entrave le magistrat dans l'exercice de ses fonctions
« (*in ordinem cogit* (1) ou bien porte atteinte à sa per-
« sonnalité par acte ou par paroles » (2).

Les modes de coercition étaient la peine de mort, la
réduction en esclavage, l'emprisonnement, la fustiga-
tion, la confiscation des biens, l'amende et la saisie des
gages.

Nous n'avons à nous occuper ici que de l'arrestation
(*prensio*) et de l'emprisonnement (*abductio in carcerem,
in vincula*). Ces deux moyens de contrainte, qui jouaient
un rôle considérable dans la coercition, étaient également très souvent employés en matière de juridiction
criminelle pour arriver à la détention préventive, inconnue, en principe, des Romains.

Tandis que, dans le droit privé, l'Etat se bornait à un
simple rôle d'arbitre et laissait tout le procès se dérou-
ler entre particuliers, *inter privatos*, au contraire, dans
la partie du droit public qui constitue le droit criminel,
il intervenait d'une façon plus active, par l'intermédiaire de ses représentants, pour infliger la peine et la
faire subir à celui qui la méritait.

(1) Le magistrat étant considéré comme ayant été élevé, par
l'élection, au-dessus de ses concitoyens, celui qui l'empêche
d'exercer ses fonctions est censé l'abaisser au niveau des autres
citoyens ; il le fait rentrer dans le rang « *in ordinem cogit* ».

(2) Mommsen. Traité de droit public romain. Traduction de
M. Girard. Tome premier, 2ᵉ édition, page 159.

C'est la mission de représenter l'Etat dans ces circonstances que l'on appelle le droit de juridiction criminelle.

Nous venons de définir deux institutions fondamentales dans l'organisation politique romaine. la coercition à l'égard de celui qui désobéit et la juridiction à l'égard du criminel. Aussi bien en théorie qu'en pratique, une grande affinité les rapproche et elles ont même, primitivement, été les deux parties d'un seul tout. Cela s'est, d'ailleurs. conservé dans la compétence *militiæ* et il y eut toujours un nombre assez considérable de faits qui. même dans la compétence *domi*, pouvaient être considérés comme délits ou comme désobéissance au magistrat. Cependant, à l'intérieur de la ville, la coercition et la juridiction furent promptement distinguées l'une de l'autre. D'abord, théoriquement, en ce que la peine appliquée par le magistrat, comme juge, devait être strictement mesurée à la faute commise et avait pour but unique la correction du condamné, tandis que le châtiment infligé par le magistrat se faisant justice à lui-même devait, non seulement punir la désobéissance passée, mais encore empêcher une nouvelle infraction, en déterminant le condamné à se soumettre à la loi.

La coercition et la juridiction criminelle se distinguent, ensuite, pratiquement, en ce qui concerne la notion de l'infraction et, surtout, la manière de la constater qui varient essentiellement dans l'un ou l'autre cas. De plus, les autorités ayant le droit de coercition n'ont pas toutes celui de juridiction pénale ou réciproquement, et certains dommages qui peuvent servir de moyens de coercition ne peuvent être employés comme condamnations pénales.

Il y avait encore une différence, quant à l'application de la peine, dans la compétence *domi* : tandis qu'en matière de coercition, la peine pouvait suivre immédiatement l'injure, le magistrat condamnant comme juge était, au contraire, tenu de respecter le principe dit des trois délais, d'après lequel l'accusé devait, avant la prononciation de la sentence, être interrogé publiquement trois fois au moins par le magistrat. Enfin, si la coercition et la juridiction ne se distinguaient pas, en droit, sous la royauté, à cause de la concentration absolue de l'*imperium* dans une seule main, il n'en fut plus de même sous la République. Alors, le magistrat conserva, dans la coercition, un pouvoir à peu près illimité pour l'appréciation de la faute et de la peine à appliquer, mais en matière de juridiction criminelle et dans la compétence *domi*, il vit son *imperium* sérieusement diminué par une procédure pénale strictement déterminée.

Ainsi donc, il y a deux parties bien distinctes dans l'étude du droit d'arrestation à Rome, l'une relative au droit de coercition, l'autre à celui de juridiction. Mais, avant d'entrer dans les questions de détail, quelques notions générales sont encore nécessaires, notamment sur la théorie de la magistrature, et cela, pour la raison suivante.

L'admirable organisation de la justice criminelle des premiers siècles de la République ne pouvait durer lors des révolutions ou des guerres civiles incessantes qui marquèrent ses derniers siècles et encore moins sous l'Empire. Pendant que le droit civil, continuant à être surtout l'œuvre des jurisconsultes, atteignait à cette quasi-perfection qui lui a valu la qualification de raison écrite, le droit public ressentait promptement le contre-coup des désordres politiques. Les empereurs, en effet, s'ils avaient tout intérêt à contenter le peuple par de bonnes lois privées, étaient, au contraire, dans leur lutte continuelle pour la conservation de leur sécurité personnelle, portés à accaparer toute l'autorité et à supprimer toute initiative chez les magistrats. Le droit public se trouva, ainsi, livré à l'arbitraire absolu des souverains. De là, la difficulté d'en trouver une théorie générale, dans les auteurs romains, et l'obligation, pour quiconque veut aujourd'hui l'étudier, de passer en revue successivement toutes les magistratures sauf à réunir ensuite, en un seul tout, les renseignements recueillis de la sorte. Qu'était-ce donc qu'un magistrat?

Le mot *magister* désignait, dans les premiers temps de Rome, celui qui avait été élevé au-dessus de ses égaux par l'élection. Mais ce terme tomba vite en désuétude pour faire place à celui de *magistratus* qui, à l'époque de la République, signifie, à la fois dans un sens abstrait où il est équivalent de *honor*, la magistrature politique régulière et, dans un sens concret, l'individu exerçant cette magistrature, à condition, toutefois, qu'il ait été nommé directement par l'élection populaire ou par la cooptation des élus

du peuple. Cet élément de l'élection est le *criterium*
du *magistratus* comme de l'*honor* et c'est lui qui
qui distingue les magistratures des sacerdoces pour
lesquels, en principe, il n'y a aucun suffrage populaire
et des autres fonctions ou *munera* auxquelles les citoyens
peuvent être appelés.

Il résulte de là que l'idée de *magis'ratus* et d'*honor*
n'est pas restée immuable et qu'elle a subi des modifications avec les différentes époques. Primitivement,
tant que les magistrats supérieurs seuls furent nommés par le peuple ou par les élus du peuple, eux seuls
reçurent cette désignation de *magistratus* ou de *magister*. Mais, lorsque l'élection populaire fut étendue à
la questure, puis à d'autres fonctions encore moins
élevées, on prit l'habitude de ranger ces nouvelles
charges parmi les magistratures.

« En résumé, le *magistratus* est, quant à la forme
« extérieure des choses, celui qui a le droit d'avoir,
« dans la ville, les *fasces* ou les autres insignes im-
« pliquant la même autorité. Au point de vue du droit
« public, c'est celui qui administre, dans la ville de
« Rome, les affaires de l'Etat, soit en vertu de la cons-
« titution primitive, en tant qu'elle est encore en
« vigueur, soit conformément aux institutions de la
« République, en vertu de l'élection directe des citoyens
« ou de la cooptation d'un magistrat électif ». (1)

Il y avait plusieurs divisions des magistratures. Une
première comprenait les *magistratus patricii* et les

(1) Mommsen. Trad. Girard tome 1er page 10.

magistratus plebeii, ce qui ne signifie pas que les *magistratus patricii* étaient réservées aux seuls patriciens. C'étaient, en réalité, des magistratures de l'Etat patricioplébéien et le terme *magistratus* désignait, même dans la langue officielle, du moins à l'époque récente de la République, les deux catégories de magistrats. (2)

Une seconde division était celle des magistrats curules et non curules. Le premier groupe se composait des magistrats ayant droit au siège curule comme insigne de la juridiction. C'étaient, d'une part, tous ceux qui possédaient l'*imperium*, d'autre part, les édiles de l'Etat patricioplébéien et, sans doute aussi, les censeurs. Tous les autres magistrats étaient non curules.

Dans une troisième division, probablement assez récente, dont il n'est fait mention que relativement au droit de prendre les auspices et qui semble n'avoir jamais été appliquée d'une façon certaine, on distingue les *magistratus majores* et les *magistratus minores*. Le critérium de la distinction est le mode d'élection. Les magistrats élus dans les comices par centuries, c'est-à-dire ceux qui ont l'*imperium* et les censeurs sont *majores* ; les autres sont *minores*. Mais cette opposition est tout à fait relative et l'on trouve des magistratures absolument différentes qui sont, suivant les cas, clas-

---

(2) Tel est le sens des mots : *magistratus imperiumve* employés dans la *lex Bantina*, lignes 17 et 19 et dans la *lex repetundorum*, lignes 8 et 9.

sées tantôt parmi les *majores*, tantôt parmi les *minores*.

Enfin, bien que le droit public romain ne contienne aucune théorie expresse à ce sujet, on peut encore distinguer trois classes de magistratures romaines :

1° Les magistratures permanentes dont les titulaires sont nommés annuellement, comme le consulat, la préture, l'édilité, la questure.

2° Les magistratures non permanentes auxquelles on a recours dans des circonstances particulières et dont les titulaires sont nommés en vertu d'un acte spécial, ordinairement, d'un sénatus-consulte, mais dont la compétence est toujours la même, sauf quelques variations dans les détails, comme la dictature, le tribunat militaire *consulari potestate*, la censure.

3° Les magistratures créées accidentellement par une loi spéciale et dont la compétence, spéciale également, est toujours fixée par cette loi. Ces magistratures, que l'on peut appeler extraordinaires, étaient souvent désignées seulement par les expressions « *cum imperio* » ou « *cum potestate* ». Tels furent le décemvirat législatif et le triumvirat chargé du partage des terres.

CHAPITRE II

I. — Le droit d'arrestation et l'emprisonnement
étaient, à Rome, intimement liés au droit de citation
dont ils étaient les corollaires essentiels. Cela se conçoit,
d'ailleurs, aisément, car il est absolument nécessaire
que celui à qui appartient le droit de citer un individu
à comparaître devant lui ait, en même temps, le moyen
d'assurer cette comparution par la force, dans le cas
où elle n'aurait pas lieu volontairement : « *Qui voca-*
« *tionem habent, iidem prendere, tenere, abducere pos-*
« *sunt, et hæc omnia, sive adsunt quos vocant, sive acciri*
« *jusserunt* (1). »

Or, le droit de citation, du moins en ce qui concerne
les magistrats supérieurs, est la conséquence obligatoire du droit de coercition. Ulpien (1) après avoir
énuméré les magistrats supérieurs, les définit ceux
« *qui Imperium habent, qui aliquem coercere possunt,*
et jubere in carcerem duci. »

Mais la coercition elle-même n'est, la plupart du

(1) Varron dans Aulu-Gelle, 13, 12, 6.
(1) Dig. II, IV, 2.

temps, qu'une partie intégrante de l'*imperium* en
général. Par conséquent, partout où se rencontre l'*imperium*, on trouve, a fortiori, le droit d'arrestation.
Cependant, si l'*imperium* ne se comprend pas sans la
coercition et le doigt d'arrestation, la réciproque n'est
pas absolument vraie et nous verrons, à propos des
tribuns de la plèbe, que l'arrestation est possible en
dehors de l'*imperium*.

II. — Il n'y a, dans la langue française, aucune
expression capable de traduire littéralement le mot
« *imperium* » des Romains dont l'étymologie est très
obscure. — On désignait sous ce nom, à Rome « dans
« son sens technique le plus général, la puissance pu-
« blique la plus élevée, y compris la juridiction et le
« commandement militaire, par opposition. d'une part,
« au pouvoir exclusif de défendre, tel que l'ont les tri-
« buns du peuple et, d'autre part, au pouvoir subal-
« terne d'ordonner qui appartient aux magistrats infé-
« rieurs et aux délégués des magistrats supérieurs (1). »

A côté de cette acception générale, il s'en ajoutait
de plus spéciales. Le droit public romain distinguait,
en effet, la compétence urbaine et la compétence en
dehors de la ville. Si l'autorité publique s'exerçait dans
l'intérieur de la ville (*domi*) elle s'appelait l'*imperium
domi*; à l'extérieur (*militiæ*), c'était l'*imperium militiæ*.
Cette distinction donnait lieu à une série de conséquences parmi lesquelles nous aurons à rechercher
celles qui concernent le droit d'arrestation. Mais, pour

____

(1) Mommsen. Trad. Girard, tome Ier, page 24.

e moment, nous nous occuperons seulement de l'*im-perium domi*, ou, en d'autres termes, de la compétence urbaine.

C'est une règle fondamentale du droit public romain que la notion de l'*imperium* constitue la base de la royauté. A l'époque royale, ce pouvoir illimité était concentré dans les mains d'une seule personne, le roi. De même, après la chute de la royauté, les deux consuls, par qui fut remplacé le roi, reçurent l'*imperium* dans toute sa plénitude. Mais, lorsque, suivant l'histoire romaine, on rencontre de nouvelles magistratures telles que le tribunat, la censure, etc., la question se pose de savoir si les titulaires de ces charges plus récentes étaient, eux aussi, investis de l'*imperium*. C'est ce que nous allons rechercher, car cela nous permettra de reconstituer, en même temps, une partie de la théorie du droit d'arrestation.

CHAPITRE III.

I. Droit d'arrestation considéré comme conséquence
de la coercition.
II. Magistrats investis de ce droit.
III. Qu'arrive-t-il en cas de délégation de pouvoirs.

I. — Dans le domaine de la coercition, l'arrestation
(*prensio*) au sujet de laquelle les textes donnent fort
peu de détails, était employée dans beaucoup de
circonstances, et notamment contre les magistrats inférieurs perdant de vue le respect dû aux supérieurs ;
en voici un exemple probant : « *Recidit (Cæsar) rursus*
« *in descrimen aliud, inter socios Catilinæ nominatus et*
« *apud Novium quæstorem a L. Vettio Judice, et in Senatu*
« *a Q. Curio... Id vero Cæsar nullo modo tolerandum*
« *existimans... Vettium... conjecit in carcerem. Eodem*
« *Novium quæstorem, quod compellari apud se majorem*
« *potestatem passus esset.* » (1)

L'arrestation était encore possible contre les sénateurs troublant les débats du Sénat. César y eut recours
contre Caton ; « *Marcum quoque Porcium Catonem ad-*
« *miratio fortis et sinceræ vitæ adeo admirabilem se-*
« *natui fecit, ut quum invito C. Cæsare consule adver-*
« *sus publicanos dicendo in Curia diem extraheret, et*
« *ob id ejus jussu a lictore in carcerem duceretur.*

(1) Suétone : Cæsar, 17.

« *universus senatus illum sequi non dubitaret ; quæ res*
« *divini animi perseverantiam flexit.* » (1).

Le fait est également rapporté par Suétone : « *Mar-*
« *cum Catonem interpellantem extrahi Curio per licto-*
« *rem ducique in carcerem jussit,* » (2).

Enfin, le magistrat avait recours à l'arrestation
toutes les fois où, grâce à son pouvoir à peu près discrétionnaire, il jugeait son autorité méprisée.

Nous voyons un exemple assez expressif de ce pouvoir dans le texte cité tout à l'heure et relatant les pro-
cédés employés par le prèteur César à l'égard du che-
valier L. Vettius, qui l'avait dénoncé comme faisant
partie de la conjuration de Catilina : « *Cæsar... Vet-*
« *tium pignoribus captis et direpta supellectile male*
« *mulctatum ac pro rostris in concione discerptum con-*
« *jecit in carcerem.* » (3).

II. — Nous en arrivons maintenant à rechercher à
quels magistrats appartenait le droit d'arrestation,
considéré comme moyen de coercition.

D'abord, ce droit existe partout où est l'*imperium*. —
Or, l'*imperium*, après avoir été entièrement concentré
dans la main du roi, fut, tout en ayant alors perdu un
peu de sa force, attribué, sous la République, aux consuls et à tous ceux qui étaient collègues des consuls ou
qui avaient une puissance égale à la leur.

On rencontre, en effet. les expressions *imperium*

-----

(1) Valère-Maxime : 2.10.7
(2) Suétone : Cæs. 20.
(3) Suétone : Cæs. 17.
Voir aussi : Aulu-Gelle, 4.10.8 et Dion,, 38.3.

regium, imperium dictatoris, consulare, prætorium,
tandis que, pour les autres magistratures, on ne trouve
plus le mot *imperium*, mais seulement le mot *potes-*
tas qui, « par rapport à l'*imperium* constitue l'idée
large. » (1).

Ces notions générales exposées, voyons, en commen-
çant par la plus élevée, ce qu'offrait de particulier chacune des diverses magistratures:

Le roi. — Il possédait l'*imperium* dans toute sa plénitude et avait, par conséquent, le droit de coercition
d'une façon absolue, sans être contraint de se soumettre
à l'appel (*provocatio*) devant le peuple.

Consuls. — La puissance des consuls était mise sur
le même pied que la puissance royale : « *Libertatis ori-*
« *ginem inde magis, quia annuum imperium consu-*
« *lare factum est, quam quod deminutum quicquam sit*
« *ex regia potestate, numeres : omnia jura, omnia*
« *insignia primi consules tenuere.* » (2).

Cependant, certaines limitations furent bientôt
apportées à ce pouvoir absolu, notamment par l'introduction de l'appel devant le peuple (*provocatio ad po-*
pulum) contre les sentences rendues par un magistrat
et par l'abolition du droit, pour les magistrats, de prononcer une peine capitale dans l'intérieur de la ville.
Mais, en dehors du cercle de la *provocatio*, le pouvoir
des consuls resta toujours très étendu et ne fut soumis
qu'à l'*intercessio* (3).

(1) Mommsen. Trad. Girard : tome Ier, page 25.
(2) Tite-Live, II, 1.7.
(3) Voir notre chapitre sur les voies de recours contre l'arrestation page 54.

C'était le cas de l'arrestation et de l'emprisonnement qui ne rentrèrent jamais dans la catégorie des actes susceptibles de donner lieu à la *provocatio* et qui furent, de tout temps, permis aux consuls avec la seule limitation résultant de l'*intercessio*.

Dictateur. — Le dictateur, magistrat nommé exceptionnellement et dans des circonstances graves, recevait des pouvoirs beaucoup plus étendus que ceux du consul. Ainsi, il avait droit à 24 licteurs, au lieu de 12, et portait la hache dans les faisceaux, même à Rome.

Cette supériorité se manifestait également dans la coercition. Tandis que, dans la compétence urbaine, le consul voyait fréquemment son autorité tomber devant la *provocatio*, le dictateur pouvait s'y soumettre, mais rien ne l'y contraignait : « *Sine provocatione dictaturam esse.* » (1). L'intercession du tribun, elle-même, cessait devant l'autorité du dictateur. Il y avait, là, quelque chose de comparable à notre déclaration de l'Etat de siège dont la conséquence est de faire dispatre, en présence de l'intérêt général, certaines garanties de la liberté individuelle. Néanmoins, cela est vrai seulement pour l'ancienne dictature *optima lege*, car cette puissance, aussi bien que le consulat, s'affaiblit peu à peu et finit par perdre ses prérogatives, de sorte que si, dans la suite, le dictateur conserva les droits de coercition et d'arrestation, ce ne fut plus qu'avec les limitations déjà imposées au consul.

Préteur. — Le préteur urbain, le seul dont nous

(1) Tite-Live III, 20.

ayons à parler, pour le moment, possédait, sans exception, toutes les attributions consulaires, mais seulement à titre auxiliaire. En présence du consul, il ne les exerçait que sur l'ordre de ce dernier ; au contraire, il les exerçait de plein droit en son absence. Cela ne signifiait pas, il faut l'observer, que le préteur représentait le consul ; c'était une simple application du principe d'après lequel il était collègue du consul et ne devait s'incliner devant lui qu'en cas de conflit. Donc, tous les deux avaient le droit de coercition au même titre.

Tribun. — Ainsi, tous les magistrats ayant l'*imperium* possédaient également le droit d'arrestation. Faut-il en conclure, *a contrario*, qu'en dehors de ce petit groupe, nul magistrat n'avait un pareil pouvoir? Non. Il est certain, en effet, que les magistrats supérieurs de la plèbe, les tribuns, en étaient, eux aussi, investis. Leur existence, sans cela, eût été inutile, le droit d'ordonner ne se comprenant que s'il est sanctionné par un pouvoir de contrainte. De même, l'*auxilium* (droit de *veto*), sans la coercition n'aurait eu aucune sanction et eût été réduit à un simple droit de remontrance dont les consuls auraient pu ne tenir aucun compte (1).

Peut-être en fait, à l'origine, l'*auxilium* était-il une sorte de droit individuel, ayant un caractère révolutionnaire, dont le respect était garanti par la force seule, mais il est évident qu'en droit, l'*auxilium* et le pouvoir de punir ne peuvent aller l'un sans l'autre. D'ailleurs, l'*auxilium* était plus fort que l'*imperium*,

____

1) Mommsen. — Girard : Tome Ier page 162.

puisqu'il s'exerçait à l'égard du consul lui-même, tandis que le pouvoir du consul tombait devant celui du tribun. Les tribuns, il est vrai, firent rarement usage, dans les premiers temps, de l'arrestation contre les magistrats supérieurs (1). En revanche, durant la période révolutionnaire du dernier siècle de la République, ils y ont souvent eu recours. Les premiers exemples avérés sont relatifs à Lucius Lucullus et A. Albinus, consuls en 603 (2). Au dire de Cicéron (3), le plus ancien serait même l'arrestation de D. Brutus et Publius Scipio Nasica, consuls en 616.

Parfois aussi, ces arrestations n'étaient pas exemptes de cruauté ; témoin celle de L. Philippus consul en 663 : « *Quæ a Marco quoque Druso tribuno plebis per* « *summam contumeliam vexata est : parvi enim habuit* « *Lucium Philippum consulem quia interfari concio-* « *nantem ausus fuerat, obtorta gula, et quidem non per* « *viatorem, sed per clientem suum adeo violenter in* « *carcerem præcipitem egisse, ut multus a naribus ejus* « *cruor profunderetur (4).* »

(1) Il est question d'arrestations de ce genre dans plusieurs textes relatifs à cette époque, mais il n'est pas prouvé que ces mentions soient exactes. Voir par ex. : Tite-Live : II, 56, 3 — IV, 26, 9 — V. 9, 4 — IX, 34, 24.

(2) Tite-Live : *ep.* 48.

(3) Cic. *De Leg.* 3, 9, 20.

(4) Valère-Maxime 9. 5. 2. — On peut citer encore comme exemples d'arrestations, ayant frappé des consuls, celles de : Quintus Metellus Celer, consul en 694 (Cic. *Ad. Att.* 2. 1. 8). M. Bibulus, consul en 695 (Dion : 38. 6) et M. Crassus, consul en 699 (Dion : 39. 39.)

En remarquant, d'une part, que l'*imperium* fait défaut au tribun, et, d'autre part, la différence existant entre les expressions employées pour désigner la puissance consulaire et la puissance tribunicienne, la première s'appelant *potestas legitima*, la seconde *potestas sacrosancta* on pourrait être tenté de refuser au tribun le droit de coercition. Ce serait un tort, car il n'y avait dans ces dénominations différentes, du moins à une époque plus récente, qu'un souvenir de l'origine distincte de ces deux magistratures. Le consulat avait été créé par des lois régulièrement discutées et votées, le tribunat était né à la suite d'un mouvement révolutionnaire et avait été admis par les patriciens à leur corps défendant, comme une sorte d'état transitoire ; de là, la distinction.

Il y avait eu, probablement, de la part de la plèble, un serment général de soutenir et de défendre son tribun chargé de la représenter ; cela explique pourquoi l'on considérait comme légitime le meurtre de l'individu coupable d'avoir porté la main sur le tribun, ce meurtre, n'étant alors, en réalité, que l'exercice du droit de légitime défense. (1)

Lorsque, plus tard, ce caractère révolutionnaire disparu, les tribuns furent admis à intenter légalement des poursuites devant les centuries. leur droit eût pu, même de nom, être assimilé à celui des autres magistrats et si, par habitude, la *potestas* de ces derniers

(1) Mommsen-Girard : Tome 1er page 172.

fut dite *legitima*, tandis que celle du tribun continua à s'appeler *sacrosancta*, cela ne signifia rien en ce qui concernait le droit de coercition.

Toutefois, une différence subsista toujours entre les magistrats patriciens et les magistrats plébéiens. Ceux-ci, n'ayant pas été, au début, considérés comme magistrats, n'avaient pas droit aux insignes de la magistrature. Le tribun n'avait, notamment, ni licteurs, ni appariteurs. De plus, et c'est le point important, tandis que les magistrats patriciens faisaient exécuter leurs sentences par des agents inférieurs, ceux de la plèbe devaient accomplir eux-mêmes cette exécution. Les premiers avaient le droit de citer (*vocatio*) à leur tribunal et ils pouvaient forcer à comparaître l'individu cité, en le faisant appréhender par leurs appariteurs, l'acte, ainsi fait, étant réputé fait par le magistrat lui-même. Pour le tribun, au contraire, rien de tel; le citoyen cité n'était tenu de se rendre à la citation que si le tribun ou les édiles, qui lui étaient adjoints dans ce but, mettaient la main sur ce citoyen, car la résistance devenait alors impossible, à cause du caractère sacrosaint du tribun.

Cet obstacle, on le comprend aisément, était très sensible, en matière d'arrestation, mais on ne tarda pas à considérer les actes accomplis par un agent inférieur ou *viator* comme équivalents à ceux accomplis par un édile. Cependant, cette extension ne dépassa pas le domaine de l'arrestation et la peine capitale dut toujours être appliquée par le tribun ou par les édiles. Cela, remarquons-le en passant, montre pourquoi on précipitait les condamnés du haut de la roche Tarpéïenne, ce qui était le mode d'exécution le plus simple et le moins répugnant de tous pour l'exécuteur (1).

Ediles. — Magistrats d'ordre inférieur, placés à côté des tribuns, à titre auxiliaire, ils n'eurent jamais, en leur qualité personnelle, le droit de coercition capitale, ni même celui de *prensio*. Ils avaient seulement la coercition inférieure, c'est-à-dire le droit de condamner à une amende ou de pratiquer une saisie.

Questeurs. — Il en était ainsi, du reste, d'une façon générale, pour tous les magistrats non supérieurs, qu'ils fussent patriciens ou plébéiens. Telle était la situation des questeurs qui n'avaient ni le droit de coercition, ni celui d'arrestation, en tant, du moins, que sanction de la coercition. Cela résulte, a fortiori, de la loi municipale de Malacca (C. 66) qui leur refuse la coercition par *multa* (amende) ou par *pignus* (gage).

Censeurs. — Les censeurs eux-mêmes, bien qu'élus dans les comices par centuries, étaient privés de la plupart des attributions de la magistrature supérieure. Ils n'avaient ni *imperium*, ni licteurs et, dans les cérémonies officielles, ils venaient au-dessus des édiles, mais après le maître de la cavalerie et le préteur. Enfin, la coercition supérieure leur était refusée. Ils n'avaient que celle par *multa* ou *pignus* et par suite, ne pouvaient ordonner aucune arrestation.

III. — Il y avait des circonstances, très rares dans la compétence urbaine, où un magistrat supérieur pou-

(1) Mommsen-Girard, tome III, pages 343 et suivantes.

vait déléguer ses pouvoirs à un autre magistrat (1). En pareil cas, cette délégation de la magistrature entraînait de plein droit celle de l'*imperium* et du droit de coercition attachés à la fonction déléguée.

Dès l'époque royale, la délégation du droit de coercition fut admise en faveur d'un auxiliaire du magistrat. Mais elle devint impossible, dans la compétence *domi*, lorsque l'on eût distingué l'*imperium domi* de l'*imperium militiæ*. On continua, sans doute, à considérer l'injure ou la résistance au serviteur ou au mandataire du magistrat comme une offense à ce magistrat lui-même, mais il conserva seul le droit de la punir.

(1) C'était possible à l'égard du préfet de la ville ou bien, pour la juridiction, d'un préteur à l'autre.

CHAPITRE IV.

**I. De l'arrestation des citoyens romains en matière criminelle
dans la compétence *domi*
II. Magistrats qui peuvent l'ordonner.**

I. — On peut, au point de vue de la procédure criminelle, distinguer quatre époques :

1° Celle de la royauté et des premières années de la République, pendant laquelle le droit de rendre la justice appartint d'abord au roi, puis aux consuls.

Le roi avait entre ses mains la juridiction criminelle, comme les autres pouvoirs et, sauf l'observation de quelques règles que lui imposait probablement la coutume, il était maître absolu, dans cette matière, sans être contraint de se soumettre à aucun appel devant le peuple.

Toutefois, si l'on en croit Denys d'Halicarnasse (1), le roi se réservait seulement le jugement des crimes considérables et renvoyait au Sénat celui des délits moins importants. Mais ce n'est pas démontré d'une façon certaine et il paraît vrai, seulement, que le roi s'entourait ordinairement d'un conseil dont il nous est difficile aujourd'hui de fixer la composition.

(1) II, 14 et IV, 25. — Voir aussi Tite Live, I, 28.

Quelquefois, aussi, le roi déléguait la juridiction au sénat, ou bien à des commissaires (*duoviri*). Cela pouvait avoir lieu lorsque le roi, ayant l'intention de soumettre, ensuite, l'affaire au peuple, voulait éviter de se trouver directement en conflit avec ce dernier. Le premier exemple d'une délégation de ce genre, et le seul pouvant paraître doué de quelque vraisemblance, qui nous ait été conservé, est celui du procès d'Horace.

Au début de la République, jusqu'au vote de la loi *Valéria*, la procédure en matière criminelle ne subit aucun changement et la juridiction, anciennement exercée par le roi, continua à l'être, dans des conditions identiques, par les consuls.

2° La deuxième période commence quelques années après l'établissement de la République et se termine au septième siècle de Rome, par la généralisation des *quæstiones perpetuæ*. Elle se caractérise par une première instance (*cognitio*) dans laquelle le magistrat fait son enquête (*quærit*) et rend seul une sentence qui, si les conditions nécessaires sont réunies, peut être frappée d'un appel (*provocatio*) devant le peuple.

Durant cette époque, c'est-à-dire du IVe au VIe siècle, trois grands pouvoirs se partageaient la juridiction supérieure : les comices-centuries qui prononçaient la peine capitale, les comices-tribus qui étaient la plus importante des juridictions politiques et proncnçaient des amendes, enfin, le Sénat, compétent pour les crimes commis en dehors de Rome ou dans les provinces.

Dès ce temps là, il arrivait fréquemment que, pour une raison quelconque, le peuple ou le Sénat déléguât la juridiction à une commission spéciale (*quæstio*), chargée de juger au nom du peuple ou du Sénat. En réalité, cette délégation portait sur une seule personne (*quæstor ou quæsitor*) qui devait, ensuite, pour le jugement, être assistée d'un conseil dont elle choisissait elle-même les membres.

Il ne faut pas confondre ce *quætor* avec les *quæstores ærarii*. Ce n'était pas un magistrat annuel, mais un simple fonctionnaire nommé dans un but déterminé et pour une seule affaire; en outre, contrairement au principe défendant de cumuler deux magistratures, on choisissait ordinairement comme *quæstor* l'un des magistrats en exercice, tel qu'un consul ou un préteur. Cependant, c'était là un simple usage et non une loi (1). Ces commissions devinrent très fréquentes dans le cours du VIe siècle de Rome et furent même, probablement, dès cette époque, la forme ordinaire des jugements criminels.

3°. La troisième période a pour point de départ la loi *Calpurnia*, portée en l'an 604 par le tribun Calpurnius Piso Frugi, qui, sanctionnant législativement un fait déjà admis par la coutume, institua une commission permanente pour juger les crimes de concussion très fréquents alors.

Cet usage se généralisa et, dans le cours du septième siècle, la juridiction exercée jusque là par les comices ou le Sénat, fut transférée à des commissions annuelles,

____

(1) Voir, détails, page 45.

questiones perpetuæ, (1) qui n'eurent plus besoin d'être nommées pour une affaire spéciale.

La procédure suivie généralement dans les *quæstiones* fut fixée par la loi *Julia judiciorum publicorum.*

4° Enfin, avec le principat, on en revient à l'ancien système de la *cognitio* du magistrat sans recours à la *provocatio* (2). « Le cycle est ainsi accompli et, comme « toujours, la mort y est semblable à la naissance. » (3).

L'un des principaux moyens de répression ou de contrainte indiqués par les anciennes lois était la prison ou « *carcer* ».

A Rome, « *carcer* » désignait à la fois l'emprisonnement et le lieu de la détention. Non seulement, comme nous l'avons vu déjà, la prison servait de moyen de coercition, mais encore, dans la juridiction criminelle, elle était employée pour assurer la détention préventive et pouvait, peut-être même, faire l'objet d'une condamnation spéciale.

L'emprisonnement proprement dit, et indépendamment des cas où il avait pour but d'assurer la détention préventive d'un accusé, pouvait être subi de deux façons : il consistait ou bien dans une détention pure et simple, ou bien dans la détention avec chaînes. Ces

(1) C'est, en effet, dans ce sens qu'il faut entendre le mot *perpetuæ* ; d'ailleurs, *perpetuum* a la même signification dans l'expression *edictum perpetuum* .

(2) Cela n'est, cependant, rigoureusement vrai qu'en ce qui concerne le magistrat suprême, c'est-à-dire l'empereur, la *provocatio* ayant été remplacée par l'appel, pour les sentences rendues par les magistrats inférieurs.

(3) Mommsen-Girard : tome 1er, page 193.

chaînes (*vincula*) variaient elles-mêmes suivant la gravité de la faute ou le rang du condamné. C'étaient, soit des chaînes véritables (*catenæ*), soit des entraves (*compedes, pedicæ*), soit des menottes (*manicæ*). Parfois, également, on attachait le cou et les pieds du condamné avec une chaîne de fer (*nervus*) ou avec des courroies de cuir (*boïæ*). Enfin, on pouvait le lier à un poteau de bois (*columbar*) (1).

Au point de vue de la durée, l'emprisonnement n'était soumis à aucune règle fixe. Il pouvait être temporaire ou perpétuel, suivant la gravité de la faute et il est même probable qu'en réalité le temps de la détention dépendait entièrement de l'arbitraire du magistrat, sauf pour les cas où le tribun la faisait cesser en vertu de son droit d'intercession. La prison perpétuelle existait déjà sous la République. Ainsi, Valère-Maxime (2) raconte qu'un certain C. Vettenius fut condamné à une peine semblable parce qu'il s'était coupé les doigts pour ne pas servir dans la guerre d'Italie. Cependant, il semble que l'on ait rarement fait usage de cette peine contre des citoyens romains. Peut-être même, lorsque la prison était infligée à perpétuité, était-elle regardée comme un moyen de coercition plutôt que comme une peine véritable. C'est ce qui paraît avoir eu lieu, dans l'hypothèse ci-dessus, où l'emprisonnement avait été ordonné par le Sénat.

La surveillance des prisons publiques appartenait, à

____

(1) Voyez Dictionnaire de Daremberg et Saglio au mot *carcer*.
(2) VI. 3. 3.

Rome, aux *tresviri capitales* aidés du *commentariensis*
et d'un certain nombre de *servi publici* (1), cela, sous
le contrôle du consul et du préteur. Il est probable que
le préteur urbain s'occupait des détenus citoyens romains et le préteur pérégrin des non-citoyens.

Dans les provinces, c'était l'*officium* du gouverneur
qui était chargé de l'administration supérieure des
prisons et de la tenue des registres de prisonniers. Le
geôlier devait également avoir un registre d'écrou (*carceris ratio, commentarii*) (2).

Quant à la détention préventive, elle fut peu appliquée chez les Romains, et c'était logique, étant donné
le système de procédure qu'ils avaient admis en matière criminelle.

Tant que dura la République, la procédure fut en
effet, toujours nettement accusatoire, c'est-à-dire essentiellement contradictoire, orale et publique.

Dans les premiers siècles de Rome, le magistrat, soit
de sa propre initiative, soit sur une dénonciation émanée d'un particulier, devait notifier à l'accusé le fait
pour lequel il était poursuivi et la peine dont il était
menacé, puis il lui fixait un jour pour comparaître
devant le peuple (*diem dicere*).

Au jour déterminé, en présence de l'assemblée et de
l'accusé, le magistrat exposait l'affaire et faisait connaître
la peine qu'il se proposait de demander (*anquisitio*).

(1) Valère-Maxime V. 4. 7 ;.....
(2) Cicéron. Verr. 57. — Voyez aussi Daremberg et Saglio au
mot *carcer*.

Alors, avait lieu un débat contradictoire dans lequel l'accusé pouvait se défendre lui-même ou faire plaider pour lui. Cette procédure devait être renouvelée devant deux autres assemblées, avant que le jugement pût être prononcé, et ce n'était qu'après la quatrième accusation qu'avaient lieu les débats définitifs. Mais, tandis que, les trois premières fois, l'accusation était portée devant une simple *contio* (1), la quatrième fois, elle devait l'être devant les comices, qui seules avaient qualité pour prononcer le jugement.

Avec les *quæstiones* perpetuæ, le rôle du magistrat perd de son importance. A cette époque, tout citoyen, sauf quelques exceptions fixées par la loi, peut se porter accusateur, à la seule condition d'en demander l'autorisation au président de la *quæstio* compétente. C'était alors cet accusateur seul qui était chargé de réunir les éléments du procès et de soutenir l'accusation. La plus grande liberté étant ainsi laissée à celui qui attaquait, il était donc juste de donner à l'accusé une égale latitude pour se défendre et c'est ce qui explique pourquoi on en arriva de bonne heure à reculer devant l'arrestation préventive, même en cas de crime capital.

---

(1) La *contio* était moins solennelle que les comices. Elle en différait surtout en ce que l'on n'y votait pas. L'objet en était soit une communication, un rapport à faire par le magistrat au peuple; soit la délibération sur une *rogatio* qui devait être en suite soumise aux comices. « *Cum populo agere* (présider les comices) *est rogore quid populum, quod suffragiis suis aut jubeat, aut, velet. Contionem autem habere, est verba facere ad populum sine ulla rogatione.* (Willems, page 158).

Sous l'Empire, la procédure devint moins libérale et cessa d'être accusatoire pour prendre un caractère de plus en plus inquisitoire. Ces variations dans la procédure criminelle exercèrent une influence marquée sur la détention préventive et, de même que l'instruction criminelle en général passa par trois phases distinctes, de même, le rôle de la détention préventive paraît tout différent, selon qu'on l'envisage en se plaçant dans l'une ou l'autre des trois périodes dont il vient d'être parlé, c'est-à-dire : 1° avant l'établissement des *quæstiones perpetuæ* ; 2° sous le régime de ces *quæstiones* ; 3° après la création de l'Empire.

Il est probable que, durant la première période, chaque magistrat accusateur avait, jusqu'à la décision finale. le droit de faire arrêter l'accusé sans qu'il y eut à considérer la nature du crime en question, ni celle des preuves présentées contre l'accusé ! Lorsque celui-ci ne se soumettait pas de bon gré, on pouvait recourir à la violence.

Dans ce but, les consuls pouvaient se servir de leurs licteurs et les tribuns de leurs « *viatores* » ou même des édiles plébéiens. En outre, les *tresviri capitales* avaient, en dehors de leurs autres fonctions, le devoir de s'occuper des arrestations et, spécialement, de rechercher et de garder, sur l'ordre des magistrats supérieurs, les accusés fugitifs.

En résumé, pendant toute la première partie de cette période, l'emprisonnement préventif fut la règle exclusive et l'accusé n'eût, d'abord, qu'un moyen de s'y soustraire ; ce fut de s'exiler volontairement. La création du tribunal de la plèbe donna aux individus menacés d'arrestation une seconde voie de recours, en leur permettant d'invoquer l'intercession des tribuns. Dès lors, apparut un système nouveau, celui de la mise en liberté sous caution, grâce auquel l'accusé, en promettant, sous caution, de comparaître au jour fixé par les débats, pouvait obtenir de rester libre provisoirement. S'il ne fournissait pas de caution, il pouvait, sur l'ordre du magistrat, être arrêté et tenu en prison jusqu'au jour du jugement.

Mais la substitution d'une garantie pécuniaire (*vadimonium*) à la détention réelle fut d'abord un privilège, accordé pour la première fois dans un procès fait à Cæso Quinctius en 293, et bien que la liberté provisoire fût, à partir de ce moment, de plus en plus fréquemment mise en usage, elle continua néanmoins, pendant toute cette période, à n'être accordée qu'à titre d'exception.

L'emprisonnement resta la règle, surtout pour tous les cas où la grandeur du crime ou bien la situation personnelle de l'accusé faisait craindre sa fuite. Alors, on l'arrêtait sans autre forme de procès.

De même, le mode de détention, qui fut désigné sous le nom de *custodia libera*, et dont l'usage devint si fréquent dans la période suivante, paraît, à l'époque dont nous nous occupons, n'avoir jamais été appliqué ou ne l'avoir été que très rarement.

Dans tous les cas, c'était au magistrat devant lequel était portée l'accusation ou à celui qui présidait l'assemblée chargée de juger l'accusé, qu'il appartenait de

décider s'il y avait lieu d'ordonner la détention préventive de cet accusé ou de lui accorder la liberté provisoire (1).

Sous le régime des *quæstionnes perpetuæ*, l'ancienne
exception devint la règle et l'emprisonnement préventif n'apparut plus qu'exceptionnellement. Cela s'explique d'abord, par la nécessité où l'on se trouvait de
laisser à l'accusé autant de liberté pour préparer sa
défense qu'on en accordait à l'accusateur pour la pré-
paration de son attaque. D'autre part, avec l'accroisse-
ment de la puissance romaine, les Romains étaient
arrivés à avoir une telle opinion de leur valeur individuelle, qu'il leur répugnait de voir emprisonner un de
leurs concitoyens : « Un citoyen romain, quelle que fut
« la bassesse de sa condition, était un des maîtres du
« monde et des fers ne devaient point blesser ces
« mains souveraines (2). »

On cessa même, à cette époque, d'exiger une caution
et, alors, « rien ne garantissait plus la comparution de
« l'accusé, si ce n'est l'amour ardent d'une patrie qu'il
« eût fallu fuir sans retour pour échapper au juge-
« ment. » (3).

Cependant, quand il s'agissait d'un crime mettant
l'État lui-même en danger, l'arrestation préventive
était considérée comme juste. Mais, dans les cas très
rares où elle était ordonnée, elle entraînait générale-

---

(1) Geib : Geschichte des romischen criminal processes ; pages
117 et suiv.
(2) Laboulaye : page 140.
(3) Walter : trad. Picquet-Damesme, Introd. page XVIII.

ment, surtout à l'égard des personnages d'un rang supérieur, non plus un emprisonnement véritable, mais
un mode de détention beaucoup plus doux, la *custodia*
libera. Cette *custodia* consistait en ce que l'accusé, au
lieu d'être emprisonné, était seulement confié à un
magistrat supérieur ou à un simple sénateur qui devait
le garder, chez lui et sous sa responsabilité personnelle,
avec tous les ménagements permis par les circonstances.

L'emprisonnement proprement dit était réservé pour
les provinciaux et les esclaves ou les personnes de condition vile (1).

Quant au droit d'ordonner l'arrestation et d'en fixer
le mode d'exécution, il appartenait, comme dans la
période précédente, au magistrat présidant le tribunal
par qui devait être jugé l'accusé.

En cas de crime flagrant ou d'aveu, l'usage autorisait également les *tresviri capitales* à arrêter préventivement les citoyens eux-mêmes. Mais en fait, on n'usa
que très rarement de ce droit et l'on n'eût recours à la
détention préventive que dans des circonstances graves,
telles que l'association des Bacchanales (2).

II. — Cela dit, qui avait, pendant la royauté et la
République, le droit d'ordonner l'emprisonnement,
c'est-à-dire à qui appartenait la juridiction criminelle?
Nous allons, pour répondre à cette questoin, procédant
comme nous l'avons fait relativement à la coercition,

(1) Geib : pages 287 et suiv.
(2) Pour la période de l'Empire, voir plus loin page 79.

examiner successivement les pouvoirs des différents magistrats et auparavant ceux du roi.

Le roi. — Il disposait de la juridiction criminelle au même titre que de la coercition. Si, dans certaines circonstances, il déléguait son droit de rendre la justice, ou s'il soumettait ses propres décisions à l'approbation du peuple, il n'obéissait à aucune obligation et n'agissait que d'après sa seule volonté.

Consuls. — De même, à l'origine, pour les consuls. On peut induire cela de l'exemple de Brutus condamnant son fils au dernier supplice. Mais cette suprême juridiction disparut après la loi *Valéria* (245 de Rome) qui eut pour but de soumettre à l'appel devant les comices les jugements criminels rendus par les consuls. En fait, il en résulta pour eux, la suppression complète de la juridiction criminelle dans les procès susceptibles de *provocatio ad populum*, car, pour éviter les conflits d'opinion avec l'assemblée populaire, ils prirent bientôt l'habitude de se contenter du simple rôle d'accusateur et de déférer directement les accusés devant le peuple, au lieu de les juger eux-mêmes.

La loi des XII Tables conserva ce droit d'appel ; mais les seconds décemvirs s'en affranchirent et le vote de nouvelles lois *Valeria* fut rendu nécessaire. En 305, une de ces lois défendit de créer des magistrats jugeant sans appel. Elle ne fut pas toujours respectée et, en 453, une troisième loi *Valeria* assura à tout citoyen romain le droit de n'être jugé criminellement en dernier ressort que par ses concitoyens.

A partir de cette époque, les consuls ne paraissent

plus avoir prononcé de sentences pouvant donner lieu à *provocatio*, bien qu'en droit, ils aient, théoriquement, conservé le droit de juridiction criminelle. C'est qu'en fait, ils étaient obligés de déléguer leurs pouvoirs en cette matière à des magistrats d'un ordre inférieur qui étaient les questeurs, pour les crimes ordinaires de droit commun, et les *duoviri perduellionis* pour le crime de *perduellio*. Les consuls conservèrent, néanmoins, encore une influence indirecte sur l'administration de la justice, tant qu'ils purent choisir leurs délégués. Mais ce droit leur fut, lui-même, retiré p ur être donné aux comices, sans doute après le second décemvirat ; dès lors, ils n'eurent plus, en réalité, aucune juridiction criminelle dans le domaine de la *provocatio*. Au contraire, ils conservèrent toujours le droit d'appliquer l'emprisonnement et les autres moyens de contrainte non-susceptibles de donner lieu à une *provocatio*. Même, d'après certains auteurs (1), tout criminel pris sur le fait ou ayant avoué pouvait être condamné par le préteur ou, a fortiori, par le consul sans que l'intervention des comices fut nécessaire. On peut invoquer en ce sens plusieurs textes et entres autres, un passage de Sallustre relatant un discours, dans lequel Caton, appelé à donner son avis sur le châtiment à infliger aux complices de Catilina, termine ainsi : « *Quare ego ita censeo : cum nefario consilio* « *sceleratorum civium res publica in maxima pericula* « *venerit, eique judicio T. Volturci et legatorum Allo-*

____

(1) Zumpt : tome II. pages 78 et suiv.

« *brogum convicti confessique sint cœdem.....* *de con-*
« *fessis, siculi de manifestis rerum capitalium, more*
« *majorum, supplicium sumundum.* » (1)

Cicéron s'exprime d'une façon analogue, au sujet de
la même conspiration : « *Qui vero se in urbe commo-*
« *verit..... sentiet in hac urbe esse......: carcerem, quem*
« *vendicem nefariorum ac monifestorum scelerumm ajores*
« *nostri esse voluerunt (2).* »

Ces textes, on le voit, paraissent formels et nous
savons, d'ailleurs, que Caton et Cicéron mirent leurs
menaces à exécution puisque, sur un simple vote du
Sénat, et sans avoir demandé un jugement aux Comices,
ils firent emprisonner, puis mettre à mort dans leur
prison les complices de Catilina (3). Il faut reconnaître,
cependant, qu'en agissant de la sorte, ils ne se sentaient
pas à l'abri de toute critique et la preuve même du peu
de confiance qu'ils avaient dans leur droit se trouve
dans le soin qu'ils mirent à obtenir un vote du Sénat,
afin de couvrir leur responsabilité.

Quant à la procédure suivie par le consul, dans le
cercle de sa compétence, elle a conservé les formes
usitées du temps des rois et des premiers consuls. C'était,
par conséquent, une procédure inquisitoriale dans
laquelle, pourtant, le magistrat devait, surtout en matière pénale, entendre un conseil avant de statuer. Il
est vrai qu'il composait ce conseil à son gré et qu'il

(1) Salluste : *Catilina,* 52.
(2) Cic. *In Catilinam,* II, 13. — Voir également. Val. Max.
VI, I, 10, et Tite-Live, II, 4.
(3) Appien : *De bellis civilibus.* II, 6.

n'était aucunement tenu de se conformer à la décision de la majorité.

Dictateur. — Il avait des pouvoirs analogues à ceux du consul, en ce qui concernait l'arrestation et l'emprisonnement.

Préteur. — Le préteur, étant collègue du consul a, lui aussi, les mêmes droits que ce dernier en matière de juridiction criminelle. Mais, d'après le principe qui l'oblige à céder le pas au consul, le préteur n'exerce la juridiction que comme représentant du consul et, en général, en vertu d'un mandat spécial du Sénat.

Avec la procédure des *quæstiones perpetuæ*, la compétence prétorienne se modifia profondément. C'était, en effet, généralement un préteur que le peuple ou le Sénat déléguait pour présider la commission. En cette qualité de président, le préteur était appelé *quæstor* ou *quæsitor* et ses fonctions se rapprochaient de celles de notre président d'assises. Comme ce dernier, il avait la police de l'audience. En outre, c'était à lui qu'appartenait le droit d'ordonner l'arrestation préventive de l'accusé, et, en cas de condamnation, de faire exécuter celle-ci immédiatement.

Si la condamnation était pécuniaire et si le condamné ne payait pas sur le champ ou ne donnait pas caution, le président devait le faire arrêter et conduire en prison.

Parfois, au lieu d'un préteur, on désignait, pour présider la commission, un *judex quæstionis* spécialement nommé à cet effet et qui avait, alors, les mêmes pouvoirs que le préteur.

Censeur. — Il n'avait pas plus le droit d'arrestation dans la juridiction criminelle que dans la coercition.

Pontife. — Le pontife, investi d'ordinaire d'un simple droit de coercition inférieure, avait, par exception, le droit de faire arrêter le séducteur d'une vestale et de le condamner à être fustigé sur le *comitium*, jusqu'à ce que mort s'ensuivît.

Tribun. — La mission de défendre la plèbe, qui fut la cause première de la création des tribuns et qui reçut ensuite une consécration légale, entraînait, pour ces magistrats, des droits de coercition et de justice très étendus. Ainsi, ils avaient un pouvoir absolu contre quiconque s'attaquait à la plèbe ; ils pouvaient arrêter le coupable et le punir d'une peine même capitale, nous l'avons vu au sujet de la coercition. Comme ils avaient besoin, pour accomplir librement leur mission, d'une indépendance absolue, ils avaient été déclarés inviolables, *sacrosancti*, et, comme tels, ils ne pouvaient être ni accusés, ni arrêtés, ni punis. Mais ce n'était là, en quelque sorte, qu'une autorité négative ou, plus exactement, un simple droit de prohibition. (1)

En ce qui concernait la justice ordinaire du peuple, les tribuns n'eurent pas qualité pour intervenir, tant que la plèbe continua à être considérée comme séparée de l'État. Les magistrats compétents étaient les questeurs et les *duoviri perduellionis*. La distinction disparut après la réunion de la plèbe et du peuple, et les

(2) Mommsen-Girard, tome III, page 343

tribuns acquirent alors le droit de jouer un rôle important dans la juridiction criminelle. (1)

Il n'y avait probablement d'abord aucune juridiction pénale régulière pour les procès politiques, les
questeurs n'ayant, il semble, été compétents que pour
le meurtre et les autres infractions de droit commun,
de sorte que, en cas de crime politique capital, il fallait
nommer des *duoviri perduellionis*. Or, les tribuns, de-
venus magistrats de l'Etat, comblèrent cette lacune.
A leur ancien droit de défense de leur propre personne
et de la plèbe, ils ajoutèrent le rôle d'accusateurs publics et ils s'emparèrent de tous les procès politiques,
soit que ce caractère leur fût donné par la nature de
l'infraction, soit qu'ils le tirassent de la condition de
l'accusé, comme c'était le cas pour les crimes commis
par les délégués ou les magistrats du peuple. Ce furent,
avant tout, ces procès politiques, très difficiles en fait
dans l'ancien droit, qui composèrent la tâche spéciale
des tribuns, et, en réalité, la sphère de leur juridiction
comprend seulement les crimes et les délits des magistrats ou des agents de l'État (2).

En outre, il est à remarquer que les tribuns n'inter-
viennent, en général, pour porter une accusation, que
lorsqu'il s'agit d'un fait pour lequel il n'existe aucune
loi déterminée fixant une peine maxima ou des règles
particulières. Si la peine doit se borner à une amende
ou s'il s'agit d'un délit spécifié par une loi, la poursuite

(1) Mommsen-Girard, tome III, page 345.
(2) Mommsen-Girard, tome III, page 367.

est intentée par les édiles. En résumé, les tribuns paraissent n'avoir été compétents que pour la poursuite des crimes politiques capitaux, non prévus ni punis spécialement par une loi.

La juridiction criminelle fut probablement retirée aux tribuns sous Sylla, par la création de la *quæstio majestatis*, qui dut connaître à leur place des crimes politiques dont nous venons de parler. Leurs anciens pouvoirs leur furent restitués en 684, mais, à partir de cemoment, la procédure tribunicienne ne fut plus employée qu'à titre exceptionnel, comme l'avait toujours été celle des *duoviri perduellionis* (1).

Ediles. — La compétence des édiles, dans le droit criminel, doit être envisagée à un double point de vue : d'abord, en ce qui concerne leur rôle d'auxiliaires, ensuite, par rapport à leur autorité personnelle.

En leur qualité d'auxiliaires, ils accomplissaient l'arrestation et l'exécution quand les tribuns exerçaient leur droit de justice criminelle.

Au contraire, la coercition et la juridiction capitales n'entrèrent jamais dans la compétence personnelle des édiles et il est probable qu'ils n'eurent, de tout temps, qu'un droit de coercition et de juridiction inférieures, se bornant au pouvoir de prononcer une amende ou d'exercer une saisie, avec la faculté, toutefois, de soutenir leur sentence devant les comices. Par exception, les édiles avaient, comme les magistrats supérieurs, le droit d'infliger des châtiments corporels aux comédiens

(1) Mommsen-Girard, tome III, page 376.

et à d'autres individus exerçant des professions peu
honnêtes. Ils avaient donc, en pareille circonstance, le
droit d'arrestation.

Questeurs. — Nous avons vu, précédemment, que le
questeur était privé de la coercition telle qu'elle appartenait au consul. Au contraire, il est investi de la juridiction criminelle ; son nom seul l'indique : *quæstor*
pour *quæsitor*, ce qui désigne, dans le droit public, le
fonctionnaire chargé de l'instruction criminelle (1).

Les premières fois où la tradition nous montre les
questeurs intervenant dans une instance criminelle sont
le procès de Sp. Cassius en 269 et celui de Marcus Vols-
cius en 295. Dans ces deux exemples, le questeur in-
tente en son nom une accusation criminelle, mais il
s'agit, dans l'un et l'autre cas, de faits devant ensuite
être jugés par le peuple, tandis qu'il n'est jamais question des questeurs lorsque l'on parle des magistrats
jugeant en dernier ressort.

Toute juridiction repose sur *l'imperium* ; or, le questeur n'a pas *l'imperium* ; donc, il est impossible que les
condamnations prononcées par lui le soient en vertu
de sa propre autorité, même dans le cercle de la *provocatio*. Il est le dernier des magistrats qui ait pu réu-

---

(1) Les premiers questeurs sont appelés par la loi des Douze-
Tables, elle-même « *quæstores parﾗicidii* ». Ce n'était pas là une
magistrature disparue depuis et différente de la questure que
nous connaissons; mais il est probable que, dans cette appella-
tion, on avait choisi le crime le plus grave d'un citoyen contre
un de ses égaux pour désigner l'ensemble de tous les crimes
du même genre. Peut-être aussi ce nom était-il destiné à mieux
déterminer le cercle des attributions de ces magistrats.

nir les comices ; par conséquent, sa compétence repose sur un mandat des magistrats supérieurs, c'est-à-dire des consuls.

Peut-être l'origine de ce mandat et de la questure elle même remonte-t-elle jusqu'à la royauté. Nous savons, en effet, que le roi déléguait quelquefois son droit de juridiction, quand il voulait soumettre, dans la suite, le jugement au peuple. C'est, sans doute, ce mandat qui continua d'exister sous la République, avec la différence qu'au lieu de rester facultatif, il devint obligatoire, ce qui n'empêcha pas, toutefois, le questeur de continuer à agir comme mandataire du consul, la compétence de ce dernier subsistant toujours. Mais lorsque le questeur eut également reçu le droit de défendre sa sentence devant les comices, ce mandat ne fut plus, en réalité, que le respect d'un ancien principe et la questure apparut, dans le domaine de la juridiction criminelle, comme une fonction spéciale. (1)

Les questeurs jugeaient toujours avec l'aide d'un conseil. Cela peut s'induire du procès de Pleminius : « *Si* « *quis Pleminium aliumve quem accusare vellet Rhegium* « *se sequeretur. Si de P. Scipione publice queri vellent.,* « *legatos mitterent Messanam, ibi se cum consilio cogni-* « *turum. (2)*

Quant au rôle de ce *quæstor*, il est probable qu'il se bornait à celui d'un simple président, comme cela se passa plus tard pour les *quæstiones perpetuæ.*

(1) Mommsen-Girard, tome 1ᵉᵒ page 189.
(2) Tite-Live, 24, 29.

Les questeurs paraissent n'avoir été compétents que pour les crimes contre les particuliers, les crimes politiques restant réservés aux *duoviri perduellionis*; mais dans ce cercle ainsi limité, il est possible que la compétence des questeurs se soit étendue même en dehors du domaine de la *provocatio*.

Enfin, la compétence des questeurs disparut avant la fin de la République. Si l'on n'a pas de données suffisantes pour permettre de fixer d'une façon précise l'époque de cette disparition, il est, cependant, permis de supposer qu'elle eut lieu au septième siècle, lorsque les *quæstiones perpetuæ* s'étendirent jusqu'au meurtre (1).

Duoviri perduellionis. — Il nous suffira de rappeler ici, que la juridiction leur appartenait, relativement aux crimes politiques, comme aux questeurs, pour les crimes de droit commun. Par conséquent, ils avaient, comme ceux-ci, le droit d'arrestation dans la sphère de leur compétence.

En résumé, l'arrestation, à l'intérieur de la ville et à l'égard des citoyens, s'emploie dans deux ordres de circonstances bien distincts : d'abord elle sert de moyen de coercition, ensuite elle est employée, dans la juridiction criminelle, soit pour assurer la détention préventive de l'accusé, soit à la suite d'une condamnation.

En ce qui concerne la coercition, l'arrestation peut être ordonnée par tous les magistrats ayant l'*impe-rium*, c'est-à-dire le roi, le consul, le dictateur, le pré-

(1) Comparer, pour la compétence des questeurs, Mommsen : Römisches Staatsrecht : tome 2, pages 537 et suivantes.

teur et, en outre, par le tribun, bien qu'il soit dépourvu de l'*imperium*.

Dans la juridiction criminelle, le droit d'arrestation appartient, comme dans la coercition, au roi, au dictateur, au consul, au préteur et au tribun. Mais, ici, il faut ajouter à cette liste, d'une part, les questeurs, pour les crimes de droit commun, d'autre part, le pontife et les *duoviri perduellionis*, pour des cas spéciaux et exceptionnels.

Pour en finir avec l'arrestation, dans la compétence urbaine, il nous reste à examiner deux questions relatives, l'une à l'exécution des droits de l'Etat sur son débiteur insolvable, l'autre, au droit de vendre à l'étranger un citoyen comme esclave.

Lorsqu'un débiteur de l'Etat ne pouvait pas payer, l'Etat pouvait recourir contre lui à la *bonorum venditio* et à la *manus injectio*. Mais, le censeur n'ayant en aucun cas la *prensio* et le *quæstor ærari*, ne l'ayant pas davantage. la vente comme esclave d'un débiteur de l'Etat n'était possible qu'avec l'intervention du consul. L'on y avait, d'ailleurs, rarement recours et l'on s'en tenait à la vente de la fortune, pour laquelle le questeur avait pleins pouvoirs.

L'Etat pouvait, comme un particulier, demander des cautions à son débiteur, mais il est probable que. pour s'assurer un recours plus sérieux, il employait d'habitude un procédé spécial, la *subsignatio prædiorum*, dont l'effet était d'aggraver l'obligation de la caution. (1)

____

(1) Voy. Peltier : thèse de doctorat pages 50 et suiv. (Paris 1893).

A côté de la détention préventive et de l'emprisonnement après condamnation, il y avait une autre peine
privative de la liberté, la vente en esclavage, à l'é-
tranger, d'un citoyen romain. Elle était employée pour
punir la non-comparution au cens ou au recrutement
et le pouvoir de la prononcer n'a jamais appartenu
qu'au magistrat supérieur, même après que le cens
eût été attribué aux censeurs. La *provocatio* ne fut pas
étendue à cette peine qui, en fait, cessa de s'appliquer
de bonne heure et ne reparut que sous l'Empire.

CHAPITRE V

**Voies de recours
contre l'arrestation dans la compétence urbaine.**

La loi ne fixait aucun terme à la détention ordonnée par le magistrat pour punir la désobéissance à un de ses ordres ou le manque de respect à sa personne. Toutefois, cette détention cessait à l'expiration des pouvoirs du magistrat qui l'avait prescrite, si son successeur ne la maintenait pas. En outre, la provocation n'ayant pas été étendue à l'emprisonnement, la seule voie de recours possible contre le droit d'arrestation des magistrats supérieurs était donc l'intercession des tribuns.

L'intercession était le pouvoir accordé à un magistrat d'annuler un acte déjà accompli par un autre magistrat ou d'empêcher l'accomplissement d'un nouvel acte basé sur le premier (1). Ce droit appartenait à tout

(2) Il y a controverse sur la question de savoir si l'intercession exigeait l'existence d'un acte déjà accompli ou si elle s'appliquait à l'acte à accomplir, en un mot, si elle avait un caractère rescisoire ou un caractère prohibitif. Mais nous n'avons pas à entrer dans les détails de cette discussion, d'autant plus qu'elle porte, en réalité, plutôt sur les mots que sur le fond. Peu importe, en effet, que l'on considère les actes antérieurs

magistrat ayant une puissance égale, *par potestas*, ou supérieure, *major potestas*, à la puissance de celui qui avait accompli l'acte attaqué. Mais il est probable que l'intercession n'était permise à un magistrat contre un de ses égaux ou de ses inférieurs qu'à la condition que celui-ci eût une compétence identique à la sienne, ou, du moins, très rapprochée. C'est ce qui fait, avec un second motif dont nous reparlerons plus loin, que l'intercession dont il est le plus souvent et même uniquement question est celle du tribun qui seule était possible contre tous les magistrats, à l'exception du dictateur.

Il est fait mention de cette intercession d'une façon toute particulière en matière d'arrestation, tant relativement à la coercition qu'à la juridiction criminelle et, même, à la juridiction administrative, pour empêcher, dans cette dernière hypothèse, l'arrestation d'un débiteur de l'Etat (1).

L'intercession contre le décret par lequel un magistrat ordonne une arrestation. n'est possible que sur l'appel du citoyen arrêté (2). Il est probable que, dans l'ancien droit, l'appel devait suivre immédiatement le

comme annulés et incapables de servir de base à de nouveaux actes, ou bien que l'on regarde ces derniers comme directement empêchés par l'intercession.

(1) Cela eut lieu pour l'arrestation de L. Scipion, qui ne pouvait payer une amende à laquelle il avait été régulièrement condamné (Tite-Live : XXXVIII, 56).

(2) C'est ce qui explique le mot *auxilium* employé pour désigner l'acte d'intercession du tribun et le mot *appellatio* appliqué au recours exercé par le citoyen lésé,

moment où l'individu lésé avait eu connaissance de l'acte qui le frappait.

Quant au magistrat, il avait probablement, pour statuer, un délai de trois jours. On peut tirer cette conclusion de la loi de *Salpensa*. Cette loi, en effet. dans un passage où il est question du droit d'intercession des édiles, des *duoviri*, des questeurs, contient la phrase suivante : « *Intercedendi, in triduo proxumo quam ap-* « *pellatio facta erit poteritque intercedi* » (1). Or, il est permis de supposer que cette règle s'appliquait aussi bien à Rome que dans la cité latine de Salpensa.

L'appel pouvait être adressé indifféremment à l'un seulement des tribuns ou à tous en même temps. Dans ce dernier cas, il y avait réunion du collège des tribuns et organisation d'une procédure contradictoire comme pour un véritable procès. Mais il n'y avait pas, en fait, dans la matière, à tenir compte de la majorité, puisque, l'intercession existait dès qu'un seul des membres du collège persistait à la faire.

L'intercession avait pour effet de rendre nul l'acte qu'elle frappait. Mais, lorsqu'elle émanait d'un magistrat ayant seulement une *par potestas* avec celui qui avait accompli l'acte annulé, l'intercession risquait de rester absolument illusoire. Cela pouvait avoir lieu, si le magistrat, contre qui elle était faite, maintenait l'acte annulé, si, par exemple, il refusait de mettre en liberté l'individu arrêté. C'était là, d'ailleurs, le second motif pour lequel on avait recours presque constam-

____

(1) Chapitre 27.

ment au tribun, car, en vertu de sa puissance supérieure à celle des autres magistrats, il pouvait toujours considérer la résistance à son intercession comme un manque de respect à sa personne et, par conséquent, contraindre le magistrat récalcitrant, à l'obéissance, par la voie de la coercition.[17]

Si tous les tribuns étaient d'accord, ils pouvaient donc être maîtres absolus des autres magistrats. Mais il arrivait souvent que l'intervention d'un tribun se trouvait, elle-même, paralysée par l'intercession d'un autre tribun, en vertu du principe d'après lequel, en cas de conflit, la préférence était toujours donnée à la défense sur le commandement. Ainsi, L. Postumius Magellus, consul en 460, ayant triomphé, durant ses fonctions, sans avoir obtenu l'autorisation du Sénat ni du peuple, se défendit contre l'arrestation dont sept tribuns le menaçaient en leur opposant l'intercession des trois autres (1).

De même, le censeur Appius Claudius, emprisonné par un tribun pour avoir trop longtemps conservé ses fonctions, fut délivré par l'intercession de trois autres tribuns : « *Prendi censorem et in vincula duci jussit;* « *approbantibus sex tribunis actionem collegæ, tres appel-* « *lanti Appio auxilio fuerunt.* » *(2-3)*

(1) Tite-Live : X, 37.

(2) Id. : IX, 34.

(3) Il existait à Rome une autre institution destinée à protéger la liberté des personnes et dont il nous paraît utile de faire mention ici, bien qu'elle rentre dans le droit privé. Nous voulons parler de l'interdit *de homine libero exhibendo* qui était donné contre l'individu détenant frauduleusement une personne libre. (Ulpien, au Dig., XLIII; 29, lois 1 et 3.)

Nous avons, avec la théorie du droit d'arrestation des citoyens romains, dans la compétence urbaine, exposé ce que nous appellerons le droit commun de notre sujet. Nous allons, maintenant, toujours en nous limitant à la période républicaine, chercher quelles ont été les modifications apportées à ce droit aux trois points de vue suivants : les lieux, les personnes et les époques.

DEUXIÈME PARTIE

DÉROGATIONS AU DROIT COMMUN

EN MATIÈRE D'ARRESTATION SOUS LA RÉPUBLIQUE.

CHAPITRE Ier

Arrestation des citoyens romains dans la compétence militiœ.

De tout temps, les peuples civilisés ont établi des règles différentes pour les moments de paix et pour ceux de guerre ou de troubles intérieurs. Cette distinction, que nous exprimons aujourd'hui par l'opposition entre l'état de paix et l'état de siège, les romains la faisaient entre l'*imperium domi* et l'*imperium militiæ*. Mais, tandis qu'actuellement la différence est basée exclusivement sur les idées de paix ou de guerre, à Rome, elle reposait sur une simple question de territoire. A l'intérieur de la ville, c'était l'*imperium domi*, à l'extérieur, l'*imperium militiæ*.

La limite des deux territoires était fixée à la première
borne milliaire des différentes routes partant de la
ville (environ 1500 mètres). Or, la ville, *Urbs Roma*,
envisagée à ce point de vue, n'était qu'une partie de
la ville, celle comprise dans le *pomerium* ou, en d'autres termes, dans l'ancienne enceinte élevée par Ser-
vius Tullius. Donc, au point de vue du droit public, la
ville de Rome se composait de l'espace entouré par le
pomerium et, en plus, de la zone comprise entre cette
enceinte et une ligne passant par chacune des premières bornes milliaires.

Avant de franchir le *pomerium*, le magistrat, partant pour prendre le commandement de l'armée, prenait, au Capitole, des auspices spéciaux, puis, après
avoir remplacé son costume de paix par un costume
de guerre, il passait la limite. Dès lors, il devenait général et acquérait une compétence beaucoup plus
étendue qu'auparavant.

Du temps de la royauté, le roi accomplissait déjà
les mêmes formalités, mais son *imperium* étant illimité,
ses pouvoirs restaient, en réalité, les mêmes au-delà
des fortifications qu'en deçà.

Sous la République, il n'en était plus ainsi. Les magistrats avaient perdu, dans l'intérieur de Rome certaines
des attributions royales : ils n'avaient plus le droit de
porter la hache dans les faisceaux de verges, ni de prononcer une condamnation capitale ; enfin, leurs sentences étaient soumises à la *provocatio ad populum*. —
Ce sont ces restrictions à leur ancienne autorité qui,
en dehors de la ville, disparaissaient en grande partie.

C'est pourquoi le magistrat faisait replacer les haches dans les faisceaux aussitôt après avoir dépassé l'enceinte fortifiée. Il voulait prouver ainsi qu'en devenant général, il recouvrait toute la puissance qui avait appartenu aux premiers magistrats, même à Rome.

Lorsque le général franchissait le *pomerium* sans avoir pris les auspices, son commandement était considéré comme vicié (1). Il ne pouvait replacer les haches dans les faisceaux et ses pouvoirs restaient limités par la *provocatio* et l'*intercessio*.

En fait, le territoire se divisait en trois zones : 1° L'intérieur de la ville où les magistrats seuls étaient compétents, à l'exclusion des promagistrats et où la *provocatio* ainsi que l'*intercessio* s'appliquaient dans toute leur étendue.

2° Le territoire situé au-delà de la première borne milliaire, où les promagistrats eux-mêmes étaient compétents et où il n'y avait plus ni *provocatio* ni *intercessio*.

3° Le territoire compris entre le *pomerium* et la première borne miliaire. Là, il y avait une situation mixte : les magistrats et les promagistrats étaient également compétents. De même, la provocation et l'intercession restaient applicables dans certaines conditions (2).

(1) Les soldats ont quelquefois, en pareille circonstance, forcé le général à rentrer dans Rome, pour prendre les auspices dans la forme consacrée.

(2) Voir plus loin ; page 65.

Parallèlement à cette division tripartite du territoire romain, on peut indiquer trois classes de magistrats :

1° Ceux dont la compétence s'étendait en même temps à Rome et à l'extérieur de Rome. C'étaient tous les anciens magistrats, consul, dictateur, questeur. Le préteur aussi, bien que ses fonctions fussent limitées à la ville, pouvait, par délégation, les exercer au dehors.

2° Ceux qui n'étaient compétents qu'à Rome, c'est-à-dire les magistrats plébéiens et tous les magistrats inférieurs dont les fonctions étaient purement urbaines.

3° Ceux qui n'avaient de pouvoir qu'en dehors de la ville. Tels étaient les questeurs nommés en 487 après la soumission de l'Italie.

De cet aperçu général, il résulte que le droit d'arrestation existait, dans l'*imperium militiæ* comme dans l'*imperium domi*, au profit, d'abord du roi, ensuite du consul, du dictateur, du préteur et du questeur.

Il leur appartenait avec d'autant plus de force, sur ce territoire, que la coercition et la juridiction criminelle s'y trouvaient confondues dans les mêmes mains.

Mais, à côté d'eux, nous rencontrons, ici, une nouvelle catégorie de fonctionnaires. les promagistrats, sur la compétence desquels il nous faut donner quelques détails.

On appelle promagistrat, au sens strict du mot, celui qui, sans être investi d'une magistrature, exerce les fonctions d'un magistrat, par suite d'une délégation ou d'une prorogation de pouvoirs.

Par exemple, quand un magistrat qui exerce ses fonctions hors de Rome est arrivé au terme de son mandat, il doit continuer les opérations de sa charge jusqu'à l'arrivée de son successeur. Seulement, comme il ne tient plus, alors, ses pouvoirs d'un vote du peuple, ce n'est qu'un promagistrat.

De même, pour celui par qui un magistrat supérieur se fait représenter quand il s'absente.

Dans le langage courant, le promagistrat est le magistrat qui exerce ses fonctions en dehors de Rome, ce qui ramène la distinction des promagistratures et des magistratures à celle de l'*imperium domi* et de l'*imperium militiæ*. Mais, quel que soit le sens attribué à ce nom, le promagistrat a des pouvoirs analogues à ceux du magistrat correspondant (proconsul, consul), de sorte qu'au point de vue de notre sujet, ce que nous dirons de l'un pourra s'appliquer à l'autre, en tant, du moins, qu'il s'agira de la compétence *militiæ*.

Sur le territoire *militiæ*, les citoyens romains restaient justiciables des tribunaux de la capitale qui avaient le droit, en pareille circonstance, d'amener la comparution de l'accusé par voie de réquisition (1).

Néanmoins, la juridiction criminelle, sur les citoyens romains se trouvant dans les provinces, appartenait aussi aux gouverneurs qui avaient, notamment, pleins pouvoirs pour faire arrêter et emprisonner les accusés.

Il arrivait encore fréquemment, dans ce territoire, que le Sénat donnât une juridiction exceptionnelle à

(1) Voyez Mommsen : Trad. Girard, tome III. page 130.

un consul ou à un préteur qui réunissait, alors dans sa main, le droit de justice criminelle et la répression militaire. Ces tribunaux, créés d'ordinaire pour juger des crimes ayant un caractère politique, étaient compétents à l'égard des citoyens romains et même des magistrats, fussent-ils encore en fonctions. Il suffisait, pour cela, que le magistrat chargé de la juridiction fut supérieur en rang à l'accusé. Nous avons un exemple d'un procès de ce genre dans la condamnation de Q. Pleminius qui commandait *pro prœtore*, à la place de Scipion, en Italie méridionale, par un préteur envoyé de Rome en 550 (1).

Auprès de l'*imperium militiæ* considéré comme l'un des termes d'une division purement territoriale, il faut distinguer l'ensemble des attributions militaires, au sens strict, des magistrats supérieurs lesquels sont ici le consul, le préteur, le dictateur, le maître de la cavalerie et tous ceux qui, ayant reçu à titre extraordinaire, la puissance supérieure, sont dits être « *cum imperio* »

Dans cette sphère spéciale, les magistrats que nous venons d'énumérer, exercent la juridiction militaire proprement dite sur les hommes de l'ennemi et sur leurs propres officiers et soldats.

Quant à la juridiction criminelle, elle revêt une forme particulière. La notion de l'acte punissable change dans de grandes proportions et, ce qui nous importe surtout, les agents de répression ne sont plus

(1) Voyez Mommsen : Trad. Girard, tome III. pages 131 et 132.

les mêmes, la juridiction criminelle contre les soldats appartenant aux officiers et, en particulier, aux tribuns militaires et aux *præfecti socium*.

La procédure, était, sans doute, elle aussi, en fait, plus prompte qu'à Rome. Bien qu'elle dût théoriquement être la même que dans la compétence urbaine, il est, en effet, probable qu'elle était au camp, pour une large part, abandonnée à l'arbitraire du général.

En outre, sur le territoire militaire, la délégation de la coercition du magistrat aux auxiliaires est de règle dans une certaine mesure et les tribuns militaires, ainsi que les officiers de grade égal exercent les mêmes droits de coercition que le général.

Enfin, dans la compétence *militiæ*, l'intercession est impossible, sans aucune distinction, au-delà de la première borne milliaire.

Sur le territoire compris entre cette borne et le pomerium, l'intercession est également impossible à l'égard des actes du général qui a pris des auspices valables, mais elle reste possible contre les décisions des magistrats partis sans avoir pris des auspices valables ou sans en avoir pris du tout.

CHAPITRE II

Arrestation des femmes citoyennes romaines
et des non-citoyens sous la République

En ce qui concerne la coercition, il n'y a aucune distinction à faire entre les contrevenants. Tous, personnes libres ou esclaves, hommes ou femmes, citoyens ou non-citoyens sont également astreints à l'obéissance au magistrat et tous sont passibles des mêmes peines, s'ils manquent à ce devoir. La seule exception possible serait celle où l'acte incriminé échapperait à l'autorité romaine, comme si, par exemple, il lui était retiré par une convention internationale.

I. — Au contraire, l'arrestation, considérée par rapport à la juridiction criminelle, donne lieu à des observations spéciales, lorsqu'elle s'applique à certaines catégories de personnes. Ainsi, pour les femmes, la juridiction de droit commun était, d'abord, le tribunal de famille (1).

Il est difficile de déterminer avec précision la composition et la compétence de ce tribunal parce que, loin d'être une véritable juridiction, c'était plutôt une sorte de censure domestique dont l'influence était sur-

(1) Mommsen Girard, tome III, page 62.

tout morale. Aussi son organisation ne dépendait-elle que de l'usage et ne fut-elle jamais fixée par une loi spéciale.

Pour le même motif, le tribunal de famille se composait, non pas des agnats ou parents en vertu de la loi civile, mais des cognats ou parents par le sang et quelquefois même des amis.

Quant à la compétence de ce tribunal, elle était aussi variable que sa composition. D'une manière générale, il intervenait dans tous les événements importants qui intéressaient la famille ; fiançailles des jeunes filles, cérémonie où les jeunes garçons endossaient la robe virile, garde des intérêts des orphelins ; enfin, il assistait, comme conseil, le père de famille jugeant sa femme ou ses enfants. Sans doute, alors, sa décision n'était pas obligatoire pour le père de famille et, de même que celui-ci pouvait se dispenser de consulter le tribunal de famille, de même, il était libre, après l'avoir consulté, de n'en pas suivre l'avis, mais il risquait, en pareil cas, de soulever contre lui l'opinion publique ou de s'attirer un blâme du censeur et s'exposait même à une accusation criminelle devant le peuple.

Le tribunal domestique avait un rôle particulièrement important en ce qui concernait les femmes. Si la femme était sous la puissance de son père, le conseil de famille assistait en effet celui-ci lorsqu'il avait à la juger ; si elle était orpheline, ce tribunal veillait à ses intérêts moraux. Si elle se mariait et commettait quelque faute, le conseil aidait le mari dans la fixation du châtiment encouru. Enfin, il est probable que l'Etat, pour éviter un scandale, confiait souvent au tribunal domestique l'exécution des peines prononcées contre les femmes par une juridiction publique (1). Car, bien qu'en principe la juridiction sur les femmes ne regardât nullement les comices, puisque les femmes n'avaient pas le droit de provocation, il pouvait arriver, si elles commettaient des crimes susceptibles de mettre l'Etat lui-même en danger, que les magistrats supérieurs intervinssent avec l'assentiment du Sénat (2).

Les délits pour lesquels le tribunal de famille jugeait les femmes étaient très variés et nous avons des exemples de cas où il eut à statuer sur un empoisonnement (3), sur le fait d'avoir adopté une religion étrangère (5), et sur la moralité de la femme (4). C'est sur ce dernier sujet que nous avons le plus de renseignements, grâce à tout ce qui nous a été conservé de la législation sur l'adultère.

Dans l'ancien droit et, au moins, dans le mariage *cum manu*, sinon aussi dans le mariage *sine manu*, le mar. qui surprenait sa femme en flagrant délit d'adultère avait le droit de la tuer et il n'y avait là pour lui non pas une simple excuse mais une absence complète de culpabilité. En dehors du cas de flagrant délit, le mari, n'avait plus le droit de tuer sa femme, mais il pouvait réunir les proches parents, cognati de la femme

(1) Gide : Condition privée de la femme, pages 116 et suiv.
(2) Mommsen. Girard, tome III, page 130.
(3) Tite-Live XLVIII.
(4) Suétone : Tibère, 35.
(5) Tite-Live : XXXIX, 18.

et ce tribunal (*concilium*), devenant souverain pour statuer sur le sort de l'épouse infidèle, pouvait la condamner même à la peine de mort: « Les anciens « Romains n'avaient pas infligé à l'épouse coupable « la flétrissure des débats judiciaires ; ils voulaient que « la honte domestique restât ensevelie au sein de la « famille et ils constituaient le mari et les parents juges souverains avec droit de vie et de mort (1). » La décision de ce tribunal était obligatoire pour le mari, mais il semble que quand la femme était *in manu*, le père pouvait se dispenser de consulter le conseil de famille (2).

Pour le cas où la femme n'étant plus *filiafamilias* ne se trouvait pas non plus *in manu mariti*, on serait tenté de croire qu'il ne pouvait y avoir aucun jugement domestique. Mais nous avons des exemples d'assemblées de *cognati* condamnant la femme après la mort du mari sans qu'il soit dit qu'il s'agisse d'une *filiafamilias*, ce qui permet de supposer que, même alors, le tribunal de famille conservait ses droits (3).

Bien que ce conseil eût le droit de prononcer la peine de mort, le châtiment le plus ordinaire consistait, selon Tacite (4), dans l'exil de la femme coupable à deux cents milles de Rome.

Quelqu'étendus que fussent les droits du tribunal domestique, ils n'affranchissaient pas complètement

<hr>

(1) Gide, page 134.
(2) Geib, page 93.
(3) Esmein : Délit d'adultère à Rome, page 6.
(4) Annales, II, 50.

les femmes de toute juridiction publique. On trouve, en effet, des exemples de poursuites dirigées contre des femmes par des magistrats; mais il faut reconnaître qu'il s'agissait, alors, de cas, sans doute très graves, où l'on disait qu'il y avait « *multæ irrogatio* (1). » Quoi qu'il en soit, il résulte de ces textes que les femmes pouvaient être traduites devant le peuple pour des faits rentrant dans la compétence du tribunal de famille. Mais il y a difficulté sur le point de savoir, pour l'époque de la République, à qui, du tribunal domestique ou de la juridiction publique appartenait la priorité. Il est probable qu'en général le tribunal de famille jugeait le premier et qu'il pouvait même prévenir un jugement public déjà commencé. Cela peut s'induire du texte suivant : « *Publicia..... item Licinia..... propinquorum « decreto strangulatæ sunt : non enim putaverunt seve- « rissimi viri in tam evidenti scelere longum publicæ « quæstionis tempus expectandum* (2). » En revanche, il est vraisemblable aussi que la décision du tribunal de famille ne paralysait pas l'action publique et que, dans des circonstances très graves, le peuple pouvait intervenir après un jugement rendu par le tribunal domestique (**3**).

A l'égard des Vestales, le conseil de famille était remplacé par le Pontifes et ses collègues.

II. — Dans la compétence urbaine, il est probable

---

(1) Cic. pro. Rabirio 3, **8**. — Tite-Live, VIII, 18 et X. 31.

(2) Val. Max. 6, 3, 8.

(3) Asconius : page 46 (œuvres de Cic. par Orellius tome V.).

que la juridiction criminelle sur les étrangers, les esclaves et, en général, les personnes qui ne jouissaient pas des droits de citoyen, appartenait, en droit, au préteur et au consul (1). C'est ainsi qu'un ambassadeur numide, Bomilcar, accusé d'avoir assassiné le prince numide Massiva, résidant à Rome, fut traduit, en l'an 644, devant le consul Albinus (2).

En fait, cette juridiction était remise ordinairement aux fonctionnaires chargés de la police et, spécialement, aux *tresviri capitales* qui pouvaient, alors, recourir à l'arrestation et à l'emprisonnement. C'était, d'ailleurs, là, un des cas les plus fréquents d'application de l'emprisonnement.

Il est également probable que, même à Rome, les non-citoyens n'avaient pas le droit de faire appel à l'intercession du tribun contre l'arrestation qui les frappait.

Enfin, l'esclave ou l'étranger se trouvant sous le coup d'une accusation criminelle était, en général, contrairement à ce qui avait lieu pour le citoyen romain, soumis à l'arrestation et à la détention préventives.

Pour la compétence *militiæ*, il y a lieu de faire une distinction entre l'Italie et les provinces extra-italiques. En Italie, la juridiction sur les non-citoyens appartenait aux consuls qui avaient sur eux un *jus vitæ necis-*

(1) Comp : Ortolan, Légi l, rom., tom. I, p. 182 et Mommsen-Girard, tome III, p. 130.

(2) Salluste : Jugurtha, 35, 61, 4.

que absolu. C'était là une conséquence de l'*imperium*
illimité dont était investi le consul en dehors de Rome.

Dans les provinces et les cités, les pouvoirs du gouverneur n'étaient pas moins étendus. Dès qu'un magistrat sortait de Rome pour aller gouverner une province, il était investi de l'*imperium* et ce pouvoir lui
donnait, sur le territoire soumis à son administration,
des droits à peu près illimités. Pour la juridiction criminelle, notamment, bien qu'elle rentrât en principe
dans les attributions de l'administration locale et spéciale à la cité ou à la province, il arrivait fréquemment
que le gouverneur s'en emparât et qu'il fît arrêter
l'accusé même non-citoyen romain.

La plupart des gouverneurs, en effet, considéraient
les provinciaux comme de véritables sujets de Rome,
contre qui toutes les rigueurs étaient permises, et il est
certain qu'en matière de droit criminel, on n'hésitait
jamais, lorsque l'occasion s'en présentait, pour faire
opérer l'arrestation provisoire de l'accusé. La fréquence
de telles arrestations est démontrée par ce fait qu'il
existait des registres spéciaux sur lesquels devaient
être inscrits, d'après l'ordre des admissions, les noms
des individus emprisonnés (1).

Le gouverneur avait donc, en réalité, sur les provinciaux, un pouvoir absolu, sans que ceux qu'il frappait
pussent même recourir à l'intercession des tribuns :
« *prœtor improbus cui nemo intercedere possit* » (2).

____

(1) Geib : page 288.
(2) Cic. *Verr*. XI, 12.

Cet *imperium* sans limite lui donnait en outre, sur les soldats romains, un droit de vie et de mort sans appel.

Quant aux citoyens romains établis dans la province, ils pouvaient être emprisonnés sur l'ordre du gouverneur, mais celui-ci n'avait pas, primitivement, le droit de les juger lui-même et devait les faire conduire à Rome, où ils étaient traduits devant les tribunaux ordinaires (1).

A partir du second siècle avant Jésus-Christ, le gouverneur put juger les citoyens romains eux-mêmes, mais ceux-ci, en cas de condamnation capitale, purent en appeler aux autorités de Rome (2) et le fait qui fut le plus vivement reproché à Verrès fut celui d'avoir fait supplicier le citoyen romain Gavius (3).

(1) Laboulaye, page 173.
(2) Willems : Droit public romain, page 369.
(3) Cic : *In Verr*. V. 140, 147 et suiv.

CHAPITRE III

Principales modifications temporairement apportées au droit d'arrestation pendant la République

Le droit d'arrestation subissait de graves modifications lorsque l'on nommait un dictateur. En ce qui concerne ce magistrat, nous avons déjà indiqué ses pouvoirs. Mais l'usage de recourir à une dictature, en cas de troubles, tomba assez promptement en désuétude pour faire place à une institution nouvelle consistant dans la prononciation, par le Sénat, de la formule : « *Videant consules* (et quelquefois *prætores, tribuni plebis quique pro consulibus) ne quid respublica detrimenti capiat.* » Cette formule prononcée, il y avait « *tumultus* » c'est-à-dire que la République était considérée comme en danger et que tout cédait devant la règle : « *Salus populi suprema lex esto.* » La justice ordinaire était suspendue et les magistrats chargés par le Sénat de veiller au salut de l'Etat recouvraient, en fait, les pouvoirs des anciens dictacteurs. ce qui avait pour conséquence, en matière d'arrestation, par exemple, de supprimer le recours à l'intercession tribunicienne.

De même la création, en l'an 303, des décemvirs chargés de rédiger la loi des Douze-Tables eut pour effet de suspendre les institutions existantes et d'attri-

buer aux décemvirs des pouvoirs analogues à ceux des
rois.

A côté de ces modifications régulièrement apportées
au droit d'arrestation, la liberté individuelle eut à souf-
frir de nombreuses violations, surtout pendant la période des guerres civiles qui ensanglantèrent presque
continuellement le monde romain durant les dernières
années de la République. C'est par milliers que se
chiffrèrent alors les victimes de l'arbitraire des chefs
de partis. Mais ce n'était pas tout, et ces désordres per-
pétuels devaient porter une atteinte encore plus grave
aux anciennes libertés des citoyens.

Le peuple romain, dans son désir de la paix intérieure, devait finir par se donner un maître. Sylla, pro-
clamé *dictator legibus scribundis et reipublicæ consti-
tuendæ*, devint ce maître, avec un pouvoir absolu sur
la vie et la liberté de ses concitoyens. Puis une nouvelle
période de troubles se terminait, un quart de siècle plus
tard, par une seconde dictature, celle de César, plus
absolue encore, si c'était possible. Enfin, après son
triomphe définitif, Octave se faisait attribuer successivement toutes les grandes magistratures républicaines et concentrait ainsi entre ses mains tous les
pouvoirs publics.

Avec lui, l'ordre allait se rétablir, mais, en même
temps que la tranquillité, Rome avait de nouveau
trouvé un maître, et c'en était fini de la République
ainsi que des vieilles libertés des citoyens.

La substitution de l'Empire ou, en d'autres termes,
de l'absolutisme à l'ancien gouvernement libéral ne se

fit pas subitement, mais elle n'en fut pas moins radi-
cale et, par conséquent, entraîna de profonds changements dans la plupart des institutions primitives. C'est
l'examen de ces modifications, ainsi que de leurs résultats au point de vue spécial du droit d'arrestation, qui
va faire l'objet de notre troisième partie.

TROISIÈME PARTIE

DROIT D'ARRESTATION SOUS L'EMPIRE

I. Juridictions divers.
II. Arrestation et détention préventives ; coercition.
III. Importance particulière de la juridictio. du prince
et de son conseil.
IV. Principales atteintes à la liberté individuelle
sous l'Empire.

I. — Avant d'entreprendre l'étude de l'organisation judiciaire impériale, il est nécessaire de bien se pénétrer du principe suivant : c'est qu'Auguste, et après lui ses successeurs, au lieu de remplacer tout à coup les institutions républicaines par d'autres complètement nouvelles, cherchèrent, au contraire, à laisser à leur gouvernement les apparences de l'ancien régime. Pour cela, ils conservèrent, au début, avec le plus grand soin, les magistratures de la République, mais, à côté d'elles, ils créèrent des fonctions nouvelles, dans le simple but, d'abord, de diminuer l'autorité des premières, mais avec l'intention bien arrêtée de les leur substituer totalement dans la suite.

Ainsi, nous trouvons encore des consuls, des préteurs, des questeurs ; seulement ils n'ont plus que le nom des magistrats républicains. Sans doute, on les

voit encore paraître au premier rang dans toutes les
fêtes et les cérémonies publiques, mais, en fait, le préfet de la ville supplante les consuls et les préteurs, et
les préfets du trésor remplacent les questeurs. De
même le *præfectus vigilum* occupe la place des édiles.
Les officiers impériaux seuls ont donc l'autorité réelle,
effective, les magistrats républicains n'ont que des
attributions plus ou moins insignifiantes et des hon-
neurs destinés, en flattant leur vanité, à gagner des
courtisans au prince.

Le tribun seul semble conserver plus d'importance,
mais s'il garde une puissance apparente, c'est uniquement parce qu'il peut mieux que les autres servir d'instrument pour assurer le despotisme de l'empereur.

Pour les juridictions, le système est identique; les
quæstiones perpetuæ sont conservées et l'on en voit
encore des traces jusqu'à Domitien (1), mais des tribunaux nouveaux sont créés parallèlement. Ainsi, le Sénat reçoit la mission de juger tous les crimes et les
délits commis par un magistrat ou par un sénateur (2).
Cette juridiction, exceptionnelle sous Auguste, devint
de règle sous Tibère et ses successeurs et exista, de cette
façon, pendant tout le premier siècle de l'Empire, concurremment avec celle des *quæstiones perpetuæ*. Toutefois, la compétence du Sénat diminua peu à peu et

----

(1) Laboulaye, page 477.

(2) Cette juridiction, bien qu'étant, en fait, exercée par le Sénat,
serait peut-être plus justement désignée, en théorie, du moins,
comme appartenant au consul (Mommse ; trad. Girard, tome
III, p. 135).

au commencement du troisième sièccle, elle ne comprenait plus que la juridiction sur les sénateurs, leurs femmes et leurs enfants. Quant au droit de juger les magistrats impériaux, il passa tout entier au Conseil du prince, devenu permanent à partir d'Hadrien, et si, depuis lors, le Sénat est encore chargé de juger quelques procès, c'est en vertu d'une délégation expresse de l'empereur.

En dehors de ces hypothèses spéciales, les fonctionnaires investis de la juridiction criminelle étaient, à Rome, le préfet de la ville et le préfet des gardes de nuit. Le préfet de la ville eut une compétence étendue et, en 205, Septime Sévère lui attribua la répression de tous les délits commis dans Rome et dans un rayon de cent milles autour de la capitale. Il jugeait après avoir pris l'avis d'un conseil (1).

Le *præfectus vigilum* avait à réprimer certains délits se rapportant à ses attributions particulières et jugeait, notamment, les incendiaires et les voleurs.

En Italie, au-delà de 100 milles en dehors de Rome, la juridiction criminelle appartenait au préfet du prétoire, aux correcteurs ou aux *consulares* des régions.

. Dans les provinces, cette juridiction appartenait aux gouverneurs.

Quant aux magistrats locaux des provinces et à ceux des villes libres ou alliées, ils avaient un droit de répression sur les esclaves et ils étaient chargés de la garde ainsi que de l'interrogatoire préalable des mal-

____

(1) Walter, trad. Picquet Damesme, pages 77 et suiv.

faiteurs. A l'époque de Constantin, tous les anciens tribunaux avaient disparu, et sauf les quelques exceptions précitées, tous les citoyens, hommes ou femmes, étaient justiciables des tribunaux impériaux.

A partir de ce prince, la juridiction criminelle appartint à Rome, pour les crimes graves, au *præfectus urbi* qui déléguait parfois ses pouvoirs à un lieutenant (*vicarius*) ou au *præfectus annonæ*.

Le *præfectus vigilum* jugeait les délits moins importants. Il fut plus tard remplacé, à Constantinople, par le préteur du peuple.

Ajoutons à cela, certaines juridictions spéciales telles que celle du *præfectus annonæ* qui connaissait de tous les crimes et délits relatifs aux vivres ou aux approvisionnements.

En ce qui concerne la juridiction du Sénat, elle était, nous l'avons vu, remplacée par celle du prince et de son conseil.

Au-delà de cent milles hors de Rome et pour les parties de l'Italie voisines de cette zone, la juridiction était attribuée aux *consulares* concurremment avec le préfet de la ville. Dans les provinces, le droit de justice supérieure appartenait aux gouverneurs ou présidents.

Pour les délits et infractions de peu d'importance, la répression était confiée aux magistrats municipaux, puis, à partir du ve ou vi^e siècle, aux défenseurs des cités.

II. — Les garanties anciennement accordées aux accusés disparaissent sous l'Empire, en même temps que la liberté politique et le droit d'*intercessio* des tribuns. Avec le nouveau régime, l'arrestation et la détention préventive deviennent fréquentes; le droit de se bannir volontairement, pour éviter la condamnation, disparaît et on en arrive même, quelquefois, jusqu'à appliquer à des citoyens la question ou la torture (1). Il est à remarquer, toutefois, que sous l'Empire, et surtout à partir de l'édit de Caracalla, le titre de citoyen perdit beaucoup de son importance primitive. L'ancienne distinction entre les citoyens et les non-citoyens fut, alors, en quelque sorte, remplacée par celle que l'on fit entre les personnes de condition commune et celles de rang plus élevé (2), comme les décurions (3) et, plus tard, les vétérans (4). C'est aux individus de la première catégorie seulement que s'appliquaient la question et la torture.

Pour ce qui a trait à l'arrestation préventive, la substitution progressive de la procédure inquisitoire à la procédure accusatoire devait avoir pour effet de rendre cette arrestation de plus en plus fréquente et si, au commencement de cette période, la *custodia libera* continua à être appliquée presqu'aussi souvent que pendant la République, il est vraisemblable qu'à la fin de l'époque impériale la détention préventive constituait au contraire la règle. Cela résulte non seulement des nombreux exemples d'arrestations de ce genre relatifs

(1) Laboulaye, 409,
(2) Fr. 28. §. 2 et 5 fr. 38. §. 3. 5. 7. Dig. L. 16. *de verb. signif.*
(3) Fr. 28. §. 5. eod.
(4) Fr. 1. § 3. Dig. *de veter.* XLIX, 18.

à cette époque, mais encore du soin tout particulier que prenaient les derniers empereurs, dans leurs instructions sur la procédure pénale, pour empêcher les abus tendant à se produire sur ce sujet (1).

C'était, en principe, au *præfectus urbi* ou au *præfectus prætorio*, pour Rome, et au gouverneur ou au président pour les provinces, qu'il appartenait de fixer le sort des accusés.

Le gouvernement impérial ayant créé un troisième mode de détention, la *custodia militaris*, l'officier de justice avait, dès lors, le choix entre trois partis (2): ou bien décerner un mandat d'amener, *pronunciare exhibitionem*, et faire incarcérer, *custodia publica*, l'individu accusé, ou bien le laisser en liberté sur parole ou sous caution, *custodia libera*; ou bien, enfin, employer un moyen terme et, sans décerner aucun mandat d'amener contre l'accusé, confier ce dernier à une garde spéciale, composée de militaires, *militum custodia*.

Le magistrat devait, pour rendre sa décision, prendre en considération la gravité du crime imputé, la situation personnelle de l'accusé et l'importance des preuves produites contre lui.

Plus fréquente que les autres au début de l'Empire, la *custodia libera*, que nous connaissons déjà, fut peu à peu abandonnée et remplacée par l'un des deux autres modes de détention, si bien qu'en pratique la déten

(1) Geib, 561.
(2) Loi I, Dig. *de cust.* XLVIII, 3.

tion préventive fut bientôt ordonnée dans le plus grand nombre de cas. Julien (1), toutefois, défendit d'arrêter préventivement un sénateur, mais cette décision fut révoquée peu après par Valentinien. En réalité, le magistrat demeurait à peu près seul juge.

Dans un cas, cependant, la détention *in vinculis* était obligatoire ; c'était lorsque le coupable avait avoué sa faute (2).

De même, en cas de flagrant délit, les défenseurs des cités et, probablement aussi, primitivement, les autorités locales ou les *irènarchœ* pouvaient faire arrêter le coupable sans mandat du gouverneur (3).

Un droit analogue appartenait, sans doute, à Rome au *præfectus vigilum* et aux officiers de police.

Le Sénat pouvait également, dans les cas graves, faire arrêter immédiatement l'accusé traduit devant lui. C'est ce qui fut décidé à l'encontre de Séjan (4).

Ainsi, quand la détention préventive était ordonnée, l'accusé pouvait être enchaîné et détenu *in vinculis*. Mais il pouvait aussi, si le *commentariensis* l'en jugeait digne, être, pendant trente jours, tenu simplement en surveillance, de manière qu'il lui fut possible de vaquer à ses affaires (5).

Si l'accusé était laissé en liberté sous caution, il

(1) Code Théod., Const. I, *de exhib.*, IX, 2.
(2) Dig. loi 5. *De cust.* XLVIII, 3, Vénuléius.
(3) Const. 7. Code Just. *de défens.*, I, 55 et loi 6, *pr.* et § 1 au Dig. *de cust.* XLVIII, 3.
(4) Mommsen ; Trad. Girard, tome III, page 133.
(5) Cod. Just. Const. 2, IX, 3.

devait *satisdare*, c'est-à-dire promettre avec *stipulatio* de se représenter et fournir des *adpromissores* prenant le même engagement, ce qui se faisait généralement par *fidejussio*.

D'après un rescrit d'Antonin le Pieux, on ne doit pas arrêter celui qui est prêt à donner caution, à moins qu'il ne soit convaincu d'un crime grave (1). Mais il est probable qu'en fait les présidents tenaient peu de compte de cette prescription. Le décret du gouverneur déterminait la somme à payer et si les cautions ne payaient pas elles pouvaient être poursuivies *extra ordinem* (2).

Lorsque le magistrat recourait au moyen terme de la *custodia militum*, l'accusé était confié à une garde composée de deux militaires au moins et jamais de recrues. C'est probablement à une garde de ce genre que fut soumis saint Paul pendant deux ans à Rome (3). En cas d'évasion, les gardes étaient responsables de leur faute ou de leur négligence et passibles de peines plus ou moins sévères (4).

A défaut de militaires, la surveillance de l'accusé pouvait être confiée à de simples citoyens ou *pagani* qui encouraient, alors, en cas de fuite du détenu, la même peine que les militaires.

Quelquefois, dans les provinces, on chargeait de cette mission des esclaves publics ou l'on gardait les

(1) Dig. loi 3 *de cust.*, XLVIII, 3, Ulp.
(2) Dig. loi 4 *de cust.*, XXVIII, 3, Ulp.
(3) Allard. Histoire des persécutions religieuses, page 33.
(4) Dig. loi 12 *de cust.* Callistrate.

détenus dans le camp des soldats. On punissait de mort ceux qui cherchaient à les délivrer à force ouverte, *magna manu* (1).

Sous le rapport de la surveillance des prisons, rien ne fut changé à Rome jusqu'au milieu du IIIe siècle. Dans les provinces, au contraire, cette surveillance commença plus tôt à prendre un caractère militaire. La garde et l'escorte des prisonniers y étaient confiées à un officier appelé *stator* et à des soldats placés sous ses ordres. En outre, un *commentariensis* aidé de secrétaires et de geôliers avait la mission de tenir des registres d'écrou et de surveiller l'administration intérieure des prisons (2).

C'est seulement sous le règne des empereurs chrétiens que des constitutions impériales vinrent réglementer soigneusement le régime des prisons à Rome et en diminuer la rigueur. Ainsi, en 320, l'empereur Constantin améliore sensiblement la situation des accusés (3). Vingt ans plus tard, Constance ordonne au préfet du prétoire de séparer les criminels de sexe différent. En 380, une nouvelle constitution, rendue par les empereurs Valentinien, Valens et Gratien, astreint, sous peine d'amende de vingt livres d'or, le *commentariensis* à fournir tous les mois au gouverneur de la province un état des prisonniers indiquant leur âge, leur condition, la nature du délit pour lequel ils sont détenus et la date de la détention.

(1) Daremberg et Saglio : au mot *custodia.*
(2) Id.
(3) Cod. Just. Const. 1 *de cust. reor.* IX, 4.

Enfin, en 408, les empereurs Honorius et Théodose, dans un but analogue, prescrivent aux *judices* de visiter chaque dimanche les prisons et d'interroger les prisonniers sur la manière dont ils sont traités. Ces *judices* doivent en outre subvenir aux frais d'entretien des prisonniers indigents. Les évêques sont chargés de surveiller l'exécution de ces mesures charitables (1).

Tel était le régime général des prisons. En ce qui concernait spécialement les accusés, il est probable qu'ils n'étaient pas, au commencement de l'Empire, séparés des condamnés et que la séparation n'était pas faite davantage entre les hommes et les femmes. Néanmoins, la constitution par laquelle l'empereur Constance, en l'an 340, ordonna de séparer les condamnés de sexe différent autorise à supposer que l'on faisait déjà une distinction semblable entre les accusés et les condamnés (2),

Quant au mode de détention, il est probable qu'il était le même pour ces deux catégories de détenus.

Cependant, Constantin, dans une constitution déjà citée, de l'an 320, défend, en principe, d'enchaîner les prévenus et décide que, dans les cas où la gravité de l'accusation exige l'emploi de chaînes, celles-ci doivent être assez larges pour ne pas occasionner de douleur au prisonnier. Ce prince, dans la même constitution, défend d'enfermer les prévenus dans des cachots malsains ; la nuit, on doit les conduire dans les vestibules

---

(1) Daremberg et Saglio : au mot *carcer*.
(2) Cod. Just. Const. 3 *de cust.* IX, 3.

et autres endroits salubres des prisons, de manière qu'ils ne souffrent pas trop de leur emprisonnement. On doit aussi veiller à ce que les gardiens ne profitent pas de leur situation pour vendre leur cruauté aux accusateurs. Enfin, on doit faire en sorte que les prévenus soient interrogés et examinés aussitôt leur arrestation ou le plus tôt possible (1).

Lorsque, dans un flagrant délit, le coupable est arrêté sans mandat d'amener, il doit être, après un premier interrogatoire, traduit immédiatement devant le magistrat compétent qui décide s'il y a lieu ou non de maintenir l'arrestation (2). Enfin, la loi prévoit le cas d'évasion et frappe de la peine de mort l'évadé coupable d'effraction. Celui qui a seulement profité de la négligence des gardiens est puni moins sévèrement. La simple conspiration en vue d'une évasion est également punissable, lors même que l'accusé évadé serait ensuite reconnu innocent du crime pour lequel il était détenu (3).

Quant aux actes faisant cesser la détention préventive, il n'y en a plus que deux, à l'époque impériale : le jugement de l'affaire et l'*abolitio* qu'entraîne le jour de Pàques (*lœtitia paschalis*) pour les accusés en général, à l'exception seulement d'un certain nombre de crimes graves et réservés par les constitutions impériales (4). L'*abolitio paschalis*, lorsqu'elle était appliquée, constituait une véritable amnistie.

(1) Code Just. Const. 1, *de cust. reor.* IX, 4.
(2) Dig. loi 6, § 1er *de cust.* XLVIII, 3.
(3) Dig. loi 13, *de cust.* XLVIII, 3.
(4) Daremberg et Saglio, au mot *custodia.*

On ne rencontre plus, comme voie de recours contre l'arrestation, l'intercession tribunicienne c'est-à-dire l'ancien *auxilium* contre les décisions des magistrats. Des tribuns, il est vrai, en ont encore fait souvent usage au début de l'Empire, mais dès l'année 56, un sénatus-consulte vint modérer leur zèle et, à partir du commencement du III° siècle, il n'est plus question de leur *auxilium* (1).

A côté de la détention préventive, l'emprisonnement proprement dit subsiste sous l'Empire. Néanmoins, il n'existe plus, en théorie, comme peine (2) perpétuelle, la prison étant, en principe, nous dit Ulpien (3) destinée non pas à punir mais à garder les prévenus (*carcer enim ad continendos homines non ad puniendos haberi debet*). (4)

D'ailleurs, les mandats des présidents, reproduisant en cela un rescrit d'Hadrien contenaient habituellement la défense de condamner à la prison perpétuelle (5) et Caracalla, en l'an 215, la déclare applicable seulement aux esclaves. (6)

Mais Ulpien lui-même raconte que les gouverneurs de provinces violaient souvent les constitutions impé-

(1) Mommsen, Trad. Girard, tome III page 355.
(2) Voir plus haut : page 35.
(3) Dig : loi 8, § 9, *de pœnis* XLVIII, 19.
(4) Remarquons, en passant, la grande analogie existant entre cette notion du rôle de l'emprisonnement et la théorie moderne qui tend à considérer les criminels comme des malades devant être soignés et non punis.
(5) Dig : loi 35, *de pœnis*, XLVIII, 19, Callistr.
(6) Cod. Jusf, Const 6, IX, XLVII, *de pœnis*.

riales et avaient coutume, au contraire, de condamner
à l'emprisonnement perpétuel. (1)

Pour ce qui est de la prison temporaire, il est probable qu'elle pouvait être encore employée comme
mesure de police ou de discipline par les magistrats (2).

Les magistrats conservaient, en effet, théoriquement,
leur droit de coercition, mais il était bien atténué en
fait ; ainsi, un sénatus-consulte de l'an 56 décida que
les peines disciplinaires prononcées par les tribuns
n'auraient force légale que quatre mois après leur prononciation (3). D'ailleurs, nous allons voir comment
l'empereur, en s'emparant de toutes les anciennes magistratures républicaines, en arriva à concentrer dans
ses mains tous les pouvoirs, de telle sorte qu'une fois
l'Empire complètement établi, rien ne se fit plus que
d'après la volonté impériale.

III. — Etant à la fois consul, proconsul et tribun,
l'empereur est maître de l'administration et de la justice. Comme consul perpétuel, il est au premier rang
dans tous les procès jugés par le Sénat et, souvent
celui-ci ne fait qu'enregistrer la décision du prince.

Grâce à sa puissance proconsulaire, l'empereur a
l'*imperium* dans toute sa plénitude ; il est *imperator,*
même à Rome, ce qui lui donne le commandement de
toutes les armées, l'administration suprême de l'Etat
et une juridiction criminelle illimitée, non seulement

(1) Dig : loi 8, § 9 *de pœnis.*
(2) Dig. : loi 28, § 7 *de pœnis* et loi 1ᵣₑ § 4, *de aleat,* XI, V.
3) Mommsen — Girard : Tome III, page 357.

sur les soldats et les simples citoyens, mais encore sur les sénateurs. De plus, le pouvoir proconsulaire fait de l'empereur le supérieur hiérarchique de tous les fonctionnaires, en y comprenant même les gouverneurs nommés par le Sénat, dans les provinces qui lui sont attribuées.

Dans les provinces impériales, le proconsul est le prince en personne, mais il s'y fait remplacer par des *legati* ou *præsides* dont le pouvoir est égal à celui des gouverneurs nommés par le Sénat.

En sa qualité de tribun, l'empereur a le droit d'arrêter toutes les procédures criminelles et ce pouvoir deviendra bientôt un droit de faire grâce qui, concilié avec l'idée nouvelle d'une hiérarchie entre l'empereur et les gouverneurs des provinces, servira de point de départ à la création du droit d'appel dans le sens où nous entendons ce droit aujourd'hui.

Enfin, maître absolu des officiers et des *legati* qu'il nomme directement, le prince l'est également. en fait, des gouverneurs nommés par le Sénat.

D'abord les empereurs n'osèrent pas exercer ouvertement leur autorité d'une façon si absolue. C'est ce qui explique l'importance de la juridiction alors accordée au Sénat, par qui l'empereur agissait. tout en se masquant derrière lui. C'est pourquoi, aussi, quand les empereurs voient leur puissance complètement affermie, ils jettent le masque et se débarrassent du Sénat, pour le remplacer par un conseil composé, comme ils l'entendent, d'hommes choisis par eux. Auguste et ses successeurs avaient déjà eu recours quelquefois à de

semblables conseils, mais jusqu'à Hadrien, ce n'étaient
là que des faits accidentels. Depuis ce prince, au contraire, le Conseil devient permanent et le Sénat s'ef-
face devant lui pour ne reparaître sur la scène que
lorsqu'il plaît au prince de lui déléguer la juridiction
de telle ou telle affaire.

Déjà maître, en fait, des délibérations du Sénat, le
prince l'est encore bien plus de celles de son Conseil.
Théoriquement, il y a toujours délibération ; si par
exemple, une condamnation est prononcée à une
voix de majorité, l'empereur a le droit, par l'adjonction
de la sienne, d'amener l'égalité des suffrages et l'acquittement (1).

En réalité, le Conseil n'a d'autorité qu'en vertu d'une
délégation du prince et s'il plaît à ce dernier de juger
seul, personne ne peut l'en empêcher.

L'empereur, d'ailleurs, s'attribua, dès les premiers
temps de l'Empire, la juridiction suprême et ne se fit pas
faute, parfois, de juger seul en premier et dernier ressort.

Cette puissance fut encore accrue par la transforma-
tion de l'intercession tribunicienne en droit de faire
grâce ou de statuer sur l'appel interjeté contre les sentences rendues par les diverses juridictions.

L'appel, au sens strict de ce mot, c'est-à-dire considéré comme recours d'un tribunal inférieur à un tribunal supérieur et comme instance nouvelle, n'existait
pas à Rome pendant la République et fut introduit par
l'Empire. L'empereur, en vertu de sa puissance tribu-

____

(1) Mommsen. Römisches Staatsrecht. 2ᵉ, page 958.

nicienne, avait le droit d'intercession à l'égard de tous les autres magistrats; comme, d'autre part, par sa puissance proconsulaire, il leur était supérieur, l'usage s'établit bientôt d'invoquer sa protection et de lui demander justice contre tout acte injuste des magistrats inférieurs.

Une loi *Julia de vi publica*, consacra le droit de recours à l'empereur; ce système se généralisa alors promptement et fut régularisé par la création du *consilium* ou *consistorium principis*. A partir de ce moment, l'appel devint un véritable mode de recours au tribunal suprême de l'empereur qui put réformer en dernière instance le jugement ou l'acte frappé d'appel. C'est en cela que l'appel différait essentiellement de la *provocatio*. Celle-ci, en effet, au lieu d'amener l'annulation ou la réformation de la première sentence, avait seulement pour conséquence de la paralyser et d'en empêcher l'exécution, tandis que l'appel, au contraire, remettait tout en question; il donnait lieu à une seconde instance et pouvait avoir pour résultat, soit de faire annuler le jugement primitif, soit de le faire seulement réformer ou confirmer purement et simplement.

L'idée s'introduisit, dès lors, d'une hiérarchie entre les magistrats considérés comme délégués de l'empereur et elle amena, au Bas-Empire, l'admission en règle générale d'un recours à un juge élevé contre la sentence d'un juge inférieur.

L'appel était permis au condamné et même au tiers, sauf dans certains cas, tels que le brigandage où un châtiment rapide pouvait paraître nécessaire à l'intérêt public. Il n'était pas possible, non plus, en cas d'aveu ou de flagrant délit, ni pour les crimes graves tels que le rapt, ou le vol avec violence, ni dans le cas de contumace (1).

On comprend facilement comment de pareils pouvoirs risquaient de devenir dangereux et abusifs entre les mains des mauvais empereurs et c'est, du reste, ce qui eut lieu.

Tandis que, sous la République, l'accusation était considérée comme un droit sacré et des plus nobles, sous l'Empire, elle devient un métier; ce n'est plus l'accusation loyale, c'est la délation et la calomnie (2). Non content d'écouter les dénonciations les plus monstrueuses, le souverain va jusqu'à récompenser les délateurs et leur donner une part de la fortune de leurs victimes. Souvent même, les dénonciateurs obtiennent à la fois les richesses et les dignités de ceux qu'ils ont fait condamner (3).

Si, par hasard, il se trouvait qu'un accusateur voulût renoncer à son accusation, il ne le pouvait plus. Sans doute, il avait, théoriquement, conservé ce droit, mais en fait, c'était l'empereur qui décidait et qui, seul, pouvait abandonner ou continuer l'instance et Vespasien en arriva jusqu'à vendre aux accusés leur absolu-

(1) Daremberg et Saglio : au mot *appellatio*.
(2) Laboulaye : page 426.
(3) Laboulaye : page 436.

tion sans s'occuper de savoir s'ils étaient innocents ou
coupables (1).

Les formes protectrices de la liberté individuelle
avaient également disparu. Le Sénat, d'abord, le Conseil du prince, ensuite, étaient seuls maîtres de la procédure et de la peine, de sorte que l'unique garantie
accordée à l'accusé était la modération des juges, ce
qui était, on le conçoit, une protection bien illusoire
contre l'arbitraire et les cruautés des mauvais
princes (2).

Enfin l'extension inouïe apportée au crime de lèse-
majesté fit disparaître les dernières garanties de la liberté individuelle. L'ancien *crimen majestatis* comprenait les attentats des magistrats contre la souveraineté
populaire, les trahisons des généraux, les séditions ;
sous l'Empire, il comprit les attentats contre la personne du prince et, par là, on entendait, non plus seulement des actions, mais des paroles, des écrits, des
gestes, le silence même et tout ce que pouvait rêver le
caprice du prince (3). Nulle énumération n'étant donnée par la loi, c'était le Sénat qui qualifiait le fait en
le punissant.

Dès lors, quand un accusateur n'était pas certain
d'obtenir une condamnation, il ajoutait à son accusation le « *crimen majestatis quod tum omnium accusatio-*

<hr>

(1) Laboulaye : page 424.
(2)   »   »   422.
(3)   »   »   412.

nem complementum erat »(1) et il avait ainsi la certitude de faire prononcer une condamnation.

Comme complément de cruauté, la loi de lèse-majesté assignait au dénonciateur le quart des biens du condamné et cela, alors même que, pour éviter une confiscation, l'accusé se donnait volontairement la mort avant le jugement.

Si périlleuse que fût la situation des individus accusés de lèse-majesté, elle l'était, cependant, moins que celle des malheureux contre lesquels était lancée l'accusation de conversion au christianisme. On sait comment Néron, pour éviter la colère populaire, l'accusant de l'incendie de Rome, détourna cette colère contre les chrétiens en faisant croire à la foule qu'ils étaient les véritables auteurs de l'incendie. Ce fut le signal des massacres. Beaucoup d'autres suivirent et dans la période qui s'écoula entre les années 64 et 318, dates des première et dernière persécutions, les chrétiens furent proscrits pendant 129 ans, c'est-à-dire durant plus de la moitié du temps. Alors, il n'y avait, le plus souvent, pour eux, aucun jugement et quelque fût l'auteur de l'accusation, celle-ci entraînait presque toujours la condamnation. Quant aux supplices plus ou moins affreux, infligés aux chrétiens, nous n'essaierons pas de les énumérer.

Il est probable, toutefois, que, dans beaucoup de cas, les fonctionnaires impériaux, en poursuivant les chrétiens, ne faisaient qu'une simple application de leurs

(1) Tacite : ann. III, 38

pouvoirs de coercition. « Il convient dans l'étude théorique des persécutions des chrétiens, dit, sur ce sujet, M. Girard, en résumant une dissertation de Mommsen parue dans la *Histor-Zeitschrift*, en 1890, de distinguer trois choses : les poursuites dirigées contre les chrétiens pour des crimes non religieux, les poursuites dirigées contre eux pour crime religieux en partant de l'idée d'atteinte à la *majestas populi* et enfin l'intervention administrative dirigée principalement contre les citoyens convertis. Or, tandis que la première catégorie de poursuites ne présente pas d'originalité juridique et que la seconde est étrangère à la doctrine et à la pratique anciennes, la plupart des exemples connus se rattachent à la troisième idée par l'absence de qualification technique de l'infraction et de règles fixes sur ses éléments ainsi que par le défaut de procédure légale et de peines précises (1).

(1) Mommsen, Girard, tome I, page 160, note 6.

CONCLUSION

Nous avons terminé l'étude du droit d'arrestation à Rome, et notre rapide esquisse montre que ce droit est passé par deux phases distinctes : l'une, celle de la République, où la liberté individuelle était entourée de protections et de garanties telles qu'il n'est possible d'en rencontrer de semblables que chez les peuples les plus civilisés ; l'autre, où, avec le gouvernement impérial, ces garanties étaient singulièrement affaiblies, sinon tout à fait supprimées.

Ce n'est pas là, du reste, l'effet d'un simple hasard, mais, au contraire, la conséquence logique des différences profondes qui existèrent entre les formes de gouvernement dans ces deux périodes; car il y a des rapports trop intimes entre l'administration générale et la procédure criminelle pour que les tendances plus ou moins libérales du gouvernement ne se manifestent pas dans l'une aussi bien que dans l'autre. Ainsi, sous le gouvernement républicain où le peuple était souverain, il était naturel que chaque citoyen, participant dans une certaine mesure à cette souveraineté, ne pût être irrévocablement condamné que par le jugement de ses égaux. Aussi, la liberté individuelle était-elle alors considérée comme sacrée et quiconque, même parmi les magistrats les plus élevés, eût voulu, sans motif légitime, y porter atteinte, se fût-il exposé à une accusation devant le peuple et à une condamnation pouvant aller jusqu'à la peine de mort.

Au contraire, avec le régime impérial, sous lequel la loi était l'expression de la volonté de l'empereur seul, il importait à la toute puissance de cet empereur que personne ne pût lui résister. Tous devaient être égaux devant lui et obéir également à ses ordres. C'est pourquoi, sous l'Empire, l'intercession et la *provocatio ad po uuum* sont remplacées par l'appel, qui, tout en paraissant accorder aux particuliers les mêmes avantages que les institutions supprimées, fait, en réalité, du prince le juge suprême de tous ses sujets et lui procure le moyen de disposer, selon son bon plaisir, de leur liberté, de leurs biens et même de leur vie.

De même, l'empereur ne peut consentir à voir, dans chaque chef de famille, une sorte de petit monarque à peu près tout puissant pour les affaires concernant la famille. Aussi, le tribunal domestique perd-il sous l'Empire sa juridiction sur les femmes et voyons-nous dans le droit de Justinien, l'épouse infidèle justiciable seulement des tribunaux publics.

Cette omnipotence absolue eut les résultats qu'elle devait avoir, c'est-à-dire qu'elle aboutit à un arbitraire sans bornes et, pour ne citer qu'un exemple, il est impossible d'imaginer entre les mains d'un gouvernement une arme plus terrible que le *crimen majestatis* tel qu'il exista sous l'Empire.

Enfin, il est difficile de parler de la liberté individuelle à Rome, sans rappeler qu'il y eut toujours, dans ce pays, même aux plus beaux temps de la République, une multitude de misérables pour qui la liberté n'était qu'un rêve rarement réalisé et dont l'existence entière était une longue série de tourments. Loin, en effet de s'améliorer avec le temps, la situation des esclaves devenait de jour en jour plus pénible, à mesure que les limites de l'Etat s'étendant, la différence des races s'accentuait entre les serviteurs et leurs maîtres et que ceux-ci, par suite du relâchement des mœurs, devenaient plus cruels.

Si l'on rapproche cette situation de la valeur attribuée par les Romains à leur propre liberté, il est vraiment difficile de n'être pas surpris en constatant que ces vieux républicains, dont la plupart eussent préféré la mort à la servitude, n'ont rien fait pour atténuer les souffrances dont ils étaient tous les jours les témoins. Bien que quelques hommes d'élite, comme Caton l'ancien ou Cicéron, eussent déjà élevé la voix en faveur des esclaves et conseillé de les traiter avec plus de douceur, il faut, cependant, pour trouver une amélioration réelle au sort de ces malheureux, arriver jusqu'à la période impériale, c'est-à-dire à l'époque où avaient

disparu les anciennes libertés des citoyens. Singulière
coïncidence, dont il nous paraîtrait intéressant de re-
-chercher les causes, si cette question ne devait pas nous
entraîner trop loin dans notre sujet.

DES

ARRESTATIONS ARBITRAIRES

EN DROIT FRANÇAIS

INTRODUCTION

De toutes les libertés, celle qui, dans tous les temps
et dans tous les pays, a été le plus vivement revendi-
quée par les peuples est, sans contredit, la liberté individuelle et, si, aujourd'hui, les nations civilisées sont
unanimes pour reconnaître, en principe, aux hommes
le droit à la jouissance de cette liberté, bien des discussions sont, cependant, encore possibles, sur le point
de savoir quelles doivent être les limites de ce droit et
quelles sont les garanties dont il faut l'entourer. Nulle
part, dans les temps modernes, les controverses à ce
sujet n'ont été plus vives qu'en France et nulle part
aussi, par suite des changements fréquents dans le
gouvernement, la liberté individuelle n'a subi de plus
violentes atteintes. Il y a donc un intérêt de premier

ordre, surtout dans un pays comme le nôtre, où la lutte
entre les partis politiques est toujours si vive, à savoir
exactement en quoi consiste la liberté individuelle et à
déterminer les garanties qui lui sont ou qui devraient
lui être accordées par la loi. Tel serait notre but. Nous
voudrions, par la comparaison entre les diverses lois
qui se sont occupées en France du droit d'arrestation
et les résultats qu'elles ont produits dans la pratique,
voir pourquoi ces lois ont été défectueuses et comment
elles ont du être améliorées. Nous voudrions enfin rechercher si la législation française actuelle est susceptible d'être perfectionnée et, en cas d'affirmative,
comment elle devrait l'être, pour assurer une protection plus parfaite à la liberté individuelle.

Cela dit, qu'est-ce que la liberté individuelle ? — On
peut définir ainsi, dans un sens large, « le libre exercice des droits inhérents à la personne du citoyen (1). »

Mais, dans le droit français, l'expression liberté individuelle a un sens plus restreint et est considérée
comme désignant simplement « le droit de disposer
librement de sa personne et d'obtenir protection contre
toutes les atteintes portées à ce droit (2). »

« La liberté des particuliers, » écrivait Mirabeau,
« est la base de la liberté publique et la principale fin
de tout gouvernement équitable»..... » « Le pouvoir
de satisfaire nos besoins dépend absolument de notre

(1) Maurice Block : Dict. de la politique, à : liberté individuelle.
(2) Eodem.

propriété personnelle, c'est-à-dire de la liberté complète d'employer nos forces, notre temps et nos moyens
à la recherche de ce qui nous est utile. La propriété
personnelle est donc notre premier droit, comme notre
premier devoir est de la conserver et de la défendre. »

Exprimant la même idée, le rapporteur au Corps législatif des articles 114 à 122 du Code pénal, disait :
« La jouissance de la liberté individuelle, est, pour
l'homme vivant en société, le premier de tous les
biens, celui dont la conservation importe le plus essentiellement à son bonheur. Le gouvernement et la
loi doivent donc la protéger et la préserver, avec une
religieuse attention, de tout acte arbitraire de la part
des ministres et de leurs agents. »

Deux sortes de lois sont destinées à assurer la protection de la liberté individuelle, les lois politiques ou
constitutionnelles et les lois de répression. Les premières posent les principes et reconnaissent aux particuliers le droit à la jouissance de leur liberté personnelle ; les secondes fixent les pénalités encourues par
les personnes qui se rendent coupables du crime d'arrestation arbitraire.

Enfin, il y a, malheureusement, des circonstances
dans lesquelles des individus, en déclarant eux-mêmes
la guerre à la société, mettent, par leurs crimes, celle-ci
dans la nécessité de les priver de leur liberté. Néanmoins, même alors, afin d'éviter les erreurs ou les
abus de pouvoir des agents de l'autorité publique, certaines formalités doivent être imposées par la loi pour
la validité de l'arrestation. « La formalité, dit Ayrault,

est si nécessaire qu'on ne saurait en dévier tant soit peu, omettre la moindre solennité requise que tout l'acte ne vienne incontinent à perdre le nom de justice, prendre et emprunter celui de force, voire même de tyrannie. (1) »

Sur le même sujet, un autre auteur non moins célèbre s'exprime en termes analogues : « Si vous examinez les formalités de la justice par rapport à la peine qu'a un citoyen à se faire rendre son bien ou à obtenir satisfaction de quelque outrage, vous en trouverez beaucoup trop ; si vous les regardez dans le rapport qu'elles ont avec la liberté et la sûreté des citoyens, vous en trouverez souvent trop peu, et vous verrez que les peines, les dépenses, les longueurs, les dangers mêmes de la justice sont le prix que chaque citoyen donne pour sa liberté (2). »

Ces formalités, il appartient aux lois sur la procédure criminelle de les fixer. Rendre l'arrestation facile, pour éviter la fuite des criminels, et rendre la détention difficile, afin d'empêcher les emprisonnements arbitraires, tel doit être le but d'un bon système d'instruction criminelle.

Mais les gouvernements despotiques se soumettent difficilement à ce second desideratum, car ils y voient une atteinte à leur toute puissance. Aussi, comme nous pourrons le constater dans le cours de notre travail, la

____

(1) Ordre, formalité et instruction judiciaire des anciens, livre Ier, page 2.
(2) Montesquieu : Esprit des lois, livre 6, chap. 2.

législation criminelle suit-elle en général, la même
marche que les lois constitutionnelles et est-elle rédigée dans le même esprit.

Cette analogie entre les deux législations a eu pour
résultat en France de soumettre le droit d'arrestation à
une foule de variations. Il nous faudra, par conséquent,
l'étudier d'abord au point de vue historique et c'est ce
qui fera l'objet de notre première partie. Puis, dans
une seconde partie, nous exposerons la législation actuelle sur le droit d'arrestation et les conséquences
qu'entraînent, au point de vue légal, les arrestations
arbitraires.

PREMIÈRE PARTIE

LA LIBERTÉ INDIVIDUELLE EN FRANCE

JUSQU'À LA CONSTITUTION DE 1875

CHAPITRE Ier

Etat de la législation sur la liberté individuelle à la veille de la Révolution française de 1789.

S'il est indispensable, pour bien comprendre le droit actuel, d'en connaître les antécédents historiques, il n'est cependant pas toujours nécessaire de rechercher très haut ces origines. C'est précisément ce qui a lieu pour notre sujet. Les règles, imitées de l'ancien droit et reproduites par le Code d'instruction criminelle de 1808, relativement au droit d'arrestation, ont, en effet, été empruntées à l'Ordonnance criminelle de 1670. Or, cette ordonnance est restée en vigueur jusqu'aux premiers temps de la Révolution ; il nous suffira donc de faire connaître ici l'état de la législation sur la liberté individuelle à la veille de cette révolution. Tout au plus, aurons-nous à faire de brèves allusions à quelques ordonnances plus anciennes dont, sur certains points, celle de 1670 elle-même s'était inspirée.

D'après l'ordonnance de 1670, la comparution et l'arrestation de l'accusé étaient ordonnées par des « décrets » dont il existait trois sortes : 1° Le décret d'ajournement personnel ; 2° Le décret d'assigné pour être ouï ; 3° Le décret de prise de corps.

De ces différents décrets, un seul, celui d'assigné pour être ouï avait été créé par l'ordonnance de 1670. Quant aux deux autres, leur création remontait plus haut.

C'est dans une ordonnance rendue par Charles VII, en 1453, qu'il avait été, pour la première fois, parlé des « ajournements à comparoir et des informations ou confessions ». Une ordonnance de 1498 parla, à son tour, « d'ajournements personnels et de prise de corps (art. 98). » Une troisième ordonnance, que François Ier rendit à Villers-Cotterets, en 1534, était un peu vague sur ce point et disait seulement : « Sera décerné telle provision de justice qu'il aura été à faire, selon l'exigence du cas (art. 145). » La jurisprudence continua donc à appliquer les deux sortes de décrets, celui d'ajournement personnel et celui de prise de corps. Le plus ordinairement employé devait être le premier qui était remis à l'accusé en personne ou à son domicile, sauf quand il s'agissait d'un « homme craint et redouté et accoustumé d'excéder sergents, et qu'on n'ose l'aller adjourner en sa personne ou à son domicile », cas au-

quel « le juge mande et permet de l'adjourner par cri
public, à son de trompe, au lieu du marché ou autre
auquel il y a affluence de gens plus prochains de sa
maison » (1).

Le décret de prise de corps, réservé pour les cas
graves, avait pour effet de constituer l'accusé en état
de détention préventive : « Selon le droit commun, il
n'estait permis de prendre aucun au corps dans sa
maison, mais aujourd'hui on le peut prendre en sa
maison, pourvu que ce soit de jour et non de nuit et
avec deux records, et non avec grand assemblée de
gens et port d'armes ; et qu'on ne rompe rien en la maison et qu'on n'y prenne rien ; toutefois, si les portes sont
fermées, on les peut rompre » (2).

En cas de flagrant délit, l'arrestation du coupable,
pouvait avoir lieu sans décret. Toute personne avait le
droit de saisir le malfaiteur, à condition de le conduire
en prison dans un délai très bref.

La liberté provisoire sous caution pouvait être accordée à l'accusé, mais seulement lorsque l'on suivait
la procédure ordinaire, c'est-à-dire dans les cas de délits
peu graves qui n'entraînaient qu'une amende ou une
peine arbitraire.

L'ordonnance de 1670 reprit et confirma dans ses
grandes lignes toute cette procédure. Elle admit,
comme les autres, le décret d'ajournement personnel et
le décret de prise de corps ; mais elle leur en adjoignit

(1) Imbert, Pratique judiciaire, Paris 1552 III, 3, n° 1.
(2) Imbert, III, 5, n° 2.

un troisième, celui d'assigné pour être ouï, qui était
plus doux que celui d'ajournement personnel, car
il n'entraînait pas, comme ce dernier, l'interdiction
dexercer toutes fonctions (1). Ce n'était, en réalité,
qu'une simple ordonnance d'assignation employée dans
les cas les moins graves.

Le décret d'ajournement personnel était plus rigoureux, en ce sens qu'il emportait l'interdiction de l'officier public ajourné et qu'il mentionnait la cause de l'accusation.

Enfin, le décret de prise de corps privait les citoyens,
non seulement de leurs fonctions, mais encore de leur
liberté. Il n'était accordé qu'en cas de non comparution à la suite d'un décret d'ajournement personnel et
dans les cas graves, quand les charges et l'information
prouvaient que le crime était susceptible d'être puni
d'une peine afflictive ou infamante, ou bien lorsque le
délit avait été commis par des vagabonds, par des gens
sans aveu ou par des domestiques au préjudice de
leurs maîtres (2).

En principe, ces décrets ne pouvaient être rendus
que sur le vu des charges et informations, mais en cas
de flagrant délit ou de clameur publique, le juge pouvait ordonner d'office l'arrestation, avant que le décret
ne fût rendu.

Le décret de prise de corps avait pour effet de constituer l'accusé en état de détention préventive et celui-

(1) Ordôn. de 1670, titre X, art. 10 et 12.
(2) Ord. de 1670, titre X, art. 8.

ci ne pouvait obtenir la mise en liberté provisoire qu'après la délivrance d'une ordonnance par le juge (art. 23).

D'ailleurs, la mise en liberté provisoire n'était possible qu'en cas de procédure ordinaire. L'article 21 autorisait l'élargissement de l'accusé après l'interrogatoire, lorsqu'il n'y avait eu, au début, qu'un ajournement personnel ou s'il n'y avait eu prise de corps que pour cause de non comparution. La liberté provisoire était alors accordée à l'accusé sans qu'il eût à fournir caution. C'était une innovation de l'ordonnance de 1670, mais, en réalité, le progrès était assez faible, car la liberté provisoire était accordée rarement et, dans tous les cas où elle pouvait l'être, elle dépendait absolument de l'arbitraire du juge.

Il semblerait, d'après ce qui précède, que la liberté individuelle jouissait alors de garanties assez sérieuses. Malheureusement, il n'en était ainsi qu'en théorie et, en fait, avec le secret de la procédure, le serment de l'accusé, la torture et l'abandon au juge du droit d'accorder la liberté provisoire, la personne et les biens des citoyens étaient complètement à la merci des agents de l'autorité publique.

Sans passer nous-mêmes en revue tous les défauts de l'ancienne procédure, il nous paraît utile, néanmoins, de rapporter ici quelques citations des auteurs de l'époque afin de montrer comment ils jugeaient cette procédure.

Des protestations s'étaient déjà élevées contre la nouvelle législation, aussitôt après la promulgation de l'ordonnance de 1539. Les plus sérieuses avaient été formulées par Pierre Ayrault qui défendait de toutes ses forces la liberté de la défense, ainsi que l'ancien système de l'oralité et de la publicité des débats. Parlant du secret de la procédure, cet auteur disait : « On faict de la justice comme des saincts et sacrés mystères, qui ne se communiquent qu'au prestre (1). » Et, plus loin, au sujet de l'interrogatoire secret des témoins, il ajoutait : « Est-il raisonnable d'adjouster foi à ce que dix ou vingt ont déposé ?..... Telles dépositions ne sont ny le dire ny le langage du déposant. C'est l'artifice d'un sergent, d'un enquesteur, d'un examinateur, voire d'un juge mesme, s'il l'a reçue, lesquels font parler le tesmoin comme il leur semble..... J'ai souventes fois ouy dire au feu sieur lieutenant général de ce siège, homme bien advisé, que les tesmoins ressemblaient aux cloches. Tout ainsi qu'on leur fait dire tout ce qu'on veut, ainsi le tesmoin, selon qu'il est examiné et selon les termes dont on orne et habille son dire, charge ou descharge (2) ». Enfin, contre la détention préventive, le même auteur écrit : « On la peut quasi mettre aujourd'hui parmi les formalités les plus requises.... Il a esté nécessaire pour la sécurité publique laisser les exemples des hommes libres et se servir de ceux des ennemis jurez, des vagabonds, des esclaves, pour lesquels avaient esté inventés les prisons, les questions, les gibets. Toutes nos autres raisons soient

<hr>

(1) Ordre, etc. livre III, art. 2, n° 21.
(2) Ordre, etc., livre III, art. 3. n° 38.

si belles et bonnes que l'on voudra, ainsi le style de
notre justice est composé, l'expérience nous monstre
que si les accusez ne tiennent prison, il est impossible
d'en convaincre pas un ; il n'y a tesmoin qui ose parler
ny jugement qui ne soit illusoire (1) ».

Au XVIIIe siècle, les réclamations deviennent plus
vives et les philosophes élèvent unanimement la voix,
pour demander une protection plus grande de la liberté.
« La liberté politique, dit, entre autres, Montesquieu,
consiste dans la sûreté, ou du moins dans l'opinion
qu'on a de cette sûreté. Cette sûreté n'est jamais plus
attaquée que dans les accusations publiques ou privées.
C'est donc de la bonté des lois criminelles que dépend
principalement la liberté du citoyen... Les connaissances que l'on a acquises dans quelques pays, que
l'on acquerra dans d'autres sur les règles les plus sûres
que l'on puisse tenir dans les jugements criminels in-
téressent le genre humain plus qu'aucune chose qu'il
y ait au monde. Ce n'est que sur la pratique de ces
connaissances que la liberté peut être fondée, et dans
un état qui aurait là-dessus les meilleures lois possibles,
un homme à qui on ferait son procès et qui devrait
être pendu le lendemain, serait plus libre qu'un pacha
ne l'est en Turquie (2). »

Voltaire, également, attaque avec véhémence les abus
dont il est témoin : « L'Ordonnance criminelle, dit-il,
en plusieurs points semble n'avoir été dirigée qu'à la

(1) Ordre, etc. livre III, art. 2, n° 30.
(2) Esprit des lois : Livre XII, chap. 2.

pérte des accusés. C'est la seule loi qui soit uniforme
dans tout le royaume. Ne devrait-elle pas être aussi
favorable à l'innocent, que terrible au coupable ? (1) »
Quant au secret de la procédure, il le blâme fréquemment : « Toutes les procédures secrètes ressemblent
peut être trop à la mèche qui brûle imperceptiblement
pour mettre le feu à la bombe. — Est-ce à la justice à
être secrète ? Il n'appartient qu'au crime de se cacher.
C'est la procédure de l'Inquisition (2). » Et ailleurs, le
même auteur écrit : « Les déposants sont pour l'ordinaire des gens de la lie du peuple, à qui le juge, enfermé avec eux, peut faire dire tout ce qu'il voudra. Ces
témoins sont entendus une seule fois, toujours en secret.
ce qui s'appelle le récolement (3). »

Enfin, à propos de la détention préventive, Voltaire
s'écrie : « Plonger un homme dans un cachot, l'y laisser seul en proie à son effroi et à son désespoir, l'interroger seul quand sa mémoire doit être égarée par
les angoisses de la crainte et du trouble entier de la
machine, n'est-ce pas attirer un voyageur dans une
caverne de voleurs pour l'y assassiner. C'est surtout la
méthode de l'Inquisition. Ce mot seul imprime l'hor-
reur (4). »

Une série de fautes graves commises par la Justice
vinrent justifier les attaques dont elle était l'objet et

---

(1) Commentaire du traité des délits et des peines de Beccaria:
ch. XXIII.
(2) Prix de la justice : art. XXII, § 5.
(3) Commentaire du traité des délits et des peines : ch. XXIII.
(4) Prix de la justice, art. XXXIII.

soulevèrent l'opinion publique contre l'Ordonnance criminelle. A chaque instant quelque mémoire était publié pour demander l'amélioration de la justice criminelle. Un procès, célèbre entre tous et connu sous le nom de procès des trois roués, inspira à Dupaty, président à mortier au Parlement de Bordeaux, un admirable mémoire et un réquisitoire aussi sévère que juste contre l'instruction criminelle : « Non, dit-il, je ne me tairai point sur les vices et les rigueurs de notre Ordonnance criminelle, lorsque la France possède enfin Louis XVI..... (2). Ah ! Sire, daignez enfin du haut de votre trône, ... daignez, Sire, prêter un moment l'oreille au sang innocent des Calas, des Montbailly...; des Langlade, des Cahusac. des Barreau, au sang innocent de ces trois malheureux prêt à couler. Tout ce sang innocent, du milieu du gibet et des roues ne cesse de vous crier : O prince ami des hommes, ne passez pas aussi sur le trône sans nous écouter !..... Daignez, daignez abaisser du haut de votre trône un seul regard sur tous les écueils sanglants de notre législation criminelle, où nous avons péri, où tous les jours des innocents périssent... (1). Ne croyez point, Sire, ceux qui vous diront qu'il faut maintenir des lois, rigoureuses, il est vrai, mais si anciennes, qui ont des siècles ; Sire, la raison

(1) Mémoire justificatif pour trois hommes condamnés à la roue ; Paris, 1786, page 233. — Ces trois hommes, appelés Bradier, Lardoise et Simare avaient été condamnés, pour vol nocturne, aux galères à perpétuité, par le bailliage de Chaumont, et le Parlement de Paris avait élevé la peine à celle de la roue. Le procès eut lieu en 1785.

(2) Mémoire, pages 237-238.

et l'humanité sont éternelles... (1). Hâtez-vous, o prince
ami de la justice, de la vérité, de l'humanité..... car
peut-être dans quelque province éloignée de votre empire, vos lois criminelles, les lois surtout de vos crimi-
nalistes, poussent dans ce moment même à l'échafaud
des hommes qui, comme Bradier, Lardoise et Simare
sont dépourvus de tout conseil, languissent comme eux
dans les prisons, depuis des années, sont comme eux
les jouets de l'injustice et de l'ignorance des premiers
juges et sont innocents comme eux (2). »

Ce plaidoyer eut un succès immense ; il souleva dans
le public un grand mouvement d'opinion qui ne devait
plus s'arrêter et devant la pression duquel la royauté
fut obligée de rendre, en 1788, un édit reconnaissant
comme nécessaire une réforme générale de la procédure criminelle. Malheureusement, cet édit, qui eut
apporté de réelles améliorations, n'eut pas le temps
d'être appliqué avant la Révolution, de sorte que,
quand celle-ci éclata, la liberté individuelle ne jouissait
en France d'aucune garantie.

Cependant, il faut, pour être juste, reconnaître que
la plupart des auteurs accordaient, même alors, à l'individu arrêté sans que les formes prescrites par les ordonnances eussent été observées, le droit de résister
à l'exécution du décret : « Les juges, dit l'un de ces auteurs, doivent bien prendre garde de décréter légèrement de prise de corps un accusé, et ils doivent, en

(1) Mémoire, page 243.
(2) Mémoire, page 249.

cela, user de beaucoup de prudence, car la prison est une injure irréparable, à cause de l'espèce d'infamie qui y est attachée... Les juges qui décrètent ainsi légèrement de prise de corps mettent l'accusé dans le cas d'opposer une résistance légitime, ou du moins excusable, à l'exécution du décret » (1).

D'après Jousse, la résistance contre une arrestation illégale constituerait, non pas une rébellion, mais une résistance légitime. Il fait, toutefois, une distinction en ce qui concerne les limites auxquelles doit s'arrêter cette résistance et, à son avis, la victime n'a le droit de tuer ou de blesser l'auteur de l'arrestation que si celui-ci excède son pouvoir ou est sans caractère. Mais, si la nullité du mandat ou l'injustice est le fait du juge, celui qu'on veut arrêter ne peut résister qu'à la condition de le faire sans tuer ni blesser le sergent (2).

Lorsqu'une personne illégalement arrêtée n'avait pas voulu user de son droit de résistance, les anciens auteurs lui reconnaissaient encore le droit de prendre à partie le juge auteur de l'ordre d'arrestation et de lui réclamer des dommages-intérêts. « D'ailleurs, les juges qui décrètent ainsi légèrement de prise de corps, et qui font emprisonner mal à propos, peuvent être pris à partie et sont tenus de dommages et intéréts, envers celui qui a été arrêté injustement » (3). A l'appui de cette opi-

---

(1) Jousse : Traité de la justice criminelle ; 3ᵉ partie, livre II, titre X, art. IV, nᵒ 82.

(2) Même ouvrage : 4ᵉ partie, titre XLV, art. IV, nᵒ 29.

(3) »   »   3ᵉ partie, liv. II, titre X, art. IV, nᵒ 82, 110 et 111.

nion, Jousse cite plusieurs jurisconsultes pensant comme lui et rapporte un certain nombre de décisions rendues dans le même sens par des parlements.

Mais, en fait, le droit de prise à partie était une garantie à peu près illusoire à cause des formalités imposées à l'individu qui voulait y recourir et dont la moindre n'était certes pas celle qui consistait à obtenir l'autorisation préalable de la Justice.

Nous, n'exagérions donc pas, tout à l'heure, en disant que la justice criminelfe n'offrait, sous l'ancien régime, aucune garantie aux accusés. Alors, dit M. Faustin Hélie, « le pouvoir du magistrat était sans bornes. Il recevait toutes les dénonciations et toutes les plaintes, il instruisait en secret et leur donnait la suite qu'il voulait. Il dirigeait l'information, il faisait les interrogatoires, il présidait aux récolements et aux confrontations et dictait les procès-verbaux ; et c'était sur cette procédure écrite, édifiée dans le secret, hors de toute contradiction, que le tribunal prononçait, sans même être tenu de donner les motifs de sa sentence. Dans aucune législation les jugements n'avaient été aussi complètement abandonnés à l'arbitraire des juges : point de défense, point de contradiction, point de publicité, point de réclamations possibles, tout était étouffé dans le silence. A la vérité, le législateur avait introduit, comme une sorte de contre-poids de cette puissance, les nullités de procédure et les preuves légales, il fallait que le juge observât strictement les formes prescrites et réglât sa conviction sur les théo-

ries de la loi. Mais ces formes ne faisaient que prolonger les procès sans protéger l'accusé et ces preuves
n'avaient d'autre effet que de substituer parfois une
vérité légale à la vérité des faits, et d'enlever à la défense la suprême garantie qu'elle aurait trouvée dans
la conscience des juges » (1).

Une pareille organisation judiciaire offrait aux personnages influents des moyens bien simples pour se
débarrasser des gens qui pouvaient les gêner. Cependant les rois trouvèrent les formes de cette procédure
encore trop compliquées pour satisfaire à tous leurs
caprices et ils eurent bientôt recours à un procédé
beaucoup plus expéditif, l'emploi des lettres de cachet.
On appelait ainsi des ordres secrets du roi qui étaient
envoyés sous forme de lettres closes et scellées, de manière qu'il fut impossible de les lire sans rompre le

Les lettres de cachet pouvaient contenir des ordres de
toute nature, mais en fait elles ne contenaient à peu
près que des ordres d'emprisonnement arbitraire dans
une prison d'Etat ou des ordres d'exil adressés à des
cachet dont elles étaient fermées. Ces lettres étaient
revêtues seulement du cachet du roi et signées par un
secrétaire d'Etat, mais, contrairement aux lettres
patentes, elles n'étaient pas munies du sceau de l'Etat
et échappaient à tout contrôle de la chancellerie ;
elles constituaient, par conséquent, les ordres les plus
arbitraires qu'il fut possible de concevoir.

(1) Instruction criminelle, tome 1er, page 432.

particuliers. C'est dans ce dernier sens surtout qu'elles se sont acquis une si triste célébrité.

L'usage de ces lettres avait été introduit dans la pratique sous l'influence de l'idée répandue par les légistes que la volonté du roi, même contraire au droit et à la justice, était souveraine et devait être obéie (2). Cet usage ne tarda pas à devenir abusif et, sous les règnes de Louis XIV et de Louis XV, les lettres de cachet étaient à chaque instant employées pour envoyer dans les prisons d'Etat des gens dont le seul tort était d'avoir déplu à la cour ou même à quelque grand seigneur.

Les lettres de cachet étaient imprimées et il n'y avait plus qu'à y inscrire le nom du prétendu criminel d'Etat, celui du château fort où il devait être incarcéré et enfin la date.

Elles étaient généralement libellées de la façon suivante :

« Monsieur... je vous fais cette lettre pour vous dire
» de recevoir M... dans mon château de..., et de l'y
» retenir jusqu'à nouvel ordre de ma part. »

« Sur ce, je prie Dieu qu'il vous ait, Mons..,, en sa
» sainte garde.

« Ecrit à...

                      « Louis » (1).

La lettre était envoyée à un huissier qui recherchait

(1) Esmein : Cours élémentaire d'histoire du droit français. Paris, 1891, page 428.

(2) Bachelet et Dezobry : Dictionnaire des lettres, des beaux arts et des sciences morales et politiques : vis-à-vis lettre de cachet.

la victime, l'arrêtait et la conduisait au lieu désigné pour la détention. Sur le vu de la seule lettre de cachet et sans aucun autre ordre d'incarcération, le prisonnier était reçu par le gouverneur et détenu jusqu'à nouvel ordre.

Ce nouvel ordre était lui-même une lettre de cachet dont voici la formule habituelle.

« Monsieur..... je vous fais cette lettre pour vous dire
« de mettre en liberté M..... que vous détenez par mes
« ordres dans mon château de...

« Sur ce, je prie Dieu qu'il vous ait, Mons..... en sa
« sainte garde.

        « Ecrit à...

                                    Louis (1). »

Les lettres de cachet formulées comme les précédentes étaient ordinairement employées pour ordonner les arrestations politiques ou autres, demandées par les grands seigneurs ou les autorités, et les prisonniers arrêtés en vertu de ces lettres étaient détenus aux frais du roi, c'est-à-dire de l'Etat.

Mais il arrivait souvent aussi que des lettres de cachet étaient demandées par des familles contre l'un quelconque de leurs membres, par un mari contre sa femme ou inversement, par un père contre son fils etc.

On raconte, par exemple, que le marquis de Mirabeau, le père de l'orateur de la Révolution, demanda et obtint 54 lettres de cachet, tant contre son fils que contre sa

(1) Eodem.

femme, et qu'il recourut plusieurs fois à ce moyen
pour se débarrasser de procès en réclamation de biens
qu'il eut à soutenir contre eux (1).

Lorsque la lettre de cachet avait ainsi un caractère
privé, elle était habituellement formulée d'une façon
différente des précédentes et le libellé en était celui-ci :

« De par le Roi, il est ordonné à..... d'arrêter et de
conduire à..... le nommé..... aux dépends de (son père,
son grand-père ou sa grand-mère, etc).

« Fait à Versailles, le..... (2).

Dans ce cas, la détention avait lieu aux frais de la
famille ou de la personne qui l'avait demandée.

A la fin du règne de Louis XV, Il y avait eu un très
grand abus de lettres de cachet; les prisons d'Etat
étaient remplies de prisonniers détenus en vertu
d'ordres de ce genre et ces nombreuses arrestations
arbitraires excitaient les protestations de tous ceux qui
osaient élever la voix en faveur de la liberté. Ainsi, le
14 août 1770, Malesherbes, parlant au nom de la Cour
des aides, disait au roi : « L'usage des lettres de cachet
est aujourd'hui si généralement établi que tout homme
qui jouit de quelque considération croirait au-dessous
de lui de demander réparation d'une injure à la justice
ordinaire..., Ces ordres, signés de votre Majesté, sont
souvent remplis de noms obscurs que Votre Majesté
n'a jamais pu connaître. Ces ordres sont à la dispo-

______

(1) Dictionnaire de Desobry et Bachelet vis-à-vis Lettre de
cachet.

(2) Eodem.

sition de vos ministres et nécessairement de leurs commis, vu la grande quantité qui s'en expédie. On les confie aux administrateurs de la capitale et des provinces, qui ne peuvent les distribuer que sur le rapport de leurs subdélégués ou subalternes. On les remet sans doute en bien d'autres mains..... On les croit nécessaires toutes les fois qu'un homme du peuple a manqué à un homme en place.,. Ils sont enfin tellement multipliés, qu'aucun citoyen n'est assuré de ne pas voir sa liberté sacrifiée à des vengeances personnelles; car personne n'est assez grand pour être à l'abri de la haine d'un ministre, ni assez petit pour n'être pas digne de celle d'un commis de ferme. »

« Dans les dernières années du règne de Louis XV, écrit un autre auteur, les abus de ce pouvoir (d'arrêter, d'emprisonner ou d'exiler par des lettres de cachet) avaient été d'autant plus nombreux et plus révoltants qu'ils s'étaient exercés, non seulement pour obtenir le triomphe de telle ou telle opinion religieuse, fort peu digne d'attention en elle-même, mais bien encore pour satisfaire les haines, les vengeances, les caprices de telle ou telle maîtresse du souverain, peut-être même des ministres qui disposaient de cette arme terrible (1). »

A l'avènement de Louis XVI, Malesherbes fit mettre en liberté les prisonniers d'Etat et pendant ce règne, les lettres de cachet furent employées d'une façon assez modérée et surtout dans des cas où elles étaient de-

______

(1) Mémoires du Chancelier Pasquier : tome I page 45.

mandées par des familles, pour mettre fin aux déportements de quelques-uns de leurs membres.

« On ne peut cependant s'empêcher, dit, dans ses mémoires, le chancelier Pasquier, de noter en 1785, un révoltant abus de cette faculté d'enlever et de détenir arbitrairement des citoyens. M. de Beaumarchais, au milieu du triomphe des représentations de son Figaro, était en contestation avec le lieutenant de police pour une préface qu'il voulait mettre en tête d'une édition de sa pièce; on l'accusait aussi d'avoir composé une chanson fort piquante contre un mandement de l'archevêque de Paris; il fut arrêté et, en vertu d'une lettre de cachet, conduit à la maison de Saint-Lazare.

« Le Parlement de Paris s'était vu enlever en pleine assemblée de chambre deux de ses membres immédiatement transférés dans les prisons d'Etat; des députés de Bretagne étaient venus à Paris pour porter au pied du trône les représentations de leur ordre, ils avaient été pareillement enfermés à la Bastille (2). »

(2) Eodem.

CHAPITRE II

**Aperçu sur les garanties accordées à la liberté individuelle
en Angleterre lòrsque la Révolution de 1789
éclata en France.**

Tandis qu'il pouvait encore se produire, en France,
des faits comme ceux dont il vient d'être question, en
Angleterre, au contraire, les citoyens étaient, depuis
longtemps déjà, protégés contre l'arbitraire de leurs
souverains et, dès cette époque, la liberté individuelle
était entourée, à peu de choses près, des mêmes garanties qu'aujourd'hui. Aussi, lorsqu'arrivera la Révolution
française, les admirateurs des lois anglaises firent-ils
tout leur possible pour introduire dans notre pays un
système de procédure criminelle semblable à celui
qu'avaient admis ces lois et s'ils ne réussirent pas à
faire accepter en bloc tout le droit criminel de nos voi-
sins. ils purent, du moins, en faire admettre certains
principes, dont la conséquence fut d'apporter aux lois
françaises des changements de premier ordre.

Il nous paraît donc utile, avant d'aborder l'étude des
modifications apportées, en France, par la période
révolutionnaire, aux lois relatives à la liberté individuelle, de donner un aperçu rapide sur les garanties
qui sont, en Angleterre, accordées à cette liberté.

Ces garanties sont de deux sortes : les premières consistent dans les formes auxquelles est soumise l'arrestation. Les secondes résultent d'une disposition, connue sous le nom d'acte d' « *Habeas corpus* », en vertu de laquelle toute personne arrêtée et détenue. pour un fait qui ne constitue pas une félonie ou une trahison, a le droit de se faire délivrer un « *writ d'habeas corpus* », dont l'effet est de la faire amener devant le magistrat par qui a été délivré le *writ* ou devant un autre juge, lequel est obligé de mettre le détenu en liberté provisoire si ce dernier promet, en fournissant caution, de se représenter en justice (1).

En ce qui concerne l'arrestation, celle-ci ne peut, en principe, être opérée qu'en vertu d'un ordre de justice appelé « *warrant* » et correspondant au mandat d'amener usité en France. Ce mandat doit, à peine de nullité, être spécial ; il faut qu'il indique la personne inculpée et qu'il précise l'infraction.

Il est, en principe, délivré par le juge de paix ou de police, signé et scellé de son cachet. Il peut être exécuté à toute heure du jour, même le dimanche, et dans toute l'Angleterre. au moyen d'endossements qui se font de district à district et de constable à constable.

Le droit de lancer un « *warrant* » appartient aussi au lord maire dans la Cité et aux *coroners* (officiers auxiliaires de la justice). Enfin, il est également accordé à tous les ministres et au président de la Chambre haute quand elle siège comme cour de justice.

____

(1) Voy. cependant, page 127.

A lieu d'un « *warrant* » ou mandat d'amener, le juge peut ne lancer qu'un simple avertissement ou « *sommons* » invitant l'accusé à comparaître devant lui.

Il y a cependant des cas où certains fonctionnaires et même les simples particuliers ont le droit de procéder à une arrestation sans avoir reçu de mandat. Ainsi, le juge de paix peut arrêter celui qui, en sa présence, trouble la paix publique.

De même, en cas de flagrant délit, toute personne peut et doit arrêter le coupable même sans mandat et si elle ne le fait pas, elle est passible d'amende et d'emprisonnement.

En cas de flagrant délit, il est permis d'enfoncer les portes du lieu où se refugie le coupable, de le saisir de vive force et même de le tuer, si c'est le seul le moyen d'empêcher son évasion.

Si le délit n'est pas flagrant, les simples particuliers n'ont plus le devoir d'arrêter le coupable, mais ils en conservent le droit. Seulement, il n'est plus permis, en pareil cas, d'enfoncer les portes de la maison où s'est réfugié le déliquant ni de tuer ce dernier.

En principe, l'individu arrêté a le droit, en fournissant caution, d'exiger sa mise en liberté provisoire. Toutefois, il y a une série nombreuse de cas dans lesquels cette mise en liberté sous caution n'est plus un droit pour le prévenu et dans lesquels le juge a toute latitude pour décider si elle doit ou non être accordée. Tels sont les cas de crimes de félonie, escroquerie, recel, outrage à la pudeur, etc.

C'est le juge de paix ou de police qui accorde la

liberté provisoire. Dans les affaires peu graves, ce droit appartient au constable et même, depuis 1859, au *coroner*.

En cas de trahison, l'accusé ne peut être libéré provisoirement que par un secrétaire d'Etat ou un juge de la Haute-Cour (1).

Toutes ces règles sur le droit d'arrestation protégeraient déjà très sérieusement la liberté individuelle ; mais, cependant, elles n'ont pas paru suffisantes aux Anglais et ceux-ci ont cru devoir s'assurer une garantie plus sérieuse encore contre les actes arbitraires des agents de l'autorité. C'est dans ce but qu'ils ont imposé à leurs souverains la sanction de l'acte d' « *habeas corpus* » que l'on a, depuis, qualifié de boulevard des libertés anglaises.

Le peuple anglais avait, de très bonne heure, exigé de ses rois des garanties contre les arrestations arbitraires et déjà, en 1215, la Grande Charte du roi Jean déclarait qu'aucun homme libre ne pouvait être arrêté ou emprisonné, si ce n'était en vertu d'un jugement de ses pairs ou de la loi de son pays.

De même, il existait, anciennement, en Angleterre, quatre moyens de faire cesser une détention illégale ; c'étaient : 1° le « *writ de mainprize* » ; 2° le « *writ de otio et atia* » ; 3° le « *writ de homine replegiandio* » ; 4° le « *writ d'habeas corpus* (2). »

De ces quatre moyens, les trois premiers s'appli-

____

(1) Glasson : Histoire des Instit. de l'Angleterre : tome VI, pages 739 et suiv.

(2) Eodem, tome V, page 332.

quant à des hypothèses particulières étaient relativement peu appliqués.

Le plus usité, à cause de sa généralité, fut toujours
le quatrième, c'est-à-dire le *writ d'habeas corpus*, ainsi
nommé parce qu'il commence par les mots : « *habeas
corpus ad subjiciendum.* » Ce writ enjoint à celui qui
détient un prisonnier de déclarer le jour et la cause de
l'arrestation et de la détention : « *ad faciendum subjiciendum et recipiendum* », c'est-à-dire pour faire consentir avec soumission tout ce qu'il plaira de décider à
la cour dont émane le *writ*.

Le *writ d'habeas corpus* est accordé aussi bien pendant les vacances que pendant les sessions, par la cour
du banc du roi, d'après la loi commune, et, depuis un
statut de Charles Ier, par la Cour des plaids communs.
Le chancelier peut, lui aussi, en raison de sa juridiction mixte, accorder des *writs d'habeas corpus cum
causa*.

Le *writ d'habeas corpus* est valable dans tous les
comtés, car c'est le roi lui-même qui somme la personne détenant un de ses sujets d'amener le prisonnier
en justice et d'indiquer les jour et cause de son arrestation, pour qu'il soit possible au juge de décider s'il
doit être mis en liberté ou retenu en prison (1).

Naturellement, les rois cherchèrent souvent à s'affran-
chir de règles si gênantes pour leur autorité. C'est ainsi
que, sous le règne de Marie (2), sir Nicolas Trogmor-

(1) Glasson : tome V, pages 333 et suiv.
(2) 1553-1558.

ton, soupçonné d'avoir pris part à la conspiration de Wyat, fut, bien qu'acquitté par le jury, détenu arbitrairement pendant encore plus d'un an. En outre, ce qui était plus grave, au début du règne de Charles Ier, les juges du Banc du roi, dans un excès de dévouement à la royauté, décidèrent, par application de quelques précédents mal interprêtés, qu'on ne pouvait pas accorder de *writ d'habeas corpus* à ceux qui étaient emprisonnés sur l'ordre du roi ou de l'un des lords du Conseil privé.

Un incident du même genre, survenu dès l'année suivante, souleva de grandes protestations dans le pays et l'on obtint un nouveau statut (1629) déclarant « que si quelqu'un était mis en prison par l'ordre du roi en personne, ou de son Conseil privé, ou de l'un des membres de ce Conseil, il serait accordé à ce prisonnier, sans aucun délai, sous quelque prétexte que ce fût, un *writ d'habeas corpus*, sur demande ou requête motivée à la Cour du Banc du roi ou des Plaids communs, qui devrait, dans les trois jours de séance, après le retour du *writ*, avec mention de son exécution, examiner et juger la légalité de l'emprisonnement et faire ce qui appartiendrait à justice, en relâchant le prisonnier, ou l'admettant à donner caution, ou le renvoyant en prison. » (1)

Le long Parlement (2) développa l'usage des *writs d'habeas corpus*. Mais, sous le règne de Charles II (3),

---

(1) Glasson : tome V, page 335.
(2) 1640-1660.
(3) 1660-1635.

le gouvernement ne tarda pas à chercher une foule de moyens détournés pour dispenser le geôlier d'obéir à l'ordre que lui adresserait le juge de représenter la personne du prévenu. On faisait, par exemple, changer le détenu de prison et, alors, le geôlier, à qui on remettait le *writ d'habeas corpus*, affirmait sous serment et prouvait qu'il n'avait pas, sous sa surveillance, le prisonnier réclamé. Si, avec cela, il refusait de faire connaître le lieu où avait été transporté le prévenu, il était impossible à celui-ci de bénéficier de l'*habeas corpus*.

Souvent encore, l'administration faisait transporter le prisonnier dans un pays dépendant de la couronne, mais où ne s'appliquait pas l'acte d'*habeas corpus*, en Irlande, en Ecosse, dans les îles anglo-normandes, et quelquefois aussi, à Tanger. Tous ces abus occasionnèrent une foule de réclamations, et, enfin, grâce à une persévérance continuelle, le peuple anglais obtint une sanction aux anciennes garanties théoriques. Cette sanction fut un nouvel acte d'*habeas corpus* accordé en 1679 sous le règne de Charles II.

Depuis ce jour-là, les atteintes à la liberté individuelle ont été très difficiles en Angleterre.

Aux termes de l'acte de 1679, « toute personne arrêtée et détenue pour fait qui ne constitue pas une trahison ou une félonie, doit recevoir du lord chancelier ou, à la requête de celui-ci, de l'un des magistrats présents à Londres parmi les douze juges du royaume, un *writ d'habeas corpus*. »

Le *writ* a pour effet de faire amener le prévenu devant

le magistrat qui a délivré ce *writ* ou devant un autre
juge qui est tenu de le relâcher s'il peut fournir caution
de se représenter en justice.

La liberté provisoire est donc, pour tout citoyen anglais, un droit qu'une loi seule peut lui enlever.

Pour éviter les abus et empêcher d'éluder les effets du
writ d'habeas corpus, par des moyens détournés, un
statut défendit, peu après, de réclamer des cautions
exagérées. Quant aux moyens de sanction, ce sont les
suivants : Toutes les fois qu'il est présenté un ordre
d'arrestation à l'un des douze juges ou au lord chancelier et que ce magistrat refuse un *writ d'hubeas corpus*,
son refus lui fait encourir une amende de cinq cents
livres au profit de la partie lésée. De plus, aucun sujet
anglais, habitant l'Angleterre, le pays de Galles ou de
Berwich, ne peut être, malgré lui, transporté comme
prisonnier dans une autre partie du royaume. Celui
qui viole cette disposition est déchu du droit d'occuper
une fonction salariée quelconque et la victime de son
acte illégal peut le poursuivre en dommages-intérêts,
lesquels sont, en pareil cas, fixés par le jury et doivent
être, outre la restitution du triple des frais, d'au moins
cinq cents livres.

L'acte prononce une amende de cent livres pour la
première fois, une amende double en cas de récidive et
la déchéance de l'emploi contre l'officier public et le
geôlier dans les cas suivants : 1° S'ils négligent de faire
exactement leur rapport sur l'ordre d'arrestation ; 2°
S'ils ne donnent pas au prisonnier ou à son mandataire,
dans les six heures après sa demande, une copie de

l'ordre d'arrestation ; 3° S'ils font, sans autorisation ou sans motif suffisant, transporter le détenu d'une prison dans une autre.

Lorsqu'une personne a été mise en liberté sur un *writ d'habeas corpus,* elle ne peut pas être de nouveau arrêtée pour le même motif, sous peine d'une amende de cinq cents livres pour celui qui l'arrêterait.

Tout prisonnier doit, en principe, être traduit devant les juges du royaume dans un délai de vingt jours au maximum. Mais, ainsi que nous l'avons vu, il faut excepter du bénéfice de ces dispositions les cas de félonie et de trahison, et c'est à cause de cela que l'ordre d'arrestation doit mentionner la cause pour laquelle il a été délivré. La personne arrêtée pour trahison ou félonie peut seulement exiger d'être mise en accusation ou admise à fournir caution dans la première semaine de la vacation la plus proche ou le premier jour de la session suivante des juges en tournée, à moins que l'impossibilité de produire dans ce laps de temps les témoins du roi ne soit constatée sous serment.

Si une personne, après avoir été arrêtée, n'a pas été mise en état d'accusation et jugée dans le délai prescrit par la loi, elle est relevée de l'accusation (1).

Toutefois, l'acte d'*habeas corpus* de 1679, en faisant une exception pour les cas de félonie et de haute trahison, laissait encore un champ assez large à l'arbitraire. Différents essais furent faits, notamment en 1757, pour combler cette lacune, et elle finit par disparaître en

____

(1) Glasson, tome V, page 538.

1816, sous Georges III. Depuis lors, tout juge peut, en toute matière, délivrer un *writ d'habeas corpus* et connaître des motifs d'une arrestation.

Enfin, le *writ d'habeas corpus* est valable, non plus seulement dans un comté, mais dans tout le territoire anglais, sur toutes les routes et sur toutes les côtes anglaises, en ce qui concerne les prisonniers en cours de route ou détenus sur les navires.

Cependant, le privilège de l'*habeas corpus* peut être suspendu dans des cas très graves. Cela eut lieu, par exemple, en 1689, en 1745, en 1777 et en 1793, cette fois à cause des craintes inspirées par la Révolution française. Mais cette suspension ne peut avoir lieu qu'avec l'assentiment du Parlement.

Si l'on ajoute, à tout ce qui vient d'être dit, ce fait qu'en Angleterre tous les fonctionnaires, sauf quelques rares exceptions, sont responsables de leurs actes devant les tribunaux de droit commun et peuvent être librement poursuivis par les particuliers contre lesquels ils ont commis quelque abus d'autorité et si l'on se rappelle, en outre, ce que nous avons dit au commencement de ce chapitre, c'est-à-dire que presque toutes ces garanties étaient dès avant 1789 accordées à la liberté individuelle par les lois anglaises, on comprendra sans peine combien était naturelle l'admiration de certains législateurs français pour ces lois et leur désir de les faire admettre en France à la place de l'arbitraire qui y régnait en souverain.

CHAPITRE III

**La liberté individuelle et les arrestations arbitraires en France
depuis 1789 jusqu'à la Constitution du 22 frimaire
an VIII. (1)**

Les cahiers des trois ordres furent unanimes, en
1789, pour réclamer une amélioration de la justice criminelle : Rétablissement de l'oralité et de la publicité
de la procédure, égalité de la défense et de l'accusation, suppression du serment de l'accusé et de la torture, droit pour l'accusé de passer devant deux degrés
de juridiction, protection efficace de la liberté individuelle et interrogatoire forcé de l'accusé dans un délai
de vingt-quatre heures, mise en liberté sous caution,
toutes les fois qu'il ne s'agit pas d'un crime grave,
suppression de la justice retenue et des lettres de
cachet, tels sont les vœux qui se retrouvent à peu près
partout.

Cette fois, l'appel de la nation devait être entendu.
Déjà la déclaration adressée par le roi aux Etats-Géné-

(1) Nous arrêtons ce chapitre à la constitution du 22 frimaire
an VIII, parce que Bonaparte s'étant, en réalité, trouvé seul
maître de la France à partir de ce moment-là, nous croyons
logique d'étudier l'œuvre législative du gouvernement établi en
l'an VIII en même temps que celle du gouvernement impérial.

raux, avant leur réunion, s'exprimait ainsi : « Le roi, désirant assurer la liberté personnelle à tous les citoyens, d'une manière solide et durable, invite les Etats-Généraux à chercher et à lui proposer les moyens les plus convenables de concilier l'abolition des ordres connus sous le nom de lettres de cachet, avec le maintien de la sûreté publique. » (article 15).

L'article 34 de la même déclaration, revenant sur ce sujet, disait : « Le roi veut que toutes les dispositions d'ordre public et de bienfaisance envers ses peuples que Sa Majesté aura sanctionnées par son autorité pendant la présente tenue des Etats-Généraux, celles entre autres relatives à la liberté personnelle, ne puissent jamais être changées sans le consentement des trois ordres réunis. »

Enfin, Monsieur de Clermont-Tonnerre résumait ainsi, devant les Etats-Généraux, les vœux des cahiers : « Les droits des citoyens, la liberté, la propriété sont réclamés avec force par la nation française. Elle réclame, pour chacun de ses membres, l'inviolabilité des propriétés particulières, comme elle réclame pour elle-même l'inviolabilité de la propriété publique. Elle réclame, dans toute son étendue, la liberté individuelle, comme elle vient à jamais d'établir la liberté nationale. Elle réclame la liberté de la presse ou la libre communication des pensées, elle s'élève avec indignation contre les lettres de cachet qui disposaient arbitrairement des personnes, et contre la violation du secret de la poste, l'une des plus absurdes et des plus infâmes inventions du despotisme. »

Quelque temps après, l'Assemblée Nationale, s'inspirant de ces idées généreuses, proclamait, dans la Déclaration des droits de l'homme et du citoyen, du 26 août 1789, les principes suivants : « Les hommes naissent libres et égaux en droit. » (art. 1er).

« La liberté consiste à faire tout ce qui ne nuit pas à autrui ; aussi l'exercice des droits naturels de chaque homme n'a de bornes que celles qui assurent aux autres membres de la société la jouissance de ces mêmes droits. Ces bornes ne peuvent être déterminées que par la loi. » (art. 4).

« Nul homme ne peut être accusé, arrêté ni détenu que dans les cas déterminés par la loi et selon les formes qu'elle a prescrites. Ceux qui sollicitent, expédient, exécutent ou font exécuter des ordres arbitraires doivent être punis. » (art. 7).

Puis, continuant son œuvre, l'Assemblée constituante assura la protection de la liberté individuelle par un décret des 8-9 octobre 1789 et par deux lois, l'une des 12-15 janvier 1790 et l'autre des 16-29 septembre 1791.

Le décret de 1789, destiné à pourvoir au plus pressé, maintint, en général, les règles de l'ordonnance de 1670, et se borna à établir la publicité de la procédure et à accorder à l'accusé l'assistance d'un conseil.

Quant à l'arrestation, ce décret s'exprime ainsi : « Les décrets d'ajournement ou de prise de corps ne pourront plus être prononcés que par trois juges au moins, ou par un juge et deux gradués... Aucun décret de prise de corps ne pourra désormais être prononcé contre les domiciliés, que dans le cas où par la nature de l'accusation et des charges, il pourra échoir une peine corporelle. Pourront, néanmoins, les juges, faire arrêter sur le champ, dans le cas de flagrant délit ou de rébellion à justice (art. 9). »

La loi des 12-15 janvier 1790 eut pour but de faire cesser les détentions arbitraires résultant de lettres de cachet.

Celle des 16-29 septembre 1791 eut une portée beaucoup plus considérable. Elle établit d'une façon absolue le caractère d'oralité des débats. Mais sa plus grande innovation fut la création du jury inspirée par l'étude de la législation anglaise. Dès lors, l'instruction se divisa en trois phases : 1° Instruction sommaire devan^t l'officier de police judiciaire, au canton ; 2° débat au district devant le jury d'accusation ; 3° débats définitifs et jugement devant le tribunal criminel du département.

En ce qui concerne la mise en état d'arrestation, la loi de 1791 admet les règles que voici : L'officier de police judiciaire est le juge de paix (1). Lorsque ce magistrat est informé qu'un crime ou un délit a été commis, il ordonne, par un mandat d'amener, la comparution de l'accusé devant lui. Puis, il procède à une première information, consistant dans l'audition des témoins et la rédaction des procès-verbaux. Si, à la suite de cette première information et après l'interrogatoire de l'accusé, le juge de paix pense qu'il n'y a

(1) Titre I, art. 1.

pas lieu de poursuivre, il remet l'inculpé en liberté. Si, au contraire, des poursuites lui paraissent nécessaires, le juge de paix délivre contre l'accusé un mandat d'arrêt et le fait incarcérer.

Le juge de paix agit d'office en cas de flagrant délit (1) ou lorsqu'il a connaissance d'une mort dont la cause est suspecte (2). En général, il agit sur la plainte ou la dénonciation d'un particulier (3). C'est ce que la loi appelle la dénonciation civique.

La même loi décidait que le prévenu, contre qui le juge de paix ordonnerait la continuation des poursuites, serait conduit au chef-lieu du district où le jury d'accusation devrait décider s'il y aurait ou non lieu de donner suite à l'affaire. Enfin, dans ce dernier cas, si la peine éventuelle était simplement infamante, le prévenu, offrant une caution suffisante devait être mis en état de liberté provisoire.

En somme, la loi des 16-29 septembre 1791 était un réel progrès sur la législation ancienne et accordait de sérieuses garanties à la liberté individuelle.

Presqu'au même moment, la Déclaration des droits de l'homme était reproduite en tête de la constitution du 3 septembre 1791, qui ajoutait (4) : « La constitution garantit... la liberté à tout homme d'aller, de rester, de partir, sans pouvoir être arrêté ni détenu que selon les formes déterminées par la constitution.

(1) Titre IV, art. 1 et 2.
(2) Titre III, art. 6.
(3) Titre III, art. 1. — Titre V, art. 1. — Titre VI, art. 1.
(4) Titre I, par. 3.

Le 23 novembre 1792, la Convention, appliquant ces principes, rendit un décret aux termes duquel : « Les citoyens détenus dans les différentes maisons d'arrêt ou dans les prisons, quelles qu'elles fussent, contre lesquels il n'y aurait ni mandat d'arrêt, ni décret d'accusation prononcé, devraient être mis en liberté sur le champ, à mesure que l'examen des détenus dans lesdites maisons aurait été fait par le ministre de la justice. »

La constitution du 24 juin 1793 est aussi favorable à la liberté individuelle et en parle plus longuement encore que les précédentes. Non contente de reproduire la déclaration des droits de 1789, elle y apporte des développements : « La loi doit, dit cette constitution (article 9), protéger la liberté publique et individuelle contre l'oppression de ceux qui gouvernent. »

« Nul ne doit être accusé, arrêté ni détenu, que dans les cas déterminés par la loi, et selon les formes qu'elle a prescrites » (art. 10.)

« Tout acte exercé contre un homme hors des cas et sans les formes que la loi détermine, est arbitraire et tyrannique » (art. 11).

« Ceux qui solliciteraient, expédieraient, signeraient, exécuteraient ou feraient exécuter des actes arbitraires, seraient coupables et devraient être punis » (art. 12).

Enfin, la constitution du 25 fructidor an III (22 août 1795) reproduit, elle aussi, dans ses articles 8 et 9, les principes proclamés par la déclaration des droits de l'homme et du citoyen : « Nul ne peut être appelé en justice, accusé, arrêté, ni détenu que dans les cas déterminés par la loi et selon les formes qu'elle a prescrites » (art. 8.). — Ceux qui sollicitent, expédient, signent, exécutent ou font exécuter des actes arbitraires, sont coupables et doivent être punis (art. 9).

Puis, dans les articles 222 et suivants, cette constitution édicte toute une série de dispositions destinées à empêcher les arrestations arbitraires et parmi lesquelles plusieurs sont inspirées de la législation anglaise.

Aux termes de l'article 222 : « Nul ne peut être saisi que pour être conduit devant l'officier de police et nul ne peut être mis en arrestation ou détenu qu'en vertu d'un mandat d'arrêt des officiers de police ou du Directoire exécutif, dans le cas de l'art. 145, ou d'une ordonnance de prise de corps, soit d'un tribunal, soit du directeur du jury d'accusation, ou d'un décret d'accusation du Corps législatif, dans le cas où il lui appartient de la prononcer, ou d'un jugement de condamnation à la prison ou détention correctionnelle. »

L'acte ordonnant l'arrestation ne peut être exécuté qu'à une double condition : 1° Qu'il exprime formellement le motif de l'arrestation et la loi en conformité de laquelle elle est ordonnée; 2° Qu'il en ait été laissé copie. La personne ainsi arrêtée doit être conduite devant l'officier de police et examinée sur le champ ou dans les vingt-quatre heures au plus tard (art. 223 et 224). S'il résulte de l'examen qu'il n'y a pas lieu de poursuivre, elle doit être remise en liberté immédiatement; si, au contraire, il y a lieu de maintenir l'arrestation, le détenu doit être conduit à la maison d'arrêt dans un délai très bref et ne pouvant, en aucun cas, excéder trois jours (art. 225).

La détention ne peut être subie que dans un lieu légalement désigné pour servir de maison d'arrêt, de justice ou de détention et aucun gardien ou geôlier ne peut recevoir un détenu sans un ordre régulier (art. 227 et 228).

« Enfin, tout gardien ou geôlier est tenu, sans qu'aucun ordre puisse l'en dispenser, de présenter la personne détenue à l'officier civil ayant la police de la maison de détention, toutes les fois qu'il en est requis par cet officier » (art. 229). De même « la représentation de la personne détenue ne pourra être refusée à ses parents et amis porteurs de l'ordre de l'officier civil, lequel sera toujours tenu de l'accorder, à moins que le gardien ou le geôlier ne représente une ordonnance du juge, transcrite sur un registre, pour tenir la personne arrêtée au secret » (art. 230).

Il est facile de reconnaître, dans la plupart de ces dispositions et surtout dans les dernières, une imitation de la loi anglaise. Malheureusement, un texte fait tache dans cette constitution, malgré sa disposition finale, car il établit une confusion dangereuse entre le pouvoir exécutif et le pouvoir judiciaire. C'est l'article 145 d'après lequel : « Si le Directoire est informé qu'il se trame quelque conspiration contre la sûreté extérieure ou intérieure de l'Etat, il peut décerner des mandats d'amener et des mandats d'arrêt contre ceux qui en sont présumés les auteurs ou les complices ; il peut les interroger, mais il est obligé, sous les peines portées contre le crime de détention arqitraire, de les renvoyer par devant l'officier de police, dans le délai de deux jours, pour procéder selon les lois. »

Nous verrons plus loin comment les membres du Directoire surent se servir du droit que leur accordait ce texte et comment, aussi, ils oublièrent de se soumettre aux obligations imposées par la dernière partie de l'article 145.

C'est sous l'empire de la constitution de l'an III que fut promulgué le code des délits et des peines du 3 brumaire an IV (25 octobre 1795).

En ce qui concernait l'arrestation de l'accusé quelques modifications étaient apportées à la loi de 1791. Les officiers de police judiciaire étaient toujours, en principe, le juge de paix et les officiers de gendarmerie, mais le code ajoutait à cette liste les commissaires de police, les gardes champêtres et les gardes forestiers.

Le second changement consistait en ce que le directeur du jury qui, sous l'empire de la loi de 1791, n'était jamais qu'un juge d'instruction au second degré, se voyait attribuer, dans certains cas, par le code de l'an IV, le droit de poursuivre directement les crimes (art. 21-140-141-142).

De plus, tandis que, d'après la loi de 1791, le prévenu devait être arrêté et incarcéré ou bien mis définitivement en liberté, le Code de brumaire an IV créait un nouveau mandat, celui de comparution : quand l'inculpé était soumis au mandat d'amener, si le délit qui lui était reproché était de nature à n'être puni que

« d'une amende au-dessous de la valeur de trois jour-
nées de travail », le juge de paix « ordonnait au prévenu de comparaître à jour fixe devant le directeur du
jury d'accusation » (art. 69). Lorsque le délit était « de
nature à être puni, soit d'un emprisonnement de plus
de trois jours, soit d'une peine infamante ou afflictive », le juge de paix délivrait un mandat d'arrêt et
faisait conduire le prévenu à la maison d'arrêt du lieu
où siégeait le directeur du jury d'accusation dans l'arrondissement duquel le délit avait été commis.

Relativement à la mise en liberté provisoire, le Code
de brumaire déclarait cette liberté de droit toutes les
fois que la peine éventuelle était seulement infamante
ou correctionnelle, et la prohibait quand il s'agissait
d'un crime emportant peine afflictive. C'était au directeur du jury d'accusation qu'il appartenait de statuer
sur la mise en liberté provisoire, qui restait, du reste,
toujours subordonnée à l'engagement d'une caution
solvable (art. 222).

En cas de flagrant délit, « tout dépositaire de la force
publique, et même tout citoyen », était « tenu de saisir
le prévenu et de l'amener sur-le-champ devant le juge
de paix » (art. 62). Etait assimilé au cas de flagrant
délit celui où le délinquant, surpris au milieu de son
crime, était poursuivi par la clameur publique, et celui
où un homme était trouvé saisi d'effets, armes, instruments ou papiers servant à faire présumer qu'il était
l'auteur d'un crime (art. 63).

Un titre entier du Code de brumaire est destiné à
empêcher les arrestations ou les détentions illégales et

arbitraires. On y lit les dispositions suivantes : « Tout homme, quelle que soit sa place ou son emploi, autre que ceux à qui la loi donne le droit d'arrestation, qui donne, signe, exécute ou fait exécuter l'ordre d'arrêter un individu, ou qui l'arrête effectivement, si ce n'est pour le remettre sur-le-champ à la police dans les cas déterminés par la loi, est poursuivi criminellement et puni comme coupable du crime de détention arbitraire » (art. 581).

« La même peine a lieu contre quiconque, même dans les cas d'arrestation autorisés par la loi, conduit, reçoit ou détient un individu dans un lieu de détention non légalement et publiquement désigné par l'administration du département pour servir de maison d'arrêt, de maison de justice ou de prison » (art. 582).

Toute personne qui a connaissance d'une détention illégale est tenue d'en informer les agents municipaux ou le juge de paix du canton. Ces officiers doivent alors faire mettre en liberté l'individu arbitrairement détenu, et, s'ils ne se conforment pas à cette disposition, ils peuvent être punis comme complices du « crime d'attentat à la liberté individuelle » (art. 583 et 584).

Enfin, le Code de brumaire an IV rappelle, dans son article 588, une règle empruntée à la Constitution de l'an III et imitée de la loi anglaise. Cet article décide, en effet, que « les parents ou amis du détenu porteurs de l'ordre de l'officier municipal, qui ne peut le refuser, ont aussi le droit de se faire représenter sa personne ; et le gardien ne peut s'en dispenser qu'en justifiant de l'ordre exprès du président ou directeur du jury, inscrit sur son registre, portant injonction de le tenir au secret ».

Cette législation offrait d'incontestables garanties à la liberté individuelle ; néanmoins, il était déjà possible de reconnaître dans le Code de brumaire an IV une certaine tendance à revenir à l'ancienne instruction préparatoire secrète et écrite. « La France, lasse et meurtrie, se désintéressait, de la liberté, pour laquelle elle avait souffert ; elle se reportait, par une violente réaction, vers le principe d'autorité » (1).

C'est ce besoin d'en finir avec l'anarchie qui fera bientôt jeter la France aux pieds de Bonaparte et qui la fera revenir aux idées monarchiques, dont on trouve déjà la trace dans la Constitution du 22 frimaire an VIII. Mais avant d'aborder l'étude de cette Constitution, il nous faut rechercher comment furent mises en pratique les dispositions que nous venons de rapporter ; car il fut promulgué pendant cette période un grand nombre de lois qui constituèrent elles-mêmes de purs actes arbitraires ou dont l'application occasionna d'innombrables violations de la liberté individuelle. Nous ne citerons, étant donné leur nombre, que les plus importantes de ces lois.

Parmi celles-ci, l'une des premières en date fut la loi du 29 décembre 1792, qui investissait les commissaires des armées d'un pouvoir presque absolu et complètement arbitraire. « Les commissaires envoyés aux armées, disait en effet ce texte, pourront faire toutes

____

(1) Esmein : *Procédure criminelle en France*, page 450.

les réquisitions nécessaires, destitutions, arrestations et remplacements, à la charge d'en rendre compte sans délai à la Convention. »

L'une des premières également, et en même l'une des plus terribles par ses conséquences, fut la loi du 11 mars 1793, qui organisa à Paris un tribunal criminel extraordinaire destiné à connaître : « De toute entreprise contre-révolutionnaire, de tous attentats contre la liberté, l'égalité, l'unité, l'indivisibilité de la République, la sûreté intérieure et extérieure de l'Etat, et de tous les complots tendant à rétablir la royauté ou à établir toute autre autorité attentatoire à la liberté, à l'égalité et à la souveraineté du peuple, soit que les accusés fussent fonctionnaires civils ou militaires ou simples particuliers » (art. 1er).

Le tribunal devait être composé de cinq juges, d'un accusateur public assisté de deux substituts ou adjoints et de seize jurés, dont douze prenaient part au jugement et quatre étaient jurés supplémentaires.

Les juges et les jurés étaient nommés par la Convention, et tout, dans la loi, était calculé pour assurer l'exécution prompte des désirs de cette assemblée. Outre, en effet, le vague des expressions de l'article 1er, permettant de faire rentrer dans les prévisions de ce texte tous les actes, même les plus inoffensifs, la loi du 11 mars 1793 contenait des dispositions fécondes en conséquences. Ainsi, les jurés devaient faire connaître publiquement leur vote (art. 12), et le jugement était exécutoire sans possibilité de recours au tribunal de cassation (art. 12).

Pour être plus certaine encore d'atteindre qui elle désirerait, la Convention décida, dans l'article 3 du titre II, que « ceux qui seraient convaincus de crimes ou de délits non prévus par le Code pénal et les lois postérieures, ou dont la punition ne serait pas déterminée par les lois, et dont l'incivisme et la résidence sur le territoire de la République auraient été un sujet de trouble public et d'agitation, seraient condamnés à la peine de la déportation ». C'était la violation de toutes les règles du droit pénal et la consécration de l'arbitraire le plus cynique.

Enfin, dans le but de s'assurer la haute main sur les décisions de ce tribunal, la Convention créait, en même temps, une commission de dix membres, choisis dans son propre sein, avec mission d'examiner « toutes les pièces, d'en faire le rapport et de rédiger et présenter les actes d'accusation, de surveiller l'instruction qui se ferait dans le tribunal extraordinaire, d'entretenir une correspondance suivie avec l'accusateur public et les juges sur toutes les affaires publiques qui seraient envoyées au tribunal et d'en rendre compte à la Convention nationale (art. 10).

Quelque dangereux pour la liberté des citoyens que dût être un tribunal ainsi organisé, la Convention ne le trouva pas assez puissant et elle abandonna, peu de jours après, à l'accusateur public, les droits d'arrestation, de poursuite et d'accusation. Exception était faite seulement en faveur des membres de la Convention, des ministres et des généraux (1).

(1) Loi du 5 avril 1793.

Une autre loi, établit, le 19 mars de la même année, une juridiction plus expéditive encore pour juger toute une catégorie d'individus désignés dans son article premier, ainsi conçu : « Ceux qui sont ou seront prévenus d'avoir pris part aux révoltes ou émeutes contre-révolutionnaires qui ont éclaté ou éclateraient à l'époque du recrutement dans les différents départements de la République, et ceux qui auraient pris ou prendraient la cocarde blanche ou tout autre signe de rébellion, sont hors la loi ; en conséquence, ils ne peuvent profiter des dispositions des décrets concernant la procédure criminelle et l'institution des jurés ».

Si ces individus étaient pris ou arrêtés les armes à la main, ils devaient, dans les vingt-quatre heures, être livrés à l'exécuteur des jugements criminels et mis à mort, après simple constatation du fait, par une commission militaire formée pour la circonstance (art. 2).

Non moins dangereuse pour la liberté individuelle fut la loi des 21-23 mars 1793 qui institua un comité de surveillance dans chaque commune de la République et dans chaque section, pour les communes divisées en sections.

Ces comités devaient être composés de douze membres, lesquels ne pouvaient « être choisis ni parmi les ecclésiastiques, ni parmi les ci-devants nobles, ni parmi les ci-devant seigneurs de l'endroit et les agents des ci-devant seigneurs » (art. 3). Ils avaient pour mission de recevoir les déclarations de tous les étrangers résidant dans leur commune ou section de commune.

Mais ils ne tardèrent pas à étendre leurs attributions et ils se rendirent promptement célèbres sous le nom de comités révolutionnaires.

De même du décret des 26-30 mars 1793, ordonnant le désarmement des personnes reconnues suspectes, et du décret des 28 mars-5 avril 1793, concernant les peines portées contre les émigrés. Aux termes de ce second décret, est considéré comme émigré « tout Français de l'un ou de l'autre sexe qui, ayant quitté le territoire de la République depuis le 1er juillet 1789, n'a pas justifié de sa rentrée en France, dans les délais fixés par le décret des 30 mars-8 avril 1792 » (art. 6).

L'émigré était puni du bannissement perpétuel et de la mort civile ; ses biens étaient acquis à la République (art. 1er). L'infraction au bannissement prononcé par l'article premier était punie de mort (art. 2). L'émigré, qui s'en rendait coupable, devait être conduit devant le tribunal criminel du département de son dernier domicile en France qui le faisait incarcérer. Alors l'accusateur public faisait citer des personnes, dont le civisme était certifié et appartenant à la commune du domicile de l'accusé, afin de leur faire constater l'identité de ce dernier. Si l'identité était affirmée par les témoins, les juges condamnaient l'émigré à la peine de mort. Lorsqu'il s'agissait d'une femme ayant moins de vingt et un ans et plus de quatorze, la peine était seulement celle de la déportation.

Le condamné était mis à mort ou déporté dans les vingt-quatre heures, sans qu'il pût y avoir lieu à aucun sursis, ni recours en cassation (art. 76 à 79).

Pendant cette même année 1793, les lois restrictives
de la liberté individuelle se succédèrent avec une rapidité inouïe : Outre celles que nous venons de citer, un
décret des 29-31 mars, limita la liberté de la presse. Le
6 avril un second décret établit un comité de salut public composé de neuf membres de la Convention nationale pour surveiller et accélérer l'action de l'administration. On l'autorisait, dans ce but, à prendre en cas
d'urgence, des mesures de défense intérieure ou extérieure et on décidait que ses délibérations seraient
secrètes.

Un autre décret, des 21-24 avril, punissait de la déportation à la Guyane les prêtres non assermentés et,
le 17 septembre 1793, le gouvernement ordonnait la
mise en état d'arrestation de tous les gens suspects qui
se trouvaient sur le territoire de la République et qui
étaient encore en liberté.

Le 19 vendémiaire, an II (10 octobre 1793) la Convention s'attribuait des pouvoirs encore plus étendus
qu'auparavant, en déclarant que le gouvernement serait révolutionnaire jusqu'à la paix et le décret des 14-
16 frimaire an II (4 décembre 1793) rendait cette assemblée toute puissante en organisant le gouvernement
révolutionnaire, ce qui eut pour conséquence de remplacer, dans toute la France, les autorités légales
par des autorités révolutionnaires instituées arbitrairement.

Alors, la Convention poussant l'arbitraire à ses dernières limites, organisa le tribunal révolutionnaire
(22 prairial an II) dans le but de « punir les ennemis

du peuple. » Le décret énumérait ceux qui devaient être considérés comme tels et cette énumération pourrait être considérée comme un chef-d'œuvre, si la valeur d'une loi pénale consistait dans le vague ou l'élasticité de ses termes. La dernière phrase de cette liste curieuse, suffira, d'ailleurs, pour donner idée de l'ensemble : « Enfin (sont réputés ennemis du peuple) tous ceux qui sont désignés dans les lois précédentes, relatives à la punition des conspirations et contre-révolutionnaires, et qui, par quelques moyens que ce soit et de quelques dehors qu'ils se couvrent, auront attenté à la liberté, à l'unité, à la sûreté de la République, ou travaillé à en empêcher l'affermissement ».

Quant à la peine, le tribunal révolutionnaire n'en connaissait qu'une, celle de mort et, au sujet des modes de preuves, le décret du 22 prairial déclarait que : « La preuve nécessaire pour condamner les ennemis du peuple est toute espèce de documents, soit matérielle, soit morale, soit verbale, soit écrite, qui peut naturellement obtenir l'assentiment de tout esprit juste et raisonnable ; la règle des jugements est la conscience des jurés éclairés par l'amour de la patrie ; leur but, le triomphe de la République et la ruine de ses ennemis ; la procédure, les moyens simples que le bon sens indique pour parvenir à la connaissance de la vérité, dans les formes que la loi détermine » (art. 8).

Les preuves ainsi simplifiées, le décret du 22 prairial supprimait encore l'interrogatoire de l'accusé dans l'instruction : « S'il existe, disait l'art. 13, des preuves, soit matérielles, soit morales, indépendamment de la preuve testimoniale, il ne sera point entendu de témoins, à moins que cette formalité ne paraisse nécessaire, soit pour découvrir des complices, soit pour d'autres considérations d'intérêt public ».

La défense elle-même n'était pas épargnée et, en ce qui la concernait, le décret de prairial se contentait de cette phrase empathique: « La loi donne pour défenseurs aux patriotes des jurés patriotes; elle n'en accorde point aux conspirateurs. » (art. 16).

Enfin, pour couronner dignement son œuvre, la Convention, se défiant de l'indulgence de l'accusateur public et des juges, décidait qu'aucun prévenu ne pourrait « être mis hors de jugement avant que la décision de la Chambre eût été communiquée aux Comités de Salut public et de Sûreté générale, qui devaient l'examiner (art. 18). » C'était, en réalité, abandonner la direction du tribunal révolutionnaire et soumettre ses décisions mêmes, à la volonté de ces deux Comités. Ce furent, du reste, eux qui jouèrent le principal rôle, et ce fut surtout le Comité de Salut public qui, par sa cruauté, mérita les plus graves reproches.

Si l'on songe, en effet, à la façon dont le décret avait composé le tribunal révolutionnaire et comment étaient recrutés les jurés appelés à statuer sur le sort des accusés, si l'on se rappelle que la plupart d'entre eux étaient d'anciens domestiques, des gens plus ou moins tarés, on comprendra combien il était facile au Comité de salut public, aidé de tels juges, de frapper qui il voulait. Aussi devint-il en fait, grâce à la crainte qu'il inspirait, le seul maître du pays et de la Convention elle-même, toute entière.

A la fin, cependant, les excès mêmes du Comité de salut public tournèrent tout le monde contre lui. Les représentants, se sentant plus ou moins menacés, résolurent d'en finir et le gouvernement dictatorial fut renversé. Mais il ne faudrait pas croire que l'ordre se rétablit immédiatement. Il aurait fallu, pour cela, un gouvernement fort et solidement établi. Malheureusement, celui qu'organisa la Convention manquait de ces deux qualités. La constitution de l'an III, en voulant réagir contre la concentration exagérée des pouvoirs, tomba dans un excès contraire et les divisa trop, de sorte qu'aucun d'eux n'étant assez fort pour imposer sa volonté, il y eut entre eux des tiraillements continuels, au grand préjudice de l'administration et que le Directoire, pour masquer sa faiblesse, se laissa parfois aller à commettre des actes arbitraires ou fut obligé de restreindre la liberté individuelle.

Déjà, sous le gouvernement de la Convention, une loi du 30 prairial an III, avait décidé que, par exception, les rebelles, les individus, connus sous le nom de chouans ou appelés de toute autre manière, seraient punis de mort et jugés par les tribunaux militaires. Le Directoire renouvela ces dispositions, par la loi du premier vendémiaire au IV, qui remplaça seulement les tribunaux militaires par les conseils militaires établis quelques temps auparavant.

De nouvelles juridictions exceptionnelles furent organisées le 29 nivôse an VI, pour la répression du brigandage et des vols sur les grandes routes. Après avoir spécifié les crimes constituant le brigandage et déclaré qu'ils seraient punis de mort, cette loi décidait que si le crime avait été commis par un rassemblement de plus de deux personnes, les prévenus, leurs complices, fauteurs et instigateurs seraient traduits devant un conseil de guerre et jugés par lui (art. 4).

Pour les délits mentionnés dans la loi, le mandat d'amener devait être décerné par le directeur du jury, le juge de paix, le commissaire de police, l'agent municipal dans les communes au-dessous de cinq mille habitants, ou son adjoint et les officiers de gendarmerie nationale sans qu'ils eussent besoin d'aucune réquisition du directeur du jury (art. 9).

Afin d'éviter les difficultés relatives à la compétence l'article 11 décidait qu'aucun individu ne pourrait, dans les cas prévus par la loi, être mis en jugement, sans avoir été préalablement traduit devant le directeur du jury du lieu du délit, afin que celui-ci décidât si l'accusé devait être envoyé devant les juges ordinaires ou devant un conseil de guerre. Dans les deux cas, le directeur du jury était chargé de la procédure préparatoire et devait, sous peine de forfaiture, renvoyer l'accusé devant qui de droit dans les trois jours à dater du règlement de la compétence (art. 11).

La loi du 29 nivôse au VI avait, d'abord, été votée pour une année ; elle fut renouvelée au l'an VII, mais elle ne le fut plus en l'an VIII. Cela n'empêcha pas, cependant, le Directoire de conserver les commissions militaires en se basant sur la loi du 30 paririal an III.

Deux autres lois portèrent encore, pendant cette période, de graves atteintes à la liberté individuelle· La première fut une loi du 30 prairial an VII (18 juin 1797) d'après laquelle toute autorité ou tout individu qui attenterait à la sûreté ou a la liberté du Corps Législatif ou de quelqu'un de ses membres, soit en donnant l'ordre, soit en l'exécutant, serait mis hors la loi.

La seconde et, en même temps, celle qui était susceptible d'occasionner les violations les plus odieuses de la liberté individuelle fut la loi du 24 messidor an VII (12 juillet 1799), connue sous le nom de loi des otages et aux termes de laquelle : « Les parents d'émigrés, leurs alliés et les ci-devant nobles compris dans les lois des 3 brumaire an IV et 9 frimaire an VI, les aïeuls, aïeules, pères et mères des individus qui, sans être ex-nobles ni parents d'émigrés, étaient néanmoins notoirement connus pour faire partie des rassemblements ou bandes d'assassins, étaient personnellement et civilement responsables des assassinats et des brigandages commis dans l'intérieur, en haine de la République, dans les départements, cantons et communes déclarés en état de troubles. »

L'administration était autorisée à prendre des otages dans les classes ci-dessus désignées, dans les communes, cantons et départements déclarés en état de troubles.

Il n'est besoin, pour de semblables lois, d'aucun commentaire et la lecture seule des textes suffit pour en montrer tous les dangers. Aussi, loin de produire l'effet qu'en attendait le gouvernement, ces mesures iniques ne firent que lui susciter des embarras et l'opinion publique, sentant sa faiblesse, l'abandonnait pour revenir de plus en plus aux idées monarchiques. Au mois de mai 1799, les élections amenèrent aux Conseils une majorité royaliste. Le Directoire, effrayé, implora le secours de l'armée et le 18 Fructidor an V, 12.000 hommes entouraient les salles des Conseils. En même temps, les Directeurs Barras, Rewbell et Larèveillère, qui dirigeaient ce coup d'Etat, faisaient arrêter leurs collègues Carnot et Barthélemy, sous prétexte qu'ils étaient de connivence avec l'opposition, ainsi que 53 députés qui furent, pour la plupart déportés à la Guyane.

Continuant, ensuite, ces pratiques arbitraires, le gouvernement ordonna, la même année, la déportation de cinquante députés et de plusieurs autres citoyens. Mais, si les royalistes étaient battus, le Directoire avait encore à lutter contre les partis avancés qui l'attaquaient à leur tour et malgré ses efforts, ceux-ci triomphèrent aux élections de l'an VI. Il en résulta de nouveaux désordres qui, en rendant la situation du gouvernement de plus en plus critique, n'allaient pas tarder à entrainer sa chute.

CHAPITRE IV.

La liberté individuelle en France, sous le Consulat et le premier Empire :

I. — Constitution du 22 frimaire an VIII et sénatusconsultes organiques.
II. — Code d'instruction criminelle.
III. — Arrestations arbitraires pendant cette période.

I. — Depuis longtemps déjà, Bonaparte aspirait à gouverner la France : « Quant à moi, avait-il dit, après les évènements du 18 fructidor, je ne puis plus obéir; j'ai goûté du commandement et je ne saurais y renoncer. Mon parti est pris; si je ne puis être le maître, je quitterai la France (1). »

La faiblesse du Directoire et le progrès des idées monarchiques donnèrent à son ambition les moyens de se satisfaire. Profitant de l'accueil enthousiaste qui lui fut fait à son retour d'Egypte, Bonaparte eut, en effet, vite conclu une entente avec deux des Directeurs, Sieyès et Roger-Ducos, et le coup d'Etat du 18 brumaire an VIII le rendit, en réalité, seul dépositaire du pouvoir exécutif.

(1) Taine : Orig. de la Fr. contemp. tome I, page 71.

Le lendemain, deux commissions étaient nommées par les Conseils avec mission de préparer la Constitution qui fut promulguée le 22 frimaire suivant (3 décembre 1789).

Rédigée sous l'inspiration de Bonaparte et destinée à servir de transition entre le gouvernement républicain et le rétablissement de la monarchie, cette constitution fut beaucoup moins libérale que les précédentes. Elle ne reproduisit plus la déclaration des droits de l'homme et du citoyen et, au sujet de la liberté individuelle, elle se contenta de dire, dans son article 76, que la maison de tout individu habitant le territoire français était un asile inviolable et, dans l'article 77, que personne ne pouvait être arrêté sans un ordre légal d'arrestation.

En outre un danger, pour la liberté individuelle, résultait de l'article 46, aux termes duquel « si le gouvernement était informé qu'il se tramait quelque conspiration contre l'Etat, il pouvait décerner des mandats d'amener et des mandats d'arrêt contre les personnes qui en seraient présumées les auteurs ou les complices. »

Des mesures étaient prises, toutefois, pour assurer le respect de la liberté et ce même article 46 déclarait, dans sa partie finale, que « si dans un délai de dix jours après leur arrestation, les personnes arrêtées n'étaient pas mises en liberté ou en justice réglée, il y avait, de la part du ministre signataire du mandat, crime de détention arbitraire. »

La constitution rendait aussi les ministres responsables des ordres qu'ils donneraient, si ces ordres étaient contraires à la Constitution, aux lois ou aux règlements (art. 72) et l'article 21 confiait au Sénat le soin d'annuler les actes qui lui seraient déférés comme inconstitutionnels par le Tribunat ou par le gouvernement.

L'institution d'un Sénat conservateur était une innovation de la constitution de l'an VIII et elle fut, lors de la présentation de la constitution aux commissions législatives, l'objet d'éloges enthousiastes : « Vous avez, disait Garat, cherché à donner à votre nouvelle organisation sociale une stabilité et, pour ainsi dire, une perpétuité jusqu'à ce jour refusée aux choses humaines ; et, pour cela, vous avez fait du temps qui détruit tout, un principe de conservation ; vous avez composé un Sénat d'hommes arrivés à cet âge où tous les grands mouvements s'arrêtent ou se modèrent ; où on n'espère plus rien acquérir, et où on craint de tout perdre : vous avez comblé en eux toutes les ambitions vertueuses et vous les avez mis dans l'impossibilité de concevoir même une ambition nouvelle ; vous les avez, en quelque sorte, placés vivants hors de l'enceinte de la vie, pour que, de là, comme des divinités tutélaires, ils surveillent les actes, ils conservent les lois d'un monde devenu étranger à leurs passions, et qui n'existe plus que pour leur raison et leur sagesse (1). »

Au sujet du Premier Consul, l'orateur ajoutait : « Ce

(1) Discours prononcé, le 23 frimaire an VIII, devant la commission du Conseil des Anciens.

succès éclatant que tout fait présager, vous est encore assuré davantage par cet homme extraordinaire à qui vous avez confié principalement les pouvoirs et les destinées de la République, et qui, dans le cours de ses destinées personnelles, ne rencontre des obstacles que pour obtenir des triomphes..... Cette influence que par son nom seul il exerce sur toutes les imaginations ; sa gloire, en même temps qu'elle sera un puissant ressort de plus dans l'action du gouvernement, sera une limite et une barrière devant le Pouvoir exécutif ; et cette borne sera d'autant plus sûre, qu'elle ne sera pas dans une charte, mais dans le cœur et dans les passions mêmes d'un grand homme (1).

Malheureusement, Garat oubliait ou feignait d'oublier quel était le caractère de ce grand homme et comment ce dernier s'était assuré la soumission absolue du Sénat en faisant décider que, sur 80 membres dont il devait être composé, 60 seraient nommés par le Gouvernement, c'est-à-dire par le premier Consul (art. 23).

En réalité, le rôle attribué au Sénat ne lui était confié que pour sauver les apparences et Bonaparte savait évidemment qu'il n'aurait jamais à redouter la moindre observation de la part de ce corps composé d'hommes choisis parmi ses partisans les plus dévoués.

La réaction contre les idées libérales se manifesta également dans les lois sur la procédure criminelle et, dès l'année suivante, celle-ci fut modifiée dans un

____

(1) Eodem.

sens rétrograde : une loi du 7 pluviôse an IX revint à l'instruction préparatoire secrète abandonnée depuis 1791. Cette loi, qui offre un intérêt tout particulier, parce qu'elle servit de transition entre le système admis par le droit intermédiaire et celui qui fut organisé par le code d'instruction criminelle, introduisit quatre réformes principales consistant dans : 1° la création d'un ministère public, chargé de la poursuite et d'un juge d'instruction (art 1er); 2° l'introduction du mandat de dépôt (art. 7); 3° l'audition des témoins hors de la présence de l'accusé (art. 9) ; 4° la substitution des preuves écrites aux débats oraux devant le jury d'accusation (art. 2).

Quant à l'arrestation, elle était confiée aux substituts des commissaires du gouvernement, institués par la même loi. Les juges de paix et les officiers de gendarmerie devenaient de simples auxiliaires de ces substituts. Ils gardaient, néanmoins, le droit de procéder à l'arrestation lorsqu'il y avait flagrant délit ou accusation par la clameur publique et lorsqu'il s'agissait d'un délit emportant peine afflictive pour lequel il y avait des indices suffisants contre l'accusé (art. 4 et 5). Dans tous ces cas, l'agent qui avait ordonné l'arrestation devait, dans le plus bref délai possible, faire conduire le prévenu devant le substitut qui décernait contre lui une mandat de dépôt, sur la présentation duquel le gardien de la maison d'arrêt était tenu de le recevoir et de le garder (art. 5 et 7). C'était là la principale des réformes introduites par la loi de l'an IX, mais la détention ordonnée par mandat de dépôt ne pouvait avoir qu'un caractère provisoire, car le substitut était tenu, dans les vingt-quatre heures qui suivaient la délivrance de ce mandat d'avertir le directeur du jury qui devait alors prendre connaissance de l'affaire et s'en occuper dans le plus court délai possible.

Pour la liberté provisoire, on appliquait les anciennes règles et c'était le directeur du jury d'accusation qui conservait le droit de statuer sur ce sujet.

Les réformes opérées par la loi du 7 pluviôse ne furent pas admises sans résistance. Le mandat de dépôt et le secret de l'instruction préparatoire, entre autres, furent vivement combattus. Néanmoins, la loi fut votée par suite de considérations pratiques et, dix jours plus tard, une seconde loi vint encore porter atteinte aux principes d'égalité et de liberté en établissant des tribunaux spéciaux pour réprimer le brigandage qui dévastait alors la France, surtout dans le Midi.

A cette époque, le jury, déjà sérieusement battu en brèche pour avoir trop souvent obéi à des passions politiques, s'était créé beaucoup d'adversaires nouveaux en se montrant la plupart du temps timide et insuffisant dans les procès où des brigands étaient en cause.

C'est pourquoi, le premier consul, résolu à détruire les bandes que formaient ces derniers pour terroriser des départements entiers, fit parcourir les pays infestés par des colonnes mobiles à la suite desquelles marchaient des commissions militaires chargées de juger les prisonniers. Mais ces commissions furent souvent trop énergiques et excitèrent de nombreuses récriminations. Le gouvernement proposa alors la création de tribunaux spéciaux, dans un projet qui devint la loi du 18 pluviôse an IX.

Les tribunaux ainsi créés se composaient du président et de deux juges du tribunal criminel ; de trois militaires ayant au moins le grade de capitaine, et de deux citoyens possédant les qualités requises pour être juges.

Tous les membres du tribunal, civils ou militaires étaient désignés par le Premier Consul.

La compétence des tribunaux spéciaux s'appliquait à tous les crimes commis par des vagabonds, aux délits de vagabondage et d'évasion, aux vols avec circonstances aggravantes, sur les grandes routes ou dans les campagnes, aux assassinats à main armée, à l'incendie et à la fausse monnaie, à l'embauchage des militaires, aux rassemblements séditieux et aux violences contre les acquéreurs des biens nationaux (art. 6 et suiv.).

Ils étaient saisis d'office par le commissaire du gouvernement, sans qu'il y eut besoin d'une plainte (art. 3 et 15).

Tout officier de police ou de gendarmerie pouvait lancer le mandat d'amener (art. 17).

Le tribunal jugeait avant toutes choses sa compétence, sur examen du dossier et après avoir entendu le commissaire du gouvernement. Ce jugement était sans appel ; il devait être signifié à l'accusé dans les vingt-quatre heures et, dans le même délai, expédition devait en être adressée au tribunal de Cassation qui était tenu de statuer immédiatement et toutes affaires cessantes. Nonobstant ce recours, si le tribunal s'était déclaré compétent, l'accusé était immédiatement traduit devant lui, en audience publique, et le tribunal le jugeait, sur le fond, en dernier ressort. C'était là l'innovation la plus grave et le rétablissement, en fait, des cours prévôtales telles qu'elles avaient été réglées par l'ordonnance de 1670.

Aussi, la loi ne fut-elle admise qu'avec difficulté, surtout, parce que l'on craignait que les innovations introduites par elle ne servissent d'acheminement à un système devant établir à titre définitif deux juridictions, l'une de droit commun et l'autre d'exception. C'était, d'ailleurs, ce qui devait avoir lieu et le Gouvernement lui-même l'avoua plus tard, dans l'exposé des motifs du titre VI, livre II, du code d'instruction criminelle.

L'année suivante, Bonaparte, nommé Premier Consul à vie, remaniait la constitution et le sénatus-consulte du 16 thermidor an X donnait au Sénat deux attributions nouvelles, en décidant : 1° qu'il déterminerait le temps dans lequel les individus, arrêtés en vertu de l'article 46 de la constitution, devraient être traduits devant les tribunaux, lorsqu'ils ne l'auraient pas été dans les dix jours de leur arrestation ; 2° qu'il aurait le droit d'annuler les jugements des tribunaux, lorsqu'ils seraient attentatoires à la sûreté de l'Etat (art. 55 par. 3 et 4).

On abandonnait ainsi d'une façon plus complète encore qu'auparavant la protection de la liberté individuelle au Sénat conservateur et, par ricochet, au Premier Consul qui était président du Sénat et conservait, comme dans la Constitution de l'an III, le droit d'en nommer la majorité des membres. La dernière innovation surtout était dangereuse et tout à fait injustifiable.

De même, le sénatus-consulte du 28 floréal an XII, en proclamant Bonaparte empereur des Français, établit des dispositions nouvelles en ce qui concernait la liberté individuelle. Le sénateur Lacépède, dans un rapport fait au nom de la commission du Sénat, avait annoncé ces réformes en termes enthousiastes : « Le dépôt sacré de la liberté individuelle et de la liberté de la presse est, disait-il, remis au Sénat, plus spécialement que jamais ».

« Et dans quelles mains pourrait-il être plus en sûreté ? Ne trouve-t-on pas dans le Sénat, le nombre qui par la diversité des opinions, des affections et des intérêts, écarte de la majorité tous les genres de séduction ; l'âge qui fait taire toutes les passions devant celle du devoir ; la perpétuité qui ôte à l'avenir toute influence dangereuse sur le présent ; l'étendue de l'autorité et la prééminence du rang, qui délivrent des illusions funestes l'ambition satisfaite ?

« La liberté sainte, devant laquelle sont tombés les remparts de la Bastille, déposera donc ses craintes ; l'homme d'Etat sera satisfait, et les ombres illustres du sage l'Hopital, du grand Montesquieu et du vertueux Malesherbes seront consolées de n'avoir pu que proposer l'heureuse institution que consacre le sénatus-consulte. »

« Une haute cour impériale, garantie des prérogatives nationales confiées aux grandes autorités, de la sûreté de l'Etat et de celle des citoyens, formera un tribunal véritablement indépendant et auguste, consacré à la justice et à la patrie... Elle assurera surtout la responsabilité des ministres, cette responsabilité sans laquelle la liberté n'est qu'un fantôme derrière lequel se cache le despotisme » (1).

Le lendemain, Treilhard prononçait devant le Tribunat un discours analogue où il disait : « La liberté politique sans anarchie, la liberté civile sans confusion, la liberté des cultes sans licence, la liberté de la presse sans moyens de soulèvement et de diffamation, l'égalité des droits, bien différente de l'égalité insensée des fortunes, voilà ce qu'avaient désiré les hommes éclairés de toutes les nations et de tous les âges; voilà le fruit que nous retirons de quinze années d'une pénible et laborieuse expérience; voilà les bienfaits que contient et que doit transmettre à nos derniers neveux le sénatus-consulte que nous vous présentons » (2).

Or, voici les dispositions du sénatus-consulte auxquelles s'adressaient ces pompeux éloges : Aux termes de l'article 60, « une commission de sept membres nommés par le Sénat et choisis dans son sein prend connaissance, sur la communication qui lui en est donnée par les ministres, des arrestations effectuées

____

(1) Rapport fait par le sénateur Lacépède au nom de la commission spéciale du Sénat, le 28 floréal an XII (*Moniteur universel* du 30 floréal an XII).

(2) Discours au Tribunat, du 29 floréal an XII (*Moniteur* du 30 floréal an XII).

conformément à l'article 46 de la Constitution, lorsque les personnes arrêtées n'ont pas été traduites devant les tribunaux dans les dix jours de leur arrestation. Cette commission est appelée : commission sénatoriale de la liberté individuelle ».

« Toutes les personnes arrêtées et non mises en jugement après les dix jours de leur arrestation peuvent recourir directement, par elles, leurs parents ou leurs représentants, et par voie de pétition, à la commission sénatoriale de la loi individuelle » (art. 61).

« Lorsque la commission estime que la détention, prolongée au-delà des dix jours de l'arrestation, n'est pas justifiée par l'intérêt de l'Etat, elle invite le ministre qui a ordonné l'arrestation à faire mettre en liberté la personne détenue ou à la renvoyer devant les tribunaux ordinaires » (art. 62).

« Si, après trois invitations consécutives renouvelées dans l'espace d'un mois, la personne détenue n'est pas mise en liberté ou renvoyée devant les tribunaux ordinaires, la commission demande une assemblée du Sénat, qui est convoqué par le président et qui rend, s'il y a lieu, la déclaration suivante : « Il y a de fortes présomptions que N.... est détenu arbitrairement » (art. 63).

Lorsque le Sénat a rendu cette décision, il y a lieu à une procédure spéciale qui peut se terminer par la réunion d'une haute cour impériale pour juger le ministre auteur de l'arrestation arbitraire (art. 101). A cet effet, le Corps législatif dénonce le ministre et cette dénonciation ne peut être arrêtée que sur la demande du Tri-

bunat ou sur la réclamation de cinquante membres du
Corps législatif lui-même.

« L'acte de dénonciation doit être circonstancié,
signé par le président et par les secrétaires du Corps
législatif. »

« Il est adressé par un message à l'archichancelier
de l'empire, qui le transmet au procureur général près
la Haute-Cour impériale » (art. 117).

Celui-ci doit. dans les trois jours, informer l'archichancelier qu'il y a lieu de réunir la Haute-Cour impériale (art. 119).

« La Haute-Cour impériale est composée des princes,
des titulaires des grandes dignités et des grands officiers de l'empire, du grand juge, ministre de la justice,
de soixante sénateurs, des six présidents des sections
du Conseil d'Etat, de quatorze conseillers d'Etat et de
vingt membres de la Cour de cassation. Elle ne peut
juger à moins de soixante membres » (art. 104 et 127).

Malgré le droit exorbitant accordé au Sénat par l'article 62 de laisser en prison les personnes à l'égard
desquelles l'intérêt de l'Etat justifierait une pareille
mesure, il est incontestable que la réglementation qui
vient d'être exposée eût, si elle avait été sérieusement
appliquée, offert de grandes garanties à la liberté individuelle. Mais Napoléon Ier n'était pas d'humeur à la
respecter longtemps ni à s'arrêter facilement devant
les observations de son Sénat, et, afin de s'assurer pour
l'avenir toute sa liberté d'action, il avait d'ailleurs eu
soin, dès l'an XII. de se donner un moyen de mettre le
Sénat à son entière discrétion, en faisant insérer dans

le sénatus-consulte du 28 floréal une disposition en vertu de laquelle il lui était permis d'élever à la dignité de sénateur tous les citoyens qu'il en jugerait dignes (art 57). De plus, si le Sénat eût voulut par hasard, protester contre un acte arbitraire trop flagrant, l'article 119 du sénatus-consulte eût permis à l'empereur d'annihiler les effets de la réclamation, car il décidait que ce dernier seul pourrait ordonner la réunion de la Haute-Cour. Il eût, par conséquent, suffi, en pareil cas, à l'empereur, pour rendre inutile la réclamation du Sénat, d'omettre de convoquer la Haute-Cour, qui, seule, aurait pu condamner l'auteur de l'acte arbitraire.

II. — Ici, nous rencontrons un acte législatif de la plus haute importance, le code d'instruction criminelle, qui fut promulgué le 27 novembre 1808 et devint exécutoire le 1ᵉʳ janvier 1811. Bien que, la plupart des dispositions de ce code étant encore en vigueur, nous devions être obligés de nous en occuper plus loin, avec la législation actuelle, il nous faut, cependant, dès maintenant, exposer les principales règles qu'il édicte au sujet du droit d'arrestation et faire connaître les personnes à qui il confie ce droit.

Pour ce qui est de la police judiciaire, d'abord, le code la confie en première ligne aux procureurs impériaux ou à leurs substituts et aux juges d'instruction (article 9). Mais il adjoint à ces officiers, à titre d'auxilliaires :

1° Les gardes champêtres et les gardes forestiers.

2° Les commissaires de police.

3° Les maires et les adjoints de maire.

4° Les juges de paix.

5° Les officiers de gendarmerie.

6° Les commissaires généraux de police (art. 9, 48 et suiv.).

Enfin, à ces divers agents, l'art. 10 ajoute les préfets des départements et le préfet de police à Paris auxquels il attribue un droit tout particulier.

Celui des officiers de police judiciaire, dont les pouvoirs sont le plus étendus, est le juge d'instruction. C'est lui qui, en principe, peut seul ordonner l'arrestation. Il exerce ce pouvoir au moyen d'ordonnances connues sous le nom de mandats. On appelle ainsi « un ordre que le juge d'instruction décerne contre un individu inculpé d'un crime ou d'un délit et qui a pour effet, soit de l'amener en sa présence pour qu'il soit procédé à son interrogatoire, soit de le placer sous la main de justice » (1).

Il y a quatre sortes de mandats : le mandat de comparution, le mandat d'amener, le mandat de dépôt et le mandat d'arrêt. Les deux premiers remplacent le décret d'assigné pour être ouï, de l'ancien droit. Ils ont été introduits, l'un par le code du 3 brumaire an IV et l'autre, par la loi des 16-29 septembre 1791. Les deux autres mandats ont remplacé le décret de prise de corps et ont été créés, le mandat de dépôt, par la loi du 7 pluviôse an IX et le mandat d'arrêt par la loi de 1791.

____

(1) Faustin Hélie : Instr, crim, tome IV, page 603,

Le plus doux de tous est le mandat de comparution. Il ne peut être décerné par le juge d'instruction qu'à une double condition : 1° Que le fait imputé soit de nature à ne donner lieu qu'à une peine correctionnelle, 2° que l'inculpé soit domicilié. Mais lors même que ces conditions sont réunies, le juge n'est pas forcé de délivrer un mandat de comparution et il peut toujours, s'il le croit préférable, décerner un mandat d'amener (art. 91).

Si l'inculpé visé dans le mandat de comparution comparaît, il doit être interrogé de suite (art. 93). Mais si l'inculpé ne se soumet pas au mandat de comparution ou bien si le fait qui occasionne la poursuite est susceptible d'emporter une peine afflictive ou infamante le juge d'instruction doit toujours décerner un mandat d'amener (art. 91).

L'individu frappé d'un mandat d'amener doit être interrogé dans un délai de vingt-quatre heures au maximum (art. 93). Lorsque l'interrogatoire, dont a été suivi le mandat de comparution ou d'amener, n'a pas détruit les charges pesant sur l'inculpé, le juge d'instruction peut ordonner qu'il soit mis en état de détention. Pour cela, il décerne un mandat de dépôt ou un mandat d'arrêt (art. 94) par lequel il ordonne aux agents de la force publique de conduire le prévenu dans une maison d'arrêt indiquée par le mandat et dont le gardien sera tenu de recevoir et de détenir ledit prévenu (art. 110).

Les mandats de comparution, d'amener, de dépôt et d'arrêt doivent être signés par celui qui les a décernés et munis de son sceau. Ils doivent également nommer le prévenu et le désigner le plus clairement possible (art. 95).

Le mandat d'arrêt doit, en outre de cela, contenir l'énonciation du fait pour lequel il est décerné et la citation de la loi qui déclare que ce fait est un crime ou un délit (art. 96).

Tout mandat est notifié par un huissier ou par un agent de la force publique qui doit en faire l'exhibition au prévenu et lui en laisser copie. Le mandat d'arrêt doit être exhibé au prévenu, même si celui-ci est déjà en état de détention et il doit lui en être laissé copie (art. 97).

Lorsqu'il s'agit d'une simple contravention de police, le juge d'instruction ne peut pas forcer l'inculpé à comparaître, ni délivrer un mandat contre lui.

En ce qui concerne la liberté provisoire sous caution, il résulte des articles 113, 114 et 115 du code d'instruction criminelle que cette liberté est possible, pour tous les prévenus, quand l'acte incriminé n'emporte qu'une peine correctionnelle, mais qu'elle est impossible pour les vagabonds, les repris de justice et les prévenus de faits qualifiés crimes.

En même temps qu'il attribue au juge d'instruction des pouvoirs très étendus, le Code d'instruction criminelle restreint les pouvoirs des autres agents de la police judiciaire. Il leur enlève le droit de procéder à l'information et limite leur mission au droit de recevoir les rapports, dénonciations ou plaintes qui leur sont adressés (art. 11, 16 et 48).

Ils doivent consigner dans un procès-verbal, rédigé

spécialement, la nature et les circonstances des faits qu'ils sont chargés de constater (art. 11, 16 et 54). Ils sont, ensuite, tenus de transmettre immédiatement ces dénonciations et procès-verbaux à l'officier du ministère public compétent pour poursuivre (art. 15, 20 et 54).

En cas de flagrant délit, toutefois, ils ont des attributions plus étendues. Alors, les gardes-champêtres ou forestiers peuvent arrêter et conduire devant le maire ou le juge de paix tout individu surpris en flagrant délit ou dénoncé par la clameur publique, à la condition, seulement, que le délit soit susceptible d'emporter la peine de l'emprisonnement ou une peine plus forte (art. 16).

Lorsque, en cas de flagrant délit, le fait est de nature à entraîner une peine afflictive ou infamante, les procureurs impériaux, les juges d'instruction et tous les officiers de police auxiliaire doivent se transporter sur les lieux pour procéder à une première information et dresser tous les procès-verbaux nécessaires, à l'effet de constater le corps du délit, son état et l'état des lieux. Ils font toutes les perquisitions qu'ils jugent nécessaires à la manifestation de la vérité et peuvent même arrêter le prévenu contre lequel existent des indices graves (art. 32 et suiv. 49 et 59 code instr. crim.).

Les agents de la police judiciaire n'ont les mêmes droits, qu'en cas de flagrant délit, si le crime a été commis dans une maison et si le chef de cette maison les requiert de le constater (art. 48 et 49).

La police judiciaire est soumise par le code d'instruction criminelle à un contrôle rigoureux dont le premier chargé est le procureur impérial, entre les mains duquel sont réunis tous les éléments recueillis par cette police.

Au-dessus de lui, la surveillance est exercée par le procureur général et elle l'est, enfin, par les cours d'appel (art. 9 et 279 C. Instr. Cr.).

A côté de cette législation de droit commun, le code d'instruction criminelle en introduisait une beaucoup plus sévère et destinée à punir certaines catégories d'individus prétendus trop dangereux pour n'être soumis qu'aux lois ordinaires : « Les crimes, disait l'article 553, commis par des vagabonds, gens sans aveu et par des condamnés à des peines afflictives ou infamantes seront jugés, sans jurés, par les juges ci-après désignés et dans les formes ci-après prescrites. » Et l'article 54 ajoutait : « Le crime de rébellion armée à la force armée, celui de contrebande armée, le crime de fausse-monnaie et les assassinats, s'ils ont été préparés par des attroupements armés, seront jugés par les mêmes juges et dans les mêmes formes. »

Ces cours spéciales se composaient des cinq juges formant la cour d'assises et de trois militaires ayant au moins le grade de capitaine. Pour les affaires qui leur étaient soumises, la procédure préparatoire restait la même que pour les affaires soumises au jury et c'était la chambre des mises en accusations qui décidait s'il y avait lieu de renvoyer le procès devant une cour spéciale.

L'arrêt de renvoi devait être, d'office, transmis à la

chambre criminelle de la Cour de Cassation qui devait statuer immédiatement et toutes affaires cessantes. Mais, nonobstant ce pourvoi, l'instruction continuait dans les formes ordinaires.

Si la Cour de Cassation confirmait le renvoi à la Cour spéciale, celle-ci était convoquée par la Cour impériale le plus promptement possible (art. 560, 561 et 573).

Les débats devant la Cour spéciale étaient publics et oraux et la défense était libre, comme devant les cours d'assises.

Le jugement de la Cour se formait à la majorité et, en cas d'égalité de voix, l'avis favorable à l'accusé devait prévaloir L'arrêt, ainsi rendu, ne pouvait être attaqué même par le recours en Cassation. Il était exécuté dans les vingt-quatre heures, à moins que le tribunal n'eût, pour des motifs graves, recommandé l'accusé à la commisération de l'empereur.

Cette procédure fut combattue, au Conseil d'Etat; alors, on fit valoir, pour la faire adopter, qu'elle était plus douce que celle de la loi du 18 pluviôse an IX, car elle retirait moins d'affaires à la compétence du jury.

Le comte Réal, orateur du gouvernement au Corps Législatif, légitimait ainsi, le 5 décembre 1808, dans un curieux exposé des motifs, la création des tribunaux spéciaux : « Dans le sixième titre, qui établit l'exception, la loi s'occupe plus essentiellement de la société considérée en masse, en poursuivant certains crimes, quels qu'en soient les auteurs, parce que ces crimes, tels que la rébellion armée et la fausse monnaie, troublent et désorganisent l'ordre social ; soit certaines classes d'individus, quels que soient leurs crimes, parce que les accusés, vagabonds ou dejà repris de justice, sont en guerre ouverte avec la société, et devraient être traités par elle moins comme des criminels que comme des ennemis armés pour sa destruction..... Les lois établies pour maintenir dans le devoir les autres classes de la société seraient évidemment insuffisantes contre ces bandits ; d'un autre côté, les lois que le besoin d'une légitime défense provoque contre eux . les lois assez fortes pour les comprimer, seraient trop pesantes pour les autres citoyens ; il a donc fallu, précisément pour maintenir l'égalité devant la loi, que deux codes inégaux en force et en sévérité fussent établis (1)...»

L'orateur concluait qu'il fallait des tribunaux spéciaux et que, de plus, ces tribunaux devaient être permanents. « Il a été bien reconnu, disait le comte R'al, que la loi devait être permanente et universelle... Une institution provisoire sur cette matière, et dans les circonstances où nous nous trouvons, ne pourrait qu'encourager les méchants, et condamnerait le gouvernement à des demandes en prorogation de délai qui accuseraient sa marche de faiblesse et sa législation d'instabilité..... Puisque l'institution doit être permanente et universelle, elle doit faire partie du code général ; elle doit, comme exception, se trouver à côté

____

(1) Locré : Législation civile, criminelle et commerciale, **tome** XXVIII, page 45.

de la règle, parce que, ici, l'exception est permanente et durable comme la règle elle-même (2).

« Mais aussi, puisque l'institution est permanente et universelle, sa compétence peut être plus circonscrite que celle des lois passagères ; et vous reconnaîtrez, Législateurs, que dans le projet présenté, cette compétence est moins étendue que celle accordée, soit par l'ordonnance de 1670, soit par l'édit de 1731, qui étaient cependant des lois permanentes ; et cette compétence est, par conséquent, plus restreinte que celle accordée par la loi du 18 pluviôse an IX. »

Quoiqu'ait pu dire le comte Réal, la législation spéciale organisée par le code d'instruction criminelle constituait, en réalité, une aggravation sur les lois précédentes, en ce sens qu'elle donnait un caractère définitif à ce qui n'avait été, jusque-là, que provisoire.

Le 18 octobre 1810, Napoléon Ier créait encore des cours prévôtales des douanes, pour juger les crimes de contrebande et les crimes commis par les employés des douanes dans l'exercice de leurs fonctions. C'était une nouvelle violation du principe d'après lequel tous les citoyens doivent être égaux devant la loi.

Mais, la disposition la plus arbitraire et la plus dangereuse de toute cette législation était contenue dans l'article 10, aux termes duquel : « Les préfets des départements et le préfet de police à Paris, peuvent faire personnellement, ou requérir les officiers de police

____

(2) Eodem, page 56.

judiciaire, chacun en ce qui le concerne, de faire tous actes nécessaires à l'effet de constater les crimes, délits et contraventions,et d'en livrer les auteurs aux tribunaux chargés de les punir. »

C'était établir une confusion bien grave entre l'autorité judiciaire et l'autorité administrative et, s'il était encore possible de justifier, dans une certaine mesure, l'institution de cours spéciales par le besoin de débarrasser le pays des brigands qui le dévastaient, il était, au contraire, impossible de légitimer l'institution édictée par l'article 10 et qui allait mettre la liberté des citoyens à la merci des agents du gouvernement.

Aussi, Treilhard, comprenant la difficulté de la question, fit-il tous ses efforts, dans l'exposé des motifs de l'article 10, pour écarter du débat le point de vue véritablement intéressant, c'est-à-dire le côté politique : « Le premier vœu de la loi, disait-il, c'est que toute infraction des règles soit connue, soit poursuivie, soit jugée ; c'est par ce motif que l'exercice de la police judiciaire est confié à un grand nombre de personnes, et c'est aussi dans la même intention qu'on a voulu que les magistrats supérieurs de l'ordre administratif, qu'on ne doit aucunement confondre avec les officiers de police judiciaire, pussent quelquefois requérir l'action des officiers de police, et même faire personnellement quelques actes tendant à constater les crimes. »

« J'ai déjà observé que la police administrative prévenait beaucoup de maux en pénétrant les intentions secrètes des méchants ; il n'est pas difficile de se convaincre qu'il peut être infiniment urgent de saisir les coupables et les instruments du crime, et qu'un instant perdu serait souvent irréparable; il a donc paru très utile de donner ce droit aux préfets qui, par des voies administratives, obtiennent quelquefois des lumières dont le fruit pourrait s'évanouir par le retard d'un recours à l'officier de police judiciaire. C'est ainsi qu'on légalise les actes de leur part qui, jusqu'à ce jour, n'étant considérés que comme de simples renseignements, ne faisaient réellement pas une partie essentielle de la procédure. »

« L'inconvénient en avait été vivement senti dans plusieurs occasions ; la société en sollicitait le remède, et la défense des accusés n'en peut jamais être, en aucune manière, altérée (1). »

Quant aux peines encourues par les auteurs d'une arrestation arbitraire, elles sont énumérées dans les articles 114 à 122 du code pénal ; mais ces dispositions étant restées les mêmes, nous nous en occuperons plus loin.

III. — La machine ainsi construite, quel usage allait en être fait? Ce qui vient d'être dit laisse déjà prévoir la réponse, mais celle-ci ne sera plus douteuse quand on connaîtra le caractère de l'homme qui était alors à la tête du gouvernement.

Rien ne peut, sous ce rapport, donner une peinture plus exacte que certaines paroles prononcées par Bonaparte lui-même : « Croyez-vous, avait-il dit, après les préliminaires de Léoben, devant un diplomate,

----

(1) Locré, tome XXV, page 237.

Miot, et devant Melzi, un étranger, que ce soit pour faire la grandeur des avocats du Directoire, des Carnot, des Barras que je triomphe en Italie ? Croyez-vous aussi que ce soit pour fonder une République ? Quelle idée ! une république de trente millions d'hommes ! Avec nos mœurs, nos vices ! où en est la possibilité ? C'est une chimère dont les Français sont engoués, mais qui passera avec tant d'autres. Il leur faut de la gloire, les satisfactions de la vanité ; mais la liberté, ils n'y entendent rien (1) ».

Revenu d'Egypte, Bonaparte dit, plus tard : « Je me suis surtout dégoûté de Rousseau depuis que j'ai vu l'Orient : l'homme sauvage est un chien (2). » « Et dans l'homme civilisé, ajoute Taine en reproduisant ces paroles, on retrouve à fleur de peau l'homme sauvage : Si le cerveau s'est dégrossi, les instincts n'ont pas changé. Au premier comme au second, il faut un maître, un magicien qui subjugue son imagination, qui le discipline, qui l'empêche de mordre hors de propos, qui le tienne à l'attache, le soigne et le mène à la chasse ; obéir est son lot ; il ne mérite pas mieux et n'a pas d'autre droit (3).

« Selon lui (Bonaparte), on tient l'homme par ses passions égoïstes, par la peur, la cupidité, la sensualité, l'amour-propre ; l'émulation ; voilà ses ressorts quand il est de sens rassis et qu'il raisonne. De plus,

____

(1) Taine. Orig. de la Fr. contemp, rég. mod. tome 1ᵉʳ, page 69.

(2) Eodem, page 72.

(3) Eodem.

on n'a pas de peine à le rendre fou ; car il est imaginatif, crédule, sujet aux entraînements : exaltez son orgueil et sa vanité, fabriquez-lui une opinion extrême et fausse de lui-même et d'autrui. vous pourrez le lancer, tête baissée, où il vous plaira. Aucun de ces mobiles n'est digne d'un très grand respect, et des créatures ainsi faites sont la matière naturelle du gouvernement absolu, le tas d'argile qui attend la main du potier pour recevoir une forme. S'il y a dans le tas quelques parties dures, le potier n'a qu'à les broyer ; il lui suffira toujours de pétrir ferme (1) ».

« Je ne crois pas, disait Napoléon Ier, que les Français aiment la liberté et l'égalité (2). » Il agissait en conséquence et déclarait qu'avec ses préfets, ses gendarmes et ses prêtres, il ferait tout ce qu'il voudrait.

Non content, en effet, d'avoir fait rétablir les tribunaux d'exception et attribuer à ses préfets des pouvoirs exagérés, il en prit souvent encore plus à son aise et n'hésita jamais à commettre un acte arbitraire quand il y trouvait quelque intérêt.

Ainsi, deux jours après l'attentat commis contre lui dans la rue Saint-Nicaise, le 25 décembre 1800, il déclarait au Conseil d'Etat « qu'il fallait du sang, qu'il fallait fusiller autant de coupables qu'il y avait eu de victimes, qu'il fallait en déporter deux cents et profiter de l'occasion pour en purger la République. Le ministre de la police. Fouché, ne fit aucune résistance et

(1) Taine : Rég. moderne : tome Ier, page 75.
(2) Challamel : Histoire de la liberté en France, tome II, page 68.

une liste de cent-trente-trois personnes, destinées à
être déportées, fut préparée pour être présentée à l'examen du Sénat. On avait, en effet, décidé que la mesure prise par le gouvernement serait consacrée par un
sénatus-consulte et le Sénat, chargé de statuer « sur la
question de savoir si cette mesure était ou non conser-
vatoire de la Constitution » répondit affirmativement.
Alors, cent trente personnes, désignées de la façon la
plus arbitraire, furent déportées dans l'île de Mada-
gascar.

Quelques années après, le Premier Consul, ne con-
naissant plus de bornes pour son despotisme, éliminait
du Tribunal Daunou et Benjamin Constant. Ceux-ci se
réfugièrent dans le salon de Mme de Staël, mais Mme de
Staël elle-même fut expulsée du territoire français.

Les actes arbitraires devinrent alors de plus en plus
nombreux. Au mois de mars 1804, le duc d'Enghien
était enlevé sur le territoire de Baden et fusillé après
un simulacre de jugement. Ce fait causa en France une
profonde émotion, mais n'arrêta pas l'empereur et les
actes arbitraires continuèrent à être très fréquents,
surtout contre les prêtres que Napoléon surveillait de
très près. D'abord, ceux qui gênaient le Gouvernement
furent enfermés dans des couvents. « L'abbé de Coucy,
écrivait-il un jour, me fait le plus grand mal; il corres-
pond toujours avec ses diocésains. Je désire qu'on fasse
arrêter cet homme et qu'on le mette dans un cou-
vent. (1) »

(1) Lettre à Lacépède, du 2 juin 1805. Reproduite dans d'Haussonville; L'Eglise romaine et le Premier Empire, tome II, page
244.

« Il est instant, écrivait-il encore, peu de jours après, que vous ayez les yeux ouverts sur le diocèse de Poitiers. Il est, en vérité, honteux que vous n'ayez pas encore fait arrêter l'abbé Stevens. On dort, car comment un misérable prêtre aurait-il pu échapper! (1). »

Puis, il remplace les couvents par des prisons : « Je vois, dit-il dans une lettre à Fouché, que vous avez arrêté un curé de la Vendée. Vous avez très bien fait, gardez-le en prison (2). »

Quelques lettres restées inédites jusqu'à ces derniers temps et récemment publiées, prouvent d'une façon plus nette encore combien Bonaparte en prenait à son aise à l'égard de ceux qui lui déplaisaient, quelle que fût leur situation. La première, adressée à Fouché est ainsi conçue : « Monsieur Fouché, il est nécessaire de connaître ces musiciens ambulants qui parcourent le département de Montenotte et tiennent des propos contre le Code civil. Prenez des renseignements et faites-les arrêter (3). » Sept ans plus tard (4), il écrit : « Monsieur le duc de Rovigo, vous donnerez ordre d'arrêter tous les prêtres qui seront rencontrés dans les petites églises et de les envoyer dans les prisons d'Etat. »

Voilà pour les prêtres; voici maintenant pour les laïques et ce n'est certes pas à leur égard que Napo-

---

(1) Lettre à Fouché du 30 juin 1805, eodem.

(2) Lettre du 24 janvier 1807 eodem.

(3) Lettre à Fouché, du 1er juin 1806, publiée dans la Nouvelle Revue du 1er février 1894.

(4) Lettre à Savary, duc de Rovigo, ministre de la police générale, écrite le 11 février 1803, publiée dans le même journal.

léon Ier se montre le plus tendre. Il écrit, en effet, en
1806, à son ministre de la police générale : « Monsieur
Fouché, si M. Chénier se permet le moindre propos,
faites-lui connaître que je donnerai l'ordre qu'il soit
envoyé aux îles Sainte-Marguerite. Le temps de la
plaisanterie est passé. Qu'il reste tranquille, c'est le
seul droit qu'il ait. »

« Ne laissez pas approcher de Paris cette coquine de
Mme de Staël. Je sais qu'elle n'en est pas éloignée (1). »

« Je suis le maître chez moi ; quand un homme m'est
suspect, je le fais arrêter. Je ferais même arrêter l'ambassadeur d'Autriche s'il tramait quelque chose contre
l'Etat (2). »

« Monsieur le comte Fouché, écrit-il encore, faites
arrêter un nommé Navailles, élève en chirurgie, qui
tient toute sorte de propos... C'est un mauvais sujet
qu'il ne faut pas laisser à Paris (3). »

Les journalistes ne sont pas non plus épargnés, la
lettre suivante en fait foi : « Mon cousin, les auteurs
des Annales politiques et littéraires, d'Amsterdam,
ont fait un article dans lequel ils prétendent que le
pape a droit d'excommunier les souverains et de
disposer des souverainetés. Donnez ordre que le journal
des Annales politiques et littéraires soit supprimé et
que les auteurs de l'article soient arrêtés (4). »

(1) Lettre à Fouché, du 31 décembre 1806, eodem.
(2) Lettre au même du 7 septembre 1807, eodem.
(3) Lettre au même du 20 septembre 1808, eodem.
(4) Lettre au prince Lebrun, architrésorier de l'empire, gouverneur général des départements de la Hollande, à Amsterdam,
écrite le 18 juillet 1811 et publiée dans la Nouvelle Revue du
1er février 1894.

Bien entendu, aucune procédure régulière ne précède ni ne suit ces arrestations et, comme les curés arrêtés pourraient gêner en prenant le rôle de martyrs, ils restent indéfiniment en prison.

De temps en temps, on fait un exemple : à Bayonne, un grand vicaire est saisi et envoyé pour dix ans à Pignerol, parce qu'il a rédigé un mandement déplaisant à Sa Majesté. Quant à l'évêque, il est exilé. A Séez, l'abbé Legallois est saisi par des gendarmes, pour un motif du même genre, puis conduit à Paris de brigade en brigade. Là, il est enfermé à la force, et laissé au secret, sur la paille, pour être ensuite emprisonné à Vincennes pendant neuf mois ; enfin, atteint de paralysie, il est transféré dans une maison de santé et y reste jusqu'à la fin du règne (1).

Le 1ᵉʳ janvier 1811, l'abbé d'Astros, qui s'était compromis en luttant contre le cardinal Maury, nommé par l'empereur au siège de Paris, malgré l'opposition du Saint-Siège, fut vivement apostrophé par Bonaparte. Sommé ensuite, par le ministre de la police, de donner sa démission, il la refusa. Cela motiva son arrestation et son incarcération à Vincennes. Beaucoup d'autres arrestations eurent lieu pour le même motif (2).

Bien que les victimes des actes arbitraires du gouvernement fussent surtout des ecclésiastiques, les civils eux-mêmes, ainsi que nous l'avons vu par les lettres de Bonaparte, n'étaient pas à l'abri du despotisme impérial. Le chancelier Pasquier raconte, dans ses mé-

____

(1) Taine : Rég. mod. tome I, page 33.
(2) Mémoires du chancelier Pasquier, tome I, page 441.

moires, qu'en visitant les prisons, après sa nomination aux fonctions de préfet de police, il trouva à Bicêtre un détenu, M. Desol de Grisolles qui avait été arrêté comme chouan, dans la conspiration de Georges. Mais les preuves ayant manqué contre lui, le ministre. sur la proposition de Réal, l'avait envoyé à Bicêtre. « Le choix de cette prison, écrit le chancelier Pasquier, était, à son égard, une grande injustice.

« Prisonnier d'Etat, il devait être détenu dans une prison d'Etat, et non confondu avec les plus vils criminels. Mais M. Réal et M. Desmarest prétendaient savoir que personne n'avait été plus décidé, plus acharné que lui à assassiner ou à faire assassiner l'Empereur, et ils avaient, dès lors établi qu'il devait être traité comme un assassin, trop heureux encore qu'on daignât lui conserver la vie. Cette idée était si bien entrée dans l'esprit de l'Empereur, de M. Fouché et du duc de Rovigo, que, quoi que j'aie pu dire et faire pendant trois ans et demi, il m'a été impossible d'obtenir qu'il fut transféré à Vincennes, comme il le demandait sans cesse. » ..... « La Restauration seule a pu lui rendre la liberté. » (1)

Le même auteur cite encore quelques exemples du même genre. Il raconte qu'un jeune homme d'une des meilleures familles de Saxe, nommé De La Sala, venu à Paris avec l'intention de tuer l'empereur, ayant été arrêté par suite de la trahison d'un complice, fut incarcéré comme prisonnier d'Etat : « J'exposai, dit l'au-

(1) Mémoires du chancelier Pasquier : tome 1, page 420.

teur, dans mon rapport, que le meilleur parti à prendre me semblait être de ne donner aucun éclat à cette affaire et de l'ensevelir dans un profond secret, rien n'étant plus dangereux que d'accoutumer les esprits à la pensée que de tels attentats pouvaient être facilement conçus et exécutés. On ne gagnerait rien à faire juger et fusiller ce malheureux jeune homme ; il valait mieux le considérer comme un insensé. Mon avis fut trouvé bon. La Sala fut conduit à Vincennes, d'où il est sorti à la Restauration, avec les autres prisonniers d'Etat. » (1)

Presqu'à la même époque, un individu fut arrêté pour fabrication de faux billets de banque. Ce malheureux copiait, en les calquant, des billets valables et ne faisait qu'un seul billet faux toutes les trois semaines. « On craignit, si on le mettait en jugement, que la publicité des débats ne répandit beaucoup trop la connaissance d'un moyen de contrefaçon aussi facile. La Banque elle-même en fit l'observation. Il fut donc traité en prisonnier d'Etat et conduit à Vincennes. » (2)

Une administration centralisée autant qu'il était possible, une police savamment organisée, tout était calculé de manière à assurer partout l'exécution des ordres et le respect de la volonté du maître : « Outre le ministre et le Préfet de police, Napoléon avait trois directeurs généraux de police qui résidaient à Paris et avaient surveillance sur les départements... de plus, des commissaires généraux de police, dans toutes les

(1) Eodem, page 417.
(2) Pasquier, tome I, page 321.

grandes villes, et des commissaires spéciaux de police dans toutes les autres ; de plus, la gendarmerie qui transmettait chaque jour à l'inspecteur général de Paris un bulletin de situation pour toutes les parties de la France ; de plus, les rapports de ses aides de camp et des généraux de sa garde, police supplémentaire, la plus dangereuse de toutes pour les personnes de la cour et les principaux agents de l'administration ; enfin, plusieurs polices spéciales pour lui rendre compte de ce qui se passait parmi les savants, les commerçants, les militaires, toute cette correspondance lui arrivait à Moscou, comme aux Tuileries. » (1)

« A Paris, un conseil fonctionnait auprès du préfet de police, il était composé du ministre de la police, président ; du préfet de police et de deux conseillers d'Etat, MM. Réal et Pelet de la Lozère, spécialement chargés de surveiller la police générale de l'Empire divisée en deux arrondissements, dont l'Italie cependant ne faisait point partie ; celle-ci en composait, à elle seule, un troisième, dont la surveillance appartenait à M. Anglès maître des requêtes et membre du Conseil... » (2)

Ce conseil désigné sous le nom de conseil de préfecture « s'assemblait une fois la semaine au moins et quelquefois deux. Chacun y rendait compte des faits survenus dans son arrondissement. Toutes les arrestations ordonnées par l'un de nous avaient besoin, pour

(1) Taine : reg. mod. tome I page 230, note I.
(2) Pasquier, page 416.

être maintenues, que le ministre les confirmât, et le ministre en devenait alors responsable. Le préfet de police recourait plus habituellement qu'aucun autre à cette approbation, la police d'une aussi grande ville que Paris nécessitant une foule d'arrestations qui n'entraînent pas toujours le renvoi devant les tribunaux. C'était une nécessité alors peu embarrassante, attendu le pouvoir arbitraire dont se trouvait investi le gouvernement. » (1)

Enfin, Napoléon, faisant de l'arbitraire un moyen avoué de gouvernement, institua, en mars 1810, huit prisons d'Etat permanentes dans les châteaux de Saumur, Ham, If, Lanskrow, Pierre-Châtel, Fénestrelle, Campiano et Vincennes, prisons dans lesquelles furent enfermés les prévenus d'attentats politiques.

Le décret du 3 mars 1810, qui en réglementait l'organisation, commençait ainsi : « Considérant qu'il est un certain nombre de nos sujets détenus dans les prisons de l'Etat sans qu'il soit convenable ni de les faire traduire devant les tribunaux ni de les faire mettre en liberté, etc. » Il était difficile de montrer, pour la liberté individuelle, un plus grand mépris que ne le faisait ce préambule, et le décret lui-même tout entier n'était qu'une longue consécration de l'arbitraire. Il accordait au conseil privé de l'empereur le droit d'ordonner, sans jugement, l'arrestation et la détention des hommes qui ne pourraient être traduits devant les tribunaux ni mis en jugement sans compromettre les

(1) Pasquier, page 417.

intérêts de l'Etat (1). Ce conseil statuait d'après un rapport du ministre de la police ou du ministre de la justice. Le ministre de la police avait également le droit de « mettre en surveillance » les individus qu'il croyait devoir frapper de cette pénalité.

Or, comme le conseil privé ne faisait, en réalité, qu'enregistrer les volontés de l'empereur, c'était ce dernier seul qui pouvait disposer à son gré de la liberté des Français. Il était, d'ailleurs, bien secondé en cela par le ministre de la police, qui n'était autre que Savary, par qui avait été dirigé le procès du duc d'Enghien.

Pendant ce temps, le Sénat laissait faire et se soumettait à tous les désirs du maître. Bien plus, en août 1813, il annulait, par un sénatus-consulte, la déclaration d'un jury et enjoignait à la Cour de cassation de renvoyer les accusés devant une autre Cour d'assises qui devrait prononcer sur l'accusation en sections réunies et sans jury.

Il y avait loin de cette façon d'agir aux brillantes promesses des rapporteurs de la Constitution et des sénatus-consultes organiques! Quant à la commission de la liberté individuelle, on n'en entendit jamais parler.

Le Sénat était tourné en ridicule, et une caricature intitulée : « Manière de voir sous l'Empire», symbolisant l'avilissement de ce corps politique, représentait un sénateur ayant la bouche, les yeux et les oreilles bouchés avec des pièces d'or. On dénonçait les lâches adulations d'une assemblée qui avaient porté le tyran

(1) Préambule du décret du 3 mars 1810.

à ne reconnaître aucun frein et à traiter le peuple comme les rois d'Asie traitent leurs esclaves (1).

Le Corps législatif lui-même était considéré par l'empereur comme si insignifiant qu'on ne réunit même pas les députés en 1812 et qu'on ne procéda pas, en 1813, au renouvellement d'un cinquième de l'Assemblée. Cependant, quand les premiers revers de Napoléon Ier eurent permis de prévoir sa chute prochaine, l'opinion se réveilla, les députés et les sénateurs commencèrent à se permettre quelques critiques, et, après la bataille de Leipzig, le Corps législatif supplia l'empereur « de maintenir l'entière et constante exécution des lois qui garantissaient aux Français les droits de la liberté, de la sûreté, de la propriété, et à la nation le libre exercice de ses droits politiques.

L'empereur, irrité par sa défaite, reçut fort mal ces observations et répondit en termes très vifs aux députés : « Est-ce le moment, leur dit-il, de me faire des remontrances, quand deux cent mille Cosaques franchissent les frontières! Il ne s'agit pas de liberté ou de sûreté individuelle, il s'agit de l'indépendance nationale... Et au nom de qui parlez-vous? C'est moi qui suis le seul, le vrai représentant du peuple : quatre fois j'ai eu le vote de cinq millions de citoyens. M'attaquer, c'est attaquer la nation! » (2).

La pétition du Corps législatif n'eut qu'un effet, ce fut de faire ajourner indéfiniment cette assemblée, et le despotisme resta le même jusqu'à la fin de l'empire.

(1) Challamel, tome II, page 86.
(2) Challamel, tome II, page 87.

CHAPITRE V

De la liberté individuelle et des arrestations arbitraires en
France depuis la Restauration jusqu'à la Constitution
de 1875 :
I. — Restauration : règnes de Louis XVIII et de Charles X.
II. — Règne de Louis-Philippe.
III. — Seconde République.
IV. — Second empire et Assemblée Nationale.

I. — La constitution provisoire du 6 avril 1814,
disait : « Nul ne peut être distrait de ses juges naturels.
L'institution des jurés est conservée, ainsi que la publicité des débats en matière criminelle. » (art. 17) « Les
commissions et les tribunaux militaires sont supprimés
et ne pourront être rétablis (art. 18). »

Cette constitution n'eut pas le temps d'être appliquée,
mais la Charte des 4-10 juin 1814, en reprit les dispositions en disant : « La liberté individuelle est garantie,
personne ne pouvant être poursuivi, ni arrêté que dans
les cas prévus par la loi, et dans la forme qu'elle prescrit. » (art. 4). « Nul ne peut être distrait de ses juges
naturels. » (art. 62). « Il ne pourra, en conséquence,
être créé de commissions et de tribunaux extraordinaires. » (art. 63).

Malheureusement, ce même article 63 annulait en

fait toutes les dispositions précédentes, en disant, dans sa partie finale : « Ne sont pas comprises, sous cette dénomination, les juridictions prévôtales, si leur rétablissement est jugé nécessaire. »

La Charte de 1814 eut elle-même à peine le temps d'être appliquée, avant le retour de Napoléon Iᵉʳ. Celui-ci, remonté sur le trône, décida dans un Acte additionnel aux constitutions de l'Empire, des 22-23 avril 1815, que « nul ne pourrait, sous aucun prétexte, être distrait des juges qui lui seraient assignés par la loi (art. 60) et que « nul ne pourrait être poursuivi, arrêté, détenu, ni exilé, que dans les cas prévus et suivant les formes prescrites. » (art. 51).

Après les Cent-Jours, la seconde Restauration reprit la Charte de 1814. Alors, la réaction royaliste fut terrible ; Louis XVIII et ses partisans, furieux d'avoir été chassés par les impérialistes, se montrèrent féroces à l'égard de ces derniers : Brune, Lagarde, Ramel, furent assassinés ; des procès furent intentés à ceux qui avaient facilité le retour de Bonaparte et les frères Faucher de La Réole, le général Labédoyère, le comte Lavalette, le maréchal Ney, pour ne citer que les principales victimes, payèrent de la vie leur dévouement à l'empereur.

En même temps, la presse était soumise à une censure excessivement sévère (8 août 1815). La Chambre des députés, élue sous la pression des armées étrangères, et surnommée, par le roi, la Chambre introuvable, prenait une attitude ultra-royaliste. De même, de la Chambre des pairs ; toutes deux se montrèrent disposées à voter des lois de répression contre les ennemis du gouvernement.

Celui-ci se hâta d'en profiter ; les ministres de la justice et de la police présentèrent aux Chambres un projet de loi ayant pour but d'autoriser le gouvernement à détenir sans jugement « tout individu prévenu de crime ou de délit contre la personne ou l'autorité du roi, les personnes de sa famille ou la sûreté de l'Etat. » Le projet était très court et ne se composait que de quatre articles, dont le rapporteur demanda l'adoption pure et simple.

La discussion commença à la Chambre le 23. L'article 2 fut critiqué, parce qu'il disait que « les mandats à décerner pourraient l'être par tous les fonctionnaires auxquels la loi déférait ce pouvoir. Or, le droit de décerner des mandats d'amener pouvait, dans certains cas, appartenir aux commissaires généraux de police, aux commissaires de police, aux maires et aux officiers de gendarmerie. Royer-Collard, craignant qu'il n'y eût danger pour la sécurité personnelle des citoyens à laisser appliquer la loi nouvelle par des agents peu instruits demanda que le préfet seul fût investi du droit de délivrer des mandats contre les personnes qui tomberaient sous le coup de cette loi. Mais l'amendement fut repoussé et la loi fut votée par 294 voix contre 36 (29 octobre).

La liberté individuelle se trouvait, par conséquent, suspendue pour cause de sûreté générale. Tout individu arrêté comme prévenu de crimes et délits contre la personne ou l'autorité du roi, contre les personnes de la famille royale, ou contre la sûreté de l'Etat, pouvait être détenu jusqu'à l'expiration de la présente loi, si, avant cette époque, il n'avait été traduit devant les tribunaux. A défaut de motifs graves, le prévenu pouvait être mis sous la surveillance de la haute police.

Le 15 décembre de la même année, les cours prévôtales furent rétablies pour connaître des crimes et délits portant atteinte à la sûreté publique. Elles étaient présidées par des officiers supérieurs de l'armée qui prenaient le titre de prévôts et elles se transportaient partout où le gouvernement jugeait leur présence nécessaire. Les cours prévôtales jugeaient sans jury et en dernier ressort ; leurs arrêts ne pouvaient même pas être déférés à la Cour de cassation.

Ces cours fonctionnèrent pendant deux ans, jusqu'en 1817, et laissèrent de cruels souvenirs partont où elles eurent à intervenir.

Des comités royalistes s'étaient formés pour préparer les dénonciations et découvrir les complots, de sorte que la liberté des citoyens n'existait plus et était abandonnée à la discrétion des ultra-royalistes.

La loi du 29 octobre 1815 n'avait été votée que pour une année. En 1816, le gouvernement proposa de la remplacer par une nouvelle loi également suspensive de la liberté individuelle. Tandis que la loi de 1815 accordait le droit d'arrestation à tout fonctionnaire investi de ce droit par les lois antérieures, le projet soumis à la Chambre en 1816 portait que « tout individu prévenu de complots ou de machinations contre la personne du roi, la sûreté de l'Etat ou les personnes de la famille royale pourrait, sans qu'il y eût nécessité de le traduire devant les tribunaux, être arrêté et détenu en vertu d'un ordre signé du président du conseil des ministres et du ministre de la police. » Cela semblait être un adoucissement à la loi précédente, le nombre des fonctionnaires, à qui était laissé le droit de décerner les mandats, devenant très restreint, mais, en réalité, il subsistait toujours ce fait que la liberté individuelle était abandonnée aux caprices du gouvernement et l'on en revenait, à peu près, aux anciennes lettres de cachet. La loi, quoique vivement combattue, fut votée à une assez forte majorité et promulguée le 12 février 1817. Elle devait cesser de plein droit d'être appliquée le premier janvier 1818.

Alors, les arrestations arbitraires recommencèrent, pour les motifs les plus insignifiants : « Un ancien maire, qui avait tiré de sa bourse une médaille portant d'un côté : « Une vérité impériale », et de l'autre côté l'effigie de Napoléon, fut condamné à 400 francs d'amende, à deux ans de privation de ses droits civiques, à deux ans de surveillance de la haute police. Un vieillard, coupable d'avoir excusé la conduite de Carnot pendant les Cent Jours, encourut deux ans de prison, 10,000 francs d'amende, et le reste. »

Quatre ans plus tard, l'assassinat du duc de Berry fut la cause d'un redoublement de rigueurs et le duc de Richelieu présenta aux Chambres une nouvelle loi suspensive de la liberté individuelle (6 mars 1821). Le projet fut vivement combattu par les libéraux, Benjamin Constant, l'accusant d'être arbitraire, s'écriait :

« Il y a tyrannie, là où il n'y a plus de liberté individuelle... La tyrannie a toujours ses résultats, l'abâtar-
dissement, la stupeur, la dégradation du peuple
opprimé; alors le peuple descend au dernier rang des
nations. » Le général Foy, Camille Jordan, Royer-
Collard, Lanjuinais protestèrent aussi avec éloquence,
mais la loi passa malgré eux. Dans la discussion,
M. Pasquier avait même eu le cynisme de répondre :
« Je demande l'arbitraire..... l'arbitraire nettement
exprimé peut être un remède salutaire dans de grands
périls. »

La loi fut promulguée le 26 mars; ses premiers
articles étaient ainsi conçus : « Tout individu prévenu
de complots ou de machinations contre la personne
du roi, la sûreté de l'Etat et les personnes de la famille
royale, pourra, sans qu'il y ait nécessité de le traduire
devant les tribunaux, être arrêté et détenu en vertu
d'un ordre délibéré dans le conseil des ministres et
signé de trois ministres au moins, et dont il lui sera
laissé copie (art. 1ᵉʳ). »

« Tout prévenu arrêté en vertu du précédent article
sera directement conduit dans la maison d'arrêt, etc.,
(art. 2). »

Cette loi souleva, dans tout le pays, des protestations
indignées et, aussitôt sa promulgation, plusieurs jour-
naux ouvrirent une « souscription nationale en faveur
des citoyens qui seraient victimes de la mesure d'exception sur la liberté individuelle. »

Un appel, signé par les hommes les plus illustres du
parti libéral, était, en même temps, adressé aux sous-

cripteurs et commençait ainsi : « Une loi d'exception a mis la personne de tous les français à la discrétion de trois ministres.

Il est impossible que, pour l'application de cette loi et surtout dans les départements, ces ministres ne s'en reposent pas sur des subalternes. Les citoyens sont donc inévitablement exposés aux effets des haines particulières, du zèle excessif et peu éclairé, et de dénonciations mensongères ou précipitées. »

Cet appel était signé par MM. Lafitte, Lafayette, Casimir-Perrier, Odilon-Barrot, Benjamin Constant, Dupont (de l'Eure), Kératry..., etc. Alors, le gouvernement irrité par toutes ces protestations ordonna des poursuites et un procès en assises eut lieu au mois de juillet suivant.

En 1822, l'explosion du carbonarisme en France ne fit qu'augmenter les mesures de rigueur et, même après la mort de Louis XVIII, cette politique funeste fut encore suivie par son successeur.

Presqu'au début de son règne, Charles X faisait, en effet, voter la loi du sacrilège (15 avril 1835) qui ramenait le clergé aux temps d'avant la Révolution en frappant de mort les voleurs de vases sacrés et de la peine du parricide, la profanation des hosties. Les atteintes à la liberté individuelle continuèrent également, surtout contre les journalistes, pendant tout le règne, jusqu'à ce que les fameuses ordonnances de 1830 eussent amené la chute du gouvernement de Charles X.

II. — Louis Philippe, en prenant possession du pouvoir, accepta, le 14 août 1830, une charte constitutionnelle, dans laquelle on lit que « les Français sont égaux devant la loi, quels que soient, d'ailleurs, leurs titres et leurs rangs » (art. 1er). « Leur liberté individuelle est garantie, personne ne pouvant être poursuivi ni arrêté que dans les cas prévus par la loi et dans les formes qu'elle prescrit. » « Nul ne pourra, ajoute la charte de 1830, être distrait de ses juges naturels » (art. 53). « Il ne pourra, en conséquence, être créé de commissions et de tribunaux extraordinaires, à quelque titre ou sous quelque dénomination que ce soit » (art. 54).

D'abord, Louis-Philippe tint ses promesses et pendant les premières années de son règne, le gouvernement s'abstint de mesures violentes ou arbitraires. Mais l'attentat commis contre le roi, par Fieschi le 28 juillet 1835, occasionna le retour au système de la répression violente. Des lois, connues sous le nom de lois de septembre, furent votées et menacèrent les citoyens de peines très-sévères, sous le simple prétexte d'attentat à la sûreté de l'Etat. Toutefois, ces lois s'adressaient et furent surtout appliquées aux journalistes et durant les dernières années du règne de Louis-Philippe, les mesures violentes ou arbitraires ne furent que d'assez rares exceptions.

III. — Le gouvernement provisoire, qui fut organisé après la Révolution de 1848, fit tout son possible pour assurer le respect de la liberté individuelle. Mais l'insurrection qui éclata à Paris, le 23 juin, fut la source de nouvelles atteintes à cette liberté et le général Cavaignac, à qui avaient été confiés des pouvoirs dictatoriaux, se laissa entraîner à des mesures excessives. Il fit paraître le 27 juin un décret ordonnant la transportation des insurgés, à la suite duquel recommencèrent les arrestations arbitraires et les transportations sans jugement. Cette sévérité exagérée souleva contre le général Cavaignac une grande indignation qui, il faut le reconnaître, était un peu méritée et contribua peut-être dans la suite à empêcher son élection à la présidence de la République.

Quelques mois plus tard, une constitution nouvelle était promulguée (4 novembre 1848) dans laquelle il était dit : « Nul ne peut être arrêté ou détenu que suivant les prescriptions de la loi » (art. 2). « La demeure de toute personne habitant le territoire français est inviolable ; il n'est permis d'y pénétrer que selon les formes et dans les cas prévus par la loi » (art. 3) « Nul ne sera distrait de ses juges naturels. Il ne pourra être créé de commissions et de tribunaux extraordinaires à quelque titre et sous quelque dénomination que ce soit » (art. 4).

La peine de mort était abolie en matière politique (art. 5) et une Haute-Cour devait connaître des crimes, attentats ou complots contre la sûreté intérieure ou extérieure de l'Etat.

IV. — Les libertés se trouvaient ainsi sérieusement protégées par la constitution. Malheureusement le suffrage universel appelait alors à la Présidence de la République le prince Louis-Napoléon Bonaparte. Des dissentiments ne tardèrent pas à se produire entre l'Assemblée et le Président, issus tous les deux du suffrage universel, et le coup d'Etat du 2 décembre 1851 rendit bientôt Bonaparte seul maître du pouvoir qu'il convoitait depuis longtemps déjà.

C'est dans la nuit du 1er au 2 décembre qu'eut lieu le coup d'Etat. A minuit, huit cents sergents de ville étaient réunis à la préfecture de police et quarante commissaires de police, convoqués à cinq heures du matin, par M. de Maupas, recevaient les instructions nécessaires pour arrêter et emprisonner les députés qui leur étaient désignés.

Le nombre des personnes à mettre en état d'arrestation était de soixante-dix-huit, dont dix-huit représentants et soixante chefs de barricades ou de sociétés secrètes. Parmi les personnes ainsi frappées se trouvaient Thiers et les généraux Changarnier, Bedeau, Lamoricière, qui furent immédiatement conduits à Mazas ou dans d'autres prisons (1).

Les arrestations continuèrent les jours suivants et nombre de représentants furent internés au Mont-Valérien.

Le 7 décembre, un décret déféra à la justice militaire la connaissance de tous les faits de résistance au coup d'Etat. Quatre commissions furent formées pour préparer l'instruction de ces affaires. Les détenus étaient jugés par les commissions militaires, après un interrogatoire sommaire, sans confrontation et audition de témoins. C'était violer indignement toutes les règles de la procédure criminelle.

Des commissions mixtes étaient également créées et

____

(1) Decourteix — Liberté individuelle, page 64.

fonctionnaient dans presque tous les départements.

Elles étaient composées d'un magistrat, d'un officier et d'un fonctionnaire de l'ordre administratif. Elles jugeaient d'une façon sommaire et ordonnaient, soit le renvoi des citoyens arrêtés devant les conseils de guerre, soit leur transportation, leur expulsion, leur éloignement momentané ou leur incarcération, soit leur comparution en police correctionnelle ou leur mise sous la surveillance de la haute police.

On imitait absolument le système suivi par le premier Empire : «Louis Napoléon, assurant qu'il n'était sorti de la légalité que pour rentrer dans le droit» s'estimait « absous par plus de sept millions de suffrages » et prétendait « reconstituer l'autorité, sans blesser l'égalité, jeter les bases du seul édifice capable de supporter plus tard une liberté sage et bienfaisante. » (1)

La constitution, promulguée le 14 janvier 1852, reconnut hypocritement, comme base du droit public des Français, les grands principes de 1789 et en garantit le respect (art. 1er). Puis, reprenant le système du Sénat conservateur imaginé par Napoléon Ier, l'article premier ajoutait : « Le Sénat s'oppose à la promulgation des lois qui seraient contraires ou qui porteraient atteinte à la Constitution, à la religion, à la morale, à la liberté des cultes, à la liberté individuelle, à l'égalité des citoyens devant la loi, etc... »

En réalité, la constitution, tout en paraissant répu-

(1) Challamel, tome 2, page 247.

blicaine, remettait un pouvoir sans limites aux mains d'un seul homme et on revenait au régime de 1804.

Malheureusement, l'imitation ne s'arrêta pas là.

Des actes arbitraires se commettaient, en effet, de toutes parts ; on vit, alors, dans le Cher, le général d'Alphonse faire afficher, à l'occasion du plébiscite du 20 décembre 1851, « que tout individu cherchant à troubler le vote ou en critiquant le résultat serait immédiatement traduit devant un conseil de guerre. »

Le 9 janvier suivant, un décret expulsait du territoire français 80 représentants.

Tout était calculé pour étouffer la voix des défenseurs de la liberté et, dans son discours d'inauguration des grands corps de l'Etat, Napoléon III avait l'audace de dire : « A ceux qui regretteraient qu'une part plus large n'ait pas été faite à la liberté, je répondrais : la liberté n'a jamais aidé à fonder d'édifice durable ; elle le couronne quand le temps l'a consolidé. »

La presse était soumise à des mesures d'une rigueur extrême et il n'y avait plus, pour les députés, ni droit d'initiative, ni droit d'amendement, ni droit d'interpellation.

Le crime commis par Orsini, le 14 janvier 1858, fut l'occasion de mesures plus rigoureuses encore. Deux jours après ce crime, le gouvernement présenta au Corps législatif une loi, dite de sûreté générale, punissant d'emprisonnement et d'amende « 1° tout individu qui provoquerait publiquement d'une manière quelconque aux crimes prévus par les articles 86 et 87 du code pénal, lorsque cette provocation n'aurait pas été

suivie d'effet; 2° tout individu qui. dans le but de troubler la paix publique ou d'exciter à la haine ou au
mépris du gouvernement de l'Empereur, pratiquerait
des manœuvres ou entretiendrait des intelligences, soit
à l'intérieur, soit à l'étranger. »

Le projet déclarait en outre que l'on pourrait, par
mesure de sûreté générale, interner dans un des départements de l'Empire ou en Algérie, ou expulser du
territoire français, tout individu qui aurait été condamné pour l'un des délits énumérés ci-dessus.

Les mêmes mesures de sûreté générale étaient applicables : 1° aux individus condamnés pour certains crimes ou délits politiques ; 2° à tous individus qui, ayant
été condamnés, internés, expulsés ou transportés à l'occasion des événements de mai et de juin 1848, de juin
1849 ou de décembre 1851. seraient de nouveau signa-
lés par des faits graves, comme étant dangereux pour
la sûreté publique.

Les mesures édictées par la loi devaient être tran-
sitoires, et, cesser de plein droit d'être applicables le 31
mars 1865.

Cette loi donnait au gouvernement des pouvoirs illimités sur de nombreux citoyens et violait à la fois deux
principes fondamentaux du droit criminel, celui de la
non-rétroactivité des lois pénales et celui qui défend
de soustraire une personne à ses juges naturels. Aussi,
le projet fut-il combattu avec ardeur, au Corps législatif : « Le projet de loi, dit M. Emile Ollivier, viole les
principes qui servent de base à toute législation pénale.
Les pouvoirs judiciaire et exécutif sont confondus,

les formes ordinaires de la justice supprimées, les délits qu'on veut atteindre ne seront pas définis. Les lois ne font pas défaut contre les conspirateurs. La nouvelle loi est faite contre ceux qui, ne conspirant pas, auront seulement des allures ou un ton qui pourront déplaire. » (1).

Plusieurs autres orateurs prirent aussi la parole pour combattre le projet, mais la discussion fut close sur cette déclaration de M. Baroche que « l'Empire repoussait ce respect exagéré des scrupules des légistes qui avaient amené les révolutions de 1830 et de 1848, et qu'il lui fallait une arme contre les débris des corps insurrectionnels de 1848. » La loi fut votée le 19 février à une écrasante majorité et, aussitôt, les transportations recommencèrent ; on redoubla de rigueur contre les « suspects. » Le général Espinasse, aide de camp de l'Empereur fut nommé ministre de l'intérieur et de la sûreté générale. Le nouveau ministre convoqua immédiatement les préfets à Paris et là il leur fit connaître le nombre d'arrestations que chacun d'eux devrait opérer dans son département. Il se réservait pour lui celles de la ville de Paris. Aussitôt, des citoyens furent envoyés en Afrique, d'autres furent enfermés dans des cachots, toujours par mesure de sûreté générale.

Dans les départements, il y eut deux séries de transportations. La première eut lieu du 24 au 26 février, la seconde quelque temps après. On compte que deux

(1) Séance du 18 février 1858.

mille individus environ furent arrêtés et parmi ceux-
ci, quatre cent trente furent transportés en Algérie.

Mais l'excès même de ces rigueurs obligea le gouvernement à revenir à des mesures moins violentes et le
général Espinasse dut abandonner le ministère. Depuis
lors, les actes arbitraires ne furent pas impossibles,
loin de là, et il en fut encore commis contre les journalistes, mais il n'y eut plus de faits semblables à ceux
qui viennent d'être rapportés.

Quant aux évènements qui, après la chute de l'empire, amenèrent, en 1871, la terrible insurrection de la
Commune et l'impitoyable répression qui en fut la
suite, nous nous bornerons à les rappeler, sans les com-
menter.

Nous nous bornerons aussi à signaler seulement la
période qui s'est écoulée entre le 16 mai et le 14 décembre 1877, mais nous nous abstiendrons de parler
de certains faits plus ou moins arbitraires, qui ont pu
se produire alors, car ces évènements nous paraissent
encore trop récents, pour qu'il soit possible de les juger avec impartialité.

DEUXIÈME PARTIE

DROIT

D'ARRESTATION ET ARRESTATIONS ARBITRAIRES

DANS LA LÉGISLATION FRANÇAISE ACTUELLE

CHAPITRE I.

I. — **Arrestations considérées comme mesures d'instruction judiciaire ; formes auxquelles elles sont soumises.**

II. — **Police judiciaire, ses agents ; à qui appartient le droit d'ordonner l'arrestation ? Qui peut l'opérer ?**

III. — **Arrestations effectuées pour exécuter une décision de justice**

IV. — **Liberté du domicile.**

V. — **Arrestations effectuées par l'administration, sans l'intervention de la justice.**

I. — La loi française autorise, actuellement, deux classes d'arrestations :

1º Celles qui sont effectuées par mesure d'instruction judiciaire ou pour l'exécution d'une décision de justice.

2° Celles qui sont opérées par l'administration, sans l'intervention de la justice.

Quelle que soit la cause de l'arrestation, celle-ci est soumise à des formalités destinées à empêcher les violations de la liberté individuelle et qui varient suivant les cas.

Lorsqu'il s'agit d'une mesure d'instruction judiciaire, ces formalités consistent, en principe, dans l'obligation, pour l'agent opérant l'arrestation, de porter et d'exhiber à l'inculpé un ordre régulier d'arrestation. Cet ordre reçoit le nom de mandat.

Il y a quatre sortes de mandats : le mandat de comparution, le mandat d'amener, le mandat de dépôt et le mandat d'arrêt. Les deux premiers, qui doivent, en général, nécessairement précéder les autres, ont pour but unique de faire comparaître l'inculpé devant le juge d'instruction et n'entraînent pas la détention préventive. Les deux derniers, au contraire, ont pour effet de constituer l'inculpé en état de détention préventive (1).

La mandat de comparution est l'ordre donné à l'inculpé de se présenter devant le juge d'instruction pour fournir des explications sur le fait qui lui est imputé.

Il indique le lieu, le jour et l'heure de la compa-

(1) Nous avons déjà, en commentant le code d'instruction criminelle, exposé la théorie de ce code au sujet du droit d'arrestation ; mais, plusieurs lois postérieures, et, notamment celles des 20 mai-1ᵉʳ juin 1863 et du 14 juillet 1865, étant venues modifier, sur ce point, la législation de 1808, nous reprendrons complètement, pour rendre plus facile l'exposition du sujet, la héorie du droit d'arrestation.

rution, mais non le fait incriminé. Ce mandat est le plus doux de tous; seulement, il risque, en avertissant l'inculpé, de lui permettre de fuir; c'est pourquoi le code d'instruction criminelle n'autorisait son emploi qu'en cas de délit et à l'égard d'un prévenu domicilié. Si ces conditions ne se trouvaient pas réunies, le juge d'instruction devait décerner un mandat d'amener. Une loi du 14 juillet 1865 a fait disparaître cette distinction, et, aujourd'hui, le mandat de comparution peut toujours être délivré, même s'il s'agit d'un crime et d'un prévenu non domicilié. C'est au juge d'instruction de voir, d'après les renseignements qui lui sont donnés sur l'inculpé, s'il doit décerner un mandat de comparution ou un mandat d'amener.

Si l'inculpé se soumet au mandat de comparution et se rend devant le juge d'instruction, celui-ci doit l'interroger sur le champ. Mais si l'inculpé fait défaut, le juge d'instruction doit décerner contre lui, au lieu du mandat de comparution, un mandat d'amener (art. 91. Ins. crim.). Ce mandat est l'ordre de contraindre l'inculpé à se présenter devant le juge. Il diffère, par conséquent, du mandat de comparution en ce qu'il emporte nécessairement l'arrestation, tandis, que l'autre ne peut donner lieu à l'emploi d'aucun moyen de contrainte et n'est qu'une sorte d'avertissement donné à l'inculpé d'avoir à se rendre devant le juge d'instruction. Cependant, même pour le mandat d'amener, l'emploi de la force n'est permis que si l'individu visé par ce mandat refuse de suivre volontairement l'agent qui le lui signifie ou si, après avoir promis d'obéir, il cherche à s'enfuir.

Lorsque l'individu visé par le mandat d'amener est arrêté, le juge d'instruction doit l'interroger dans les vingt-quatre heures au plus tard (art. 93, instr. crim.).

Après cet interrogatoire, le juge d'instruction peut prendre l'un des partis suivants : 1° ou bien, s'il croit qu'il n'y a pas lieu de poursuivre, remettre l'inculpé en liberté provisoire ; 2° ou bien, s'il estime qu'il existe contre l'inculpé des présomptions de crime ou de délit suffisantes pour nécessiter le maintien de l'arrestation, transformer le mandat d'amener en mandat de dépôt ou en mandat d'arrêt ; 3° laisser l'inculpé en liberté provisoire.

Le mandat de dépôt et le mandat d'arrêt entraînent tous les deux la mise en état de détention préventive, mais ils diffèrent en ce que la dénomination de mandat de dépôt indique une détention provisoire qui peut cesser avant la fin de l'instruction, tandis que la dénomination de mandat d'arrêt indique une détention ayant un caractère définitif et ne devant cesser qu'avec l'instruction elle-même (1).

Telle était, du moins, la distinction que la loi du 7 pluviose an IX établissait entre le mandat de dépôt qu'elle créait et le mandat d'arrêt qui existait déjà. Mais le Code de 1808 n'ayant pas indiqué nettement cette distinction, la doctrine se divisa sur le point de

____

(1) Garraud, *Précis de droit criminel,*, 4ᵉ édition, page 597.

savoir si les deux mandats devaient s'appliquer à des situations différentes et si la détention préventive qu'elles entraînaient avait, dans les deux cas, le même caractère. Une loi du 4 avril 1855 modifia l'article 94 du Code d'instruction criminelle, de manière à rétablir entre les effets des deux mandats les différences impliquées par leurs dénominations. Cette loi déclara, en effet, que pendant le cours de l'instruction, le juge d'instruction pourrait toujours, sur les conclusions du procureur de la République, quelle que serait la nature de l'inculpation, donner main-levée du mandat de dépôt. La détention résultant d'un mandat d'arrêt conservait, au contraire, son caractère définitif. Mais la loi du 14 juillet 1865, en permettant au juge d'instruction de donner main-levée même du mandat d'arrêt, a fait disparaître la distinction et a eu pour conséquence d'assimiler les effets des deux mandats. Ceux-ci ne diffèrent donc plus que par la forme, en ce que le mandat d'arrêt exige des formalités qui ne sont pas nécessaires pour le mandat de dépôt : 1° il doit être précédé des conclusions du procureur de la République (art. 94) ; 2° il doit contenir l'énonciation du fait pour lequel il est décerné et la citation de la loi qui déclare que ce fait est un crime ou un délit (art. 96). Quant aux autres différences existant entre ces mandats, elles consistent dans des détails étrangers à notre sujet (1).

Il résulte de cette assimilation presque complète

____

(1) Décret du 18 juin 1811, art. 71, § 5 et 6.— Loi du 5 sept. 1807, art. 4, § 3.

entre le mandat de dépôt et le mandat d'arrêt, que le premier tend de plus en plus à être employé dans la pratique.

Tout mandat doit contenir :

1° Le nom et la qualité du magistrat qui l'a délivré ;

2° La date à laquelle il a été délivré ;

3° La désignation aussi exacte que possible de l'inculpé.

4° La signature et le sceau du magistrat.

5° La réquisition adressée aux agents de la force publique d'aider à son exécution.

Le mandat d'arrêt exige en plus : 1° La réquisition du ministère public ; 2° la qualification du délit imputé à l'inculpé ; 3° la citation de la loi qui le punit (art. 94 et suiv.)

Le mandat, quel qu'il soit, doit être notifié à l'inculpé au moment de son arrestation et il doit lui en être laissé copie. Pour le mandat d'arrêt, ces formalités sont exigées même à l'égard de l'inculpé déjà détenu (art. 97).

Toutefois, la jurisprudence a établi une distinction entre celles de ces formalités qui sont exigées à peine de nullité du mandat et celles dont l'absence ne rend pas l'acte nul. Les premières sont : 1° l'indication de la qualité et la signature du magistrat qui a délivré le mandat, car sans cela, on ne pourrait savoir s'il était compétent (1) ; 2° la désignation de l'inculpé (2). Les

(1) Cass. : 5 mai 1832.

(2) Cass. : 29 novembre 1833.

formalités non substantielles sont : 1° la notification du mandat et la remise d'une copie à l'inculpé (3) ; 2° la date du mandat et la réquisition à la force publique.

Les mandats d'amener, de comparution, de dépôt et d'arrêt sont exécutoires dans toute l'étendue du territoire de la République (art. 98). Ils peuvent être mis à exécution immédiatement contre l'inculpé rencontré sur la voie publique ; mais cette exécution n'est possible qu'à certaines conditions, si l'inculpé s'est réfugié dans une maison (4).

Déjà, sous l'empire du code de 1808, l'inculpé pouvait quelquefois, après avoir été arrêté, être remis provisoirement en liberté. La loi du 14 juillet 1865 a, sur ce sujet, modifié complètement le code et accordé la liberté provisoire d'une façon beaucoup plus large. Depuis cette loi, quelles que soient la nature de l'inculpation et la situation de l'accusé, que celui-ci puisse ou non fournir caution, la liberté provisoire peut, en principe, toujours lui être accordée, à charge, seulement, pour lui, de s'engager à se représenter à tous les actes de la procédure et pour l'exécution du jugement aussitôt qu'il en sera requis (art. 113 § 1er).

Aux termes de l'article 113, § 2, la liberté provisoire est même de droit, en matière correctionnelle, cinq jours après l'interrogatoire, en faveur du prévenu domicilié, quand le maximum de la peine prononcée par la loi est inférieur à deux années d'emprisonne-

(3) Cass. : 31 janvier 1834.
(4) Voir plus loin, page 234.

ment. Mais la loi exclut du bénéfice de cette disposition les individus déjà condamnés pour crimes et ceux
qui auraient été condamnés à plus d'un an d'emprisonnement (art. 113, § 3).

La mise en liberté provisoire peut toujours, quand
elle n'est pas de droit, être subordonnée à l'obligation
de fournir un cautionnement (art. 114).

Enfin, en matière criminelle, la liberté provisoire
cesse nécessairement par l'effet de l'ordonnance de
prise de corps qui termine l'arrêt de mise en accusation (art. 126).

II. — Les fonctionnaires autorisés à ordonner ou à
opérer les arrestations, considérées comme mesures
d'instruction, sont désignés par la loi sous le nom d'a-
gents de la police judiciaire. Ce sont, d'après l'article 9
du code d'instruction criminelle :

1° Les gardes-champêtres et les gardes-forestiers,

2° Les commissaires de police,

3° Les maires et les adjoints de maire,

4° Les procureurs de la République et leurs substituts,

5° Les juges de paix,

6° Les officiers de gendarmerie,

7° Les commissaires généraux de police,

8° Les juges d'instruction.

Les commissaires généraux ont été supprimés par le
décret du 28 mars 1815. Quant aux autres agents, ils
n'ont pas tous les mêmes pouvoirs et on peut les clas-
ser en :

1° Officiers supérieurs de la police judiciaire ; ce sont
le juge d'instruction et le procureur de la République,

auxquels il faut ajouter les préfets des départements et le préfet de police à Paris qui, sans avoir le titre d'officiers de police judiciaire, en ont, cependant, les fonctions (art. 10 instr. cr.).

2° Officiers inférieurs ; cette division comprend les commissaires de police, les maires ou adjoints, les gardes-champêtres et les gardes-forestiers.

3° Officiers auxiliaires du procureur de la République ; ce sont les juges de paix, les officiers de gendarmerie, les maires et adjoints, les commissaires de police (art. 46, 50).

4° Agents spéciaux adjoints à la police judiciaire. Ces agents ont seulement, en matière d'arrestation, la mission de prêter main-forte aux agents de la police judiciaire sans faire eux-mêmes partie de cette police. Tels sont les gendarmes, les douaniers, les agents de police, les officiers et soldats de l'armée, etc...

Tous les officiers de police judiciaire, énumérés par l'article 9, sont soumis à la surveillance du procureur général et à celle de la cour d'appel (art. 9 et 279 Ins. crim.)

L'officier de police judiciaire par excellence est encore aujourd'hui, comme dans le code de 1808, le juge d'instruction, qui remplace le directeur du jury institué par la loi des 16-29 septembre 1791 et par le code de brumaire an IV. C'est ce magistrat qui a, seul, en règle générale, le droit d'ordonner une arrestation et de décerner un mandat. Seulement, en vertu du principe de la séparation entre les pouvoirs d'instruction et ceux de poursuite, le juge d'instruction ne peut commencer une instruction qu'après avoir reçu une réquisition écrite du procureur de la République. Une fois saisi, il dirige l'instruction à son gré et, pour l'arrestation notamment, il est seul juge des cas dans lesquels elle doit ou non être ordonnée.

Toutefois, cela n'est vrai que lorsqu'il s'agit d'un crime ou d'un délit, car, en cas de simple contravention, la loi n'autorise pas l'arrestation du coupable.

En cas de flagrant délit ou de faits assimilés, le juge d'instruction peut agir d'office et sans être requis par le procureur de la République.

Le juge d'instruction peut aussi obliger toute personne citée en témoignage à comparaître et, en cas de refus de cette personne, il peut décerner contre elle un mandat d'amener ; mais, alors, le mandat d'amener ne peut être transformé en mandat de dépôt, de telle sorte que les témoins, arrêtés pour défaut de comparution, ne peuvent être détenus plus de vingt-quatre heures (art. 92 et 93, instr. crim.)

Lorsque le juge d'instruction, estimant une arrestation nécessaire, a décerné un mandat d'amener, ce mandat est notifié à l'inculpé par un huissier ou par un agent de la force publique qui lui en fait l'exhibition et lui en délivre copie (art. 97, Instr. crim.). Si le prévenu refuse d'obéir ou tente de s'évader, il doit être contraint et le porteur du mandat peut, au besoin, employer pour le saisir la force publique du lieu le plus voisin qui est tenue de marcher, sur la réquisition contenue dans le mandat d'amener.

D'après l'article 97 du code d'instruction criminelle,

les mandats de comparution, d'amener, de dépôt ou d'arrêt devraient être notifiés à l'inculpé par un huissier ou par un agent de la force publique. Mais, aujourd'hui, les huissiers ne sont plus, dans la pratique, employés à cet effet et les mandats sont généralement remis à la gendarmerie, qui est chargée de les notifier et d'en assurer l'exécution. Il y a d'ailleurs à cela un double avantage : d'abord, parce que la somme allouée aux gendarmes pour l'exécution d'un mandat est moins élevée que celle accordée en pareil cas aux huissiers ; ensuite, parce que, les huissiers ayant toujours le droit de requérir l'aide des gendarmes, il est bien plus simple de donner directement à ces derniers la mission d'exécuter le mandat.

En outre des gendarmes, la qualité d'agents de la force publique appartient aux gardes forestiers de l'Etat, aux gardes champêtres, aux préposés du service actif des douanes, aux agents de police (1), aux membres de l'armée de terre et de mer et, enfin, aux simples particuliers eux-mêmes, dans le cas de flagrant délit (art. 106).

Si le juge d'instruction est le seul fonctionnaire qui puisse, en règle générale, délivrer un mandat d'amener, de dépôt ou d'arrêt, il existe néanmoins des exceptions à cette règle et d'autres magistrats peuvent, dans certaines circonstances, lancer un de ces mandats.

Ainsi, aux termes de l'article 40 du code d'instruction criminelle : « En cas de flagrant délit, lorsque le

____

(1) Art. 77. Décret du 18 juin 1811.

fait est de nature à entrainer une peine afflictive ou infamante, le procureur de la République fait saisir les prévenus présents contre lesquels il existe des indices graves.

Si le prévenu n'est pas présent, le procureur de la République rend une ordonnance à l'effet de le faire comparaître; cette ordonnance s'appelle mandat d'amener (art. 40, Instr. crim.).

Le flagrant délit est le délit qui se commet actuellement ou vient de se commettre. La loi y assimile le cas où le prévenu est poursuivi par la clameur publique; celui où il est trouvé porteur d'effets, armes, instruments ou papiers faisant présumer qu'il est auteur ou complice, pourvu que ce soit dans un temps voisin du crime (art. 41, I. cr.). Enfin, est assimilé au flagrant délit le cas où le chef d'une maison, dans laquelle a été commis un crime ou un délit, requiert le procureur de la République de le constater (art. 46, Instr. cr.).

Le code n'accordait, dans l'art. 40, le droit d'arrestation au procureur de la République que s'il s'agissait d'un fait paraissant de nature à entraîner une peine criminelle; mais la loi du 20 mai 1863 est venue étendre ce droit au cas de délit susceptible d'entraîner une simple peine correctionnelle : « Tout individu, dit l'article 1er de cette loi, arrêté en état de flagrant délit pour un fait puni de peines correctionnelles est immédiatement conduit devant le procureur impérial qui l'interroge et s'il y a lieu, le traduit sur-le-champ à l'audience du tribunal. Dans ce cas, le procureur de la

République peut mettre l'inculpé sous mandat de dépôt.

Le procureur de la République a le droit d'arrestation dans les cas assimilés au flagrant délit comme dans le flagrant délit lui-même.

En cas de flagrant délit, le procureur de la République peut, pour faciliter la première enquête, défendre que quiconque sorte de la maison ou s'éloigne du lieu ou a été commis le délit, jusqu'à la clôture du procès-verbal. Il peut faire saisir et conduire à la maison d'arrêt tout contrevenant à cette défense. Mais le juge d'instruction a seul le droit de prononcer la peine encourue pour cette contravention (art. 34, I. cr.).

Le procureur de la République peut encore, exceptionnellement, décerner un mandat d'amener ou de dépôt dans les circonstances suivantes ; 1° Quand au cours d'un procès civil ou criminel, une cour d'appel ou un tribunal civil trouve des indices sur un faux et sur la personne qui l'a commis (art. 462, I. cr.); 2° dans une hypothèse prévue par l'article 100 du code d'instruction criminelle, ainsi conçu : « Lorsqu'après plus de deux jours depuis la date du mandat d'amener, le prévenu aura été trouvé hors de l'arrondissement de l'officier qui a délivré ce mandat, et à une distance dé plus de cinq myriamètres du domicile de cet officier, ce prévenu pourra n'être pas contraint de se rendre au mandat; mais alors le procureur de la République de l'arrondissement où il aura été trouvé, et devant lequel il sera conduit, décernera un mandat de dépôt en vertu duquel il sera retenu dans la maison d'arrêt. »

Il y a aussi des cas où, par exception, ce sont les tribunaux correctionnels ou la cour d'appel qui peuvent ordonner l'arrestation. Cela se produit, par exemple, quand un prévenu, mis en liberté provisoire et régulièrement cité, ne comparaît pas (art. 125, I. cr.), et quand une personne cause du désordre, ou commet un crime ou un délit à une audience (1).

De même, la Chambre des mises en accusation doit décerner une ordonnance de prise de corps contre l'inculpé qu'elle renvoie devant la Cour d'assises, s'il a été jusque-là laissé en liberté (art. 126-7 cr.)

Enfin, en cas de flagrant délit où dans les cas assimilés au flagrant délit, les officiers de police auxiliaires du procureur de la République ont la même compétence que ce dernier. Ils peuvent, par conséquent, faire saisir les prévenus présents contre lesquels il existe des indices graves ou décerner des mandats d'amener contre les prévenus absents (art. 40 et 49, Instr. crim.) Mais, en pareil cas, les auxiliaires du procureur de la République ne peuvent accomplir les actes de sa compétence que s'il n'est pas présent sur les lieux. En cas de concurrence entre eux et ce magistrat, celui-ci seul peut faire les actes attribués à la police judiciaire. (Art. 51, Inst. crim.)

On a voulu étendre aux actes non flagrants les pouvoirs accordés aux officiers de police auxiliaires du procureur de la République dans les flagrants délits.

____

(1) Art. 89, 91, 92, code proc. civ. — Art. 181, 484, 496 et suiv.; 504 à 509 du code d'instr. crim.

Mais la loi ne paraît pas autoriser cette extension ; nous croyons donc, avec M. Faustin Hélie (1), qu'elle doit être repoussée et qu'il y aurait danger pour la liberté individuelle à l'introduire dans la pratique.

Nous nous sommes occupés, jusqu'à présent, des arrestations sur mandats ; mais il y a aussi des cas où l'arrestation est possible sans mandat : c'est lorsqu'il s'agit d'un flagrant délit ou d'un fait assimilé au flagrant délit : « Tout dépositaire de la force publique et même toute personne, dit l'article 106 du code d'instruction criminelle, sera tenu de saisir le prévenu surpris en flagrant délit, ou poursuivi, soit par la clameur publique, soit dans les cas assimilés au flagrant délit, et de le conduire devant le procureur de la République sans qu'il soit besoin de mandat d'amener, si le crime ou délit emporte peine afflictive ou infamante. »

Il semblerait résulter de la dernière ligne de ce texte que l'obligation d'arrêter l'individu pris en flagrant délit ne dût s'appliquer qu'aux cas où il s'agit d'un fait devant emporter une peine afflictive ou infamante. Mais la loi du 20 mai 1863, sur les flagrants délits, doit faire écarter cette interprétation, car elle décide, dans son article premier, qu'un individu peut être arrêté en flagrant délit pour un fait puni de simples peines correctionnelles. Toutefois, l'article 16 du code d'instruction criminelle n'autorise les gardes champêtres ou forestiers à arrêter les individus qu'ils surprennent en flagrant délit, qu'autant qu'il s'agit d'un délit suscep-

(1) Tome III, p. 55 et suiv.

tible d'emporter la peine de l'emprisonnement ou une peine plus forte. Si la peine devait être seulement pécuniaire, l'arrestation ne serait plus permise.

Il est assez difficile aux agents inférieurs de la police judiciaire ou aux simples particuliers, qui surprennent un individu en flagrant délit, de savoir quelle est la nature de la peine encourue par le délinquant. C'est pourquoi le législateur, craignant de leur voir commettre des erreurs préjudiciables à la liberté individuelle a voulu que l'arrestation opérée par eux n'eût qu'un caractère provisoire et a décidé que tout individu arrêté sans mandat, en cas de flagrant délit, devrait être conduit immédiatement devant le procureur de la République ou, à son défaut, devant l'officier de police judiciaire le plus voisin.

Lorsqu'un individu arrêté en flagrant délit d'un fait punissable d'une peine correctionnelle, est amené au procureur de la République, ce magistrat doit l'interroger et peut, après cet interrogatoire, le mettre en liberté ou le traduire à l'audience du tribunal correctionnel le jour même ou le lendemain si le tribunal ne siège pas ce jour-là.

Lorsque le procureur de la République n'use pas de ce droit, il doit, sans retard, examiner les procédures et les transmettre au juge d'instruction avec les réquisitions qu'il juge convenables. Mais, dans les deux cas, il peut, en attendant, mettre l'inculpé sous mandat de dépôt.

(1) Art. I, loi du 20 mai 1863.

Par suite des attributions accordées par la loi de 1863 au procureur de la République pour les cas où il s'agit d'un flagrant délit susceptible d'entraîner une peine correctionnelle, il paraîtrait logique que l'inculpé dût toujours, en pareil cas, être conduit directement devant ce magistrat. Mais l'application de cette règle serait souvent difficile, à cause de l'éloignement du procureur de la République. Aussi, est-il de pratique constante que, dans les communes autres que celle du chef-lieu judiciaire de l'arrondissement, l'individu arrêté en flagrant délit soit conduit devant le maire ou le commissaire de police qui lui fait subir un premier interrogatoire et décide s'il y a lieu de le remettre en liberté ou de le faire transférer auprès du procureur de la République conformément à la loi de 1863.

En dehors des cas où, en leur qualité d'agents de la force publique, ils peuvent être requis d'opérer une arrestation, les gendarmes ont, dans de nombreuses circonstances, le droit de procéder d'eux-mêmes à une arrestation. L'énumération de ces circonstances est donnée par la loi du 28 germinal an VI dont l'article 125 confie à la gendarmerie la mission d'arrêter :

1° Toutes personnes surprises en flagrant délit ou poursuivies par la clameur publique ;

2° Tous gens trouvés porteurs d'armes ensanglantées faisant présumer le crime ;

3° Les brigands, voleurs de grand chemin et assassins attroupés ;

4° Les dévastateurs des bois, des récoltes, les chasseurs masqués, les contrebandiers armés, lorsque tous ces délinquants sont pris sur le fait ;

5° Tous ceux qui sont trouvés exerçant des voies de fait ou violences contre la sûreté des personnes, ou contre celle des propriétés nationales et particulières ;

6° Tous ceux qui troublent les citoyens dans l'exercice de leur culte ;

7° Les déserteurs et militaires qui ne sont pas porteurs d'un passeport ou d'un congé en bonne forme ;

8° Les mendiants valides, dans les cas ou circonstances qui rendent ces mendiants punissables ;

9° Tout individu commettant des dégâts dans les bois, dégradant les clôtures des murs, haies et fossés, lors même que ces délits ne seraient pas suivis de vols ;

10° Tout individu surpris en commettant des larcins de fruits et de productions d'un terrain cultivé ;

11° Ceux qui, par imprudence, par négligence, par la rapidité de leurs chevaux, ou de toute autre manière, ont blessé un citoyen sur les routes, dans les rues ou voies publiques ;

12° Ceux qui tiennent, sur les places publiques, foires ou marchés, des jeux de hasard ou autres jeux défendus par les lois ;

13° Tous ceux qui sont trouvés coupant ou détériorant, d'une manière quelconque, les arbres plantés sur les grandes routes ;

14° Enfin, lorsque les gendarmes veulent rédiger un procès-verbal ou prendre le nom d'une personne, ils ont le droit, si cette personne leur résiste ou leur adresse des injures, de la saisir et de la conduire devant le procureur de la République.

Mais, dans tous ces cas, l'arrestation ne peut avoir qu'un caractère provisoire ; l'individu arrêté doit être immédiatement conduit devant l'officier de police et il ne peut être transféré dans une maison d'arrêt ou de justice qu'en vertu d'un mandat délivré par l'officier de police. Le prévenu peut, seulement, en cas d'absence de cet officier, être gardé à vue dans une salle de la maison commune pendant un délai ne pouvant excéder vingt-quatre heures.

Il nous reste, maintenant, pour en finir avec les fonctionnaires ayant le droit d'arrestation, à parler des pouvoirs attribués par l'article 10 du code d'instruction criminelle aux préfets des départements et au préfet de police à Paris. Ce texte ayant été conservé sans aucune modification, les préfets ont encore aujourd'hui « le droit de faire personnellement ou de requérir les officiers de police judiciaire, chacun en ce qui le concerne, de faire tous actes nécessaires à l'effet de constater les crimes, délits et contraventions, et d'en livrer les auteurs aux tribunaux chargés de les punir. »

Il y a là, on le voit, au profit des préfets, un double pouvoir : 1° Celui de requérir les officiers de police de faire les actes de leur fonction ; 2° Celui d'accomplir eux-mêmes ces actes. Le droit de requérir les officiers de police judiciaire n'a rien d'extraordinaire, car le préfet, étant le principal représentant de l'administration dans le département est, à ce titre, chargé du maintien de l'ordre public. Mais il faut, pour que ce droit soit justifiable, qu'il se borne à requérir l'officier de police judiciaire et que celui-ci, une fois requis, soit seul chargé d'accomplir les actes de sa fonction, sans avoir aucun compte à rendre au préfet, c'est-à-dire que l'intervention de l'administration doit se borner à signaler l'infraction et à en demander la poursuite.

Au contraire, le droit accordé au préfet de faire personnellement les actes de la compétence ordinaire des officiers de police judiciaire est absolument exorbitant, car il a pour effet d'ajouter à la liste de ces officiers un fonctionnaire supérieur à eux tous et d'autant plus puissant que, n'ayant pas le titre d'officier de police judiciaire, il est complètement indépendant de toute hiérarchie, ainsi que de toute surveillance judiciaire, et n'est responsable de ses actes que devant le ministre de l'intérieur.

Certains auteurs ont soutenu que le droit d'ordonner une arrestation n'appartenait aux préfets qu'en cas de flagrant délit et telle paraît avoir été, d'après les travaux préparatoires, l'intention du législateur (1). Mais le texte de l'article 10 ne faisant aucune distinction, la jurisprudence a décidé, à plusieurs reprises, que le préfet de police, à Paris, et les préfets, dans les départements, étaient investis, même hors le cas de flagrant délit, de toutes les attributions du juge d'instruction (2). Par conséquent, les pouvoirs des préfets sont à peu

____

(1) Locré, tome XXV, pages 102 et suiv.

(2) Cass., 21 nov. 1835, D. 53, I, 279, — Cass., 16 août 1862 S. 63, 1, 221, — Cass., 19 janvier 1866 S. 66, I, 87.

près illimités ; ils comprennent, sans distinction, tous
ceux du procureur de la République et du juge d'instruction considérés comme officiers de police judiciaire
et ne peuvent, en outre, être entravés ni par la nature
de l'infraction, ni par celle des actes à faire, de sorte
que les préfets des départements et le préfet de police
ont le droit de faire eux-mêmes et d'office toutes les
constatations ou toutes les perquisitions qu'ils jugent
nécessaires ; ils peuvent citer le prévenu et délivrer
contre lui un mandat d'amener ou le mettre en état
d'arrestation par un mandat de dépôt et cela, que le
fait soit flagrant ou non flagrant et qu'il ait un caractère politique ou non politique.

Toutefois, lorsque le préfet, ayant terminé son instruction, croit devoir donner suite à l'affaire, il ne peut
saisir directement les tribunaux de répression et doit
se borner à requérir les officiers de police judiciaire
d'accomplir les actes de leur compétence. De plus,
deux restrictions semblent devoir être apportées aux
pouvoirs des préfets : la première, qui paraît justifiée
par les mots : « pourront faire personnellement » insé-
rés dans l'article 10 du code d'instruction criminelle,
consiste à décider que les pouvoirs du préfet sont personnels et ne peuvent être communiqués à l'officier de
police qu'il requiert d'agir à sa place. En second lieu,
il semble que le rôle du préfet est subsidiaire, c'est-à-
dire que ce fonctionnaire ne peut agir concurremment
avec le juge d'instruction ou le procureur de la République et qu'il doit être dessaisi de l'affaire dès qu'un
fonctionnaire de l'ordre judiciaire en a été saisi.

On sait quels ont été, sous le premier et le second empire, les funestes résultats de la confusion des pouvoirs judiciaire et administratif établie par l'article 10 entre les mains des préfets. Aussi, les nombreux abus légitimés par ce texte en ont-ils souvent fait demander la suppression, ou tout au moins la modification de manière à donner à la liberté individuelle toutes les garanties qui lui sont dues. Un projet de loi a été déposé, dans ce sens, il y a quelques années, mais il n'a pas encore acquis force de loi. Nous l'étudierons avec quelques détails dans un autre chapitre.

III. — L'arrestation effectuée par l'autorité judiciaire, peut, avons-nous dit, être soit une mesure d'instruction judiciaire, soit l'exécution d'une décision de justice. Les arrestations de la première catégorie nous sont maintenant connues. Quant aux autres, c'est-à-dire celles qui ont pour but d'assurer l'exécution d'une décision judiciaire, elles peuvent frapper :

1° Les individus condamnés à une peine privative de la liberté ou au bannissement, tant que la peine n'a pas été subie ou couverte par la prescription. La prescription est acquise par vingt ans pour les peines criminelles, par cinq ans, pour les peines correctionnelles et par deux ans pour celles de simple police (1).

2° Les individus contre lesquels la contrainte par corps a été prononcée comme garantie des condamnations pécuniaires intervenues contre eux quand ils n'ont pas satisfait à ces condamnations. Mais cette cause d'arrestation est, aujourd'hui exceptionnelle

(1) Art. 635, 636 et 639 code Inst. Cr.

dans notre législation car la contrainte par corps ne peut plus être prononcée (1) qu'au profit de l'Etat, pour le recouvrement des amendes et des frais de justice en matière pénale ou au profit des particuliers, seulement pour le recouvrement de condamnations civiles prononcées à titre de dommages-intérêts, comme réparation d'infractions à la loi pénale.

Les arrestations destinées à assurer l'exécution des décisions judiciaires sont effectuées par les agents ordinaires de la force publique et soumises aux mêmes, règles générales que les arrestations opérées sur mandats de justice. Cependant, la Cour de cassation a décidé que l'agent procédant à une arrestation en vertu d'un jugement n'était pas forcé d'être porteur de ce jugement (2).

Par suite d'une disposition spéciale de l'article 781 du code de procédure civile, l'arrestation pour contrainte par corps ne peut avoir lieu : « 1° avant le lever et après le coucher du soleil ; 2° les jours de fête légale ; 3° dans les édifices consacrés au culte et pendant les exercices religieux seulement ; 4° dans le lieu et pendant la tenue des séances des autorités constituées ; 5° dans une maison quelconque, même dans le domicile du débiteur contraint, à moins qu'il n'ait été ainsi ordonné par le juge de paix du lieu, lequel doit, dans ce cas, se transporter dans la maison avec l'officier ministériel ou déléguer un commissaire de police pour assister à l'arrestation. »

(1) Lois du 22 juillet 1867 et du 19 décembre 1871.
(2) Cass. : 26 déc. 1839 (Sirey 1840, 1, 547).

L'individu arrêté en vertu d'une décision judiciaire est conduit dans l'une des prisons désignées à cet effet et y est détenu jusqu'à l'accomplissement du temps de sa condamnation. Si la peine est celle du bannissement, le condamné doit être conduit immédiatement à la frontière.

IV. — En dehors des règles générales déjà exposées, les arrestations, effectuées par l'autorité judiciaire, sont encore soumises à certaines formalités, sous le rapport du temps et du lieu de leur exécution.

L'arrestation peut-être effectuée à toute heure sur la voie publique. Mais il n'en est plus de même lorsque l'inculpé s'est réfugié dans une maison. S'il est incontestable en effet, que la liberté individuelle est celle à laquelle nous attachons le plus grand prix, il est également certain que la maison qui nous sert d'habitation, le lieu où nous vivons, en un mot, notre domicile, constitue un de nos biens les plus chers et un de ceux dont la privation nous est le plus pénible. Aussi, les lois ont-elles consacré de bonne heure le principe de l'inviolabilité du domicile et presque toutes les constitutions qui ont régi la France depuis un siècle ont-elles cherché à assurer le respect de ce principe. Ainsi, l'article 76 de la constitution du 22 frimaire an VIII déclare que : « La maison de toute personne habitant le territoire français est un asile inviolable. Pendant le jour, on peut y entrer pour un objet spécial, déterminé ou par une loi, ou par ordre émané d'une autorité publique. »

L'article 3 de la constitution du 4 novembre 1848 dit :

lui aussi : « La demeure de toute personne habitant le
territoire français est inviolable ; il n'est permis d'y
pénétrer que selon les formes et dans les cas prévus par
la loi. »

Enfin, la constitution de 1852, elle-même, reconnaît
les « grands principes de 1789, qui sont la liberté individuelle, l'inviolabilité du domicile, etc.... »

Aujourd'hui, bien que la constitution soit muette **sur**
ce sujet, le principe de l'inviolabilité du domicile n'est
pas contesté.

Cependant, il y a des circonstances dans lesquelles
l'intérêt de la société exige qu'il soit fait exception à
ce principe comme à celui de la liberté individuelle.
Ces restrictions sont basées sur les besoins : 1° de la
justice criminelle ; 2° de la sécurité publique ; 3° de la
justice civile ; 4° du recouvrement des impôts ; 5° des
lois et ordonnances de police.

Les hypothèses prévues par les deux premiers para-
graphes sont les plus importantes, en ce sens que ce
sont les seules où l'invasion du domicile soit susceptible d'être suivie de l'arrestation d'une ou de plusieurs
personnes.

Dans ces différents cas, c'est-à-dire pour les restrictions au principe de l'inviolabilité du domicile basées
sur les besoins de la justice criminelle ou de la sécurité
publique, la loi fait plusieurs distinctions et établit des
règles différentes, suivant : 1° que l'inculpé est dans sa
propre maison ou dans la maison d'un tiers ; 2° qu'il
s'agit d'une maison particulière ou d'un établissement

habituellement ouvert au public ; que le délit est flagrant ou non flagrant.

L'inculpé peut toujours être arrêté, sur la voie publique, par l'agent qui est porteur d'un ordre valable d'arrestation. Ces ordres sont les mandats d'amener, de dépôt ou d'arrêt, les ordonnances de prise de corps et les jugements ou arrêts de condamnation.

Si l'inculpé ou le condamné s'est réfugié dans une maison particulière, les agents ne peuvent l'y poursuivre en vertu de ces ordres que si cette maison est celle où il est lui-même domicilié. Cela résulte des articles 36 et 37 du Code d'instruction criminelle, de l'article 131 de la loi du 28 germinal an VI et de l'article 185 de ordonnance du 29 octobre 1820.

Mais lorsque l'inculpé ou le condamné s'est réfugié dans une autre maison que la sienne, ces ordres ne suffisent plus pour donner aux agents de l'autorité le droit de l'y poursuivre ; il leur faut, en outre, le consentement du propriétaire de cette maison. A défaut de ce consentement, il leur faut, comme pour les visites ou les perquisitions domiciliaires, un ordre spécial leur permettant de se faire ouvrir la maison où s'est caché le fugitif (1).

Dans les deux hypothèses précédentes, c'est-à-dire lorsque, s'agissant d'un crime ou d'un délit non flagrant, l'inculpé s'est réfugié soit chez lui, soit chez un

____

(1) Chauveau, Faustin-Hélie et Villey, tome III, page 10, et Garraud, tome III, page 436.

tiers, l'arrestation ne peut être opérée que pendant le jour.

La nuit, les agents de la force publique doivent se borner à prendre des mesures conservatoires pour empêcher la fuite de l'inculpé, par exemple à cerner la maison (art. 291 décr. du 1er mars 1854). Le temps de nuit est ainsi réglé : du 1er octobre au 31 mars, depuis six heures du soir jusqu'à six heures du matin ; du 1er avril au 30 septembre, depuis neuf heures du soir jusqu'à quatre heures du matin (même texte).

S'il s'agit d'un flagrant délit, l'inculpé peut être arrêté, aussi bien de nuit que de jour, dans son propre domicile.

Même en l'absence de flagrant délit, les agents de la force publique peuvent poursuivre l'inculpé et l'arrêter dans les établissements publics pendant tout le temps qu'ils restent ouverts au public (1). On donne ici aux mots « établissements publics » une signification très large, et l'on comprend sous cette dénomination, non seulement les lieux habituellement ouverts au public, tels que les cafés, cabarets, lieux notoirement livrés à la débauche, débits de boissons et les maisons où l'on joue habituellement aux jeux de hasard, mais encore les parties de maisons particulières qui sont ordinairement ouvertes au public pour l'exercice d'une profession quelconque, comme les boutiques, les études des officiers ministériels, etc. L'inviolabilité du domicile ne s'applique, par conséquent, qu'au logement réservé à l'inculpé et à sa famille.

(1) Chauveau, F.-Hélie et Villey, III, 8. — Garraud, III, 433.

Enfin, la loi assimile aux cas de flagrant délit ceux dans lesquels la sécurité publique est menacée par suite d'un incendie ou d'une inondation, et les cas où des secours sont demandés de l'intérieur d'une maison. Alors, même pendant la nuit, les agents de l'autorité ont le droit d'entrer dans la maison sans mandat.

Lorsque la perquisition a pour but l'arrestation d'un condamné, l'exécution en est confiée au ministère public. Les officiers du ministère public peuvent, dans ce cas, requérir l'ouverture des portes.

Les maires et officiers de police peuvent aussi pénétrer dans le domicile privé des citoyens pour l'exécution des jugements, contraintes et ordonnances dont ils sont porteurs, mais l'article 781 du Code d'instruction criminelle, que nous avons déjà cité, exige alors l'intervention du juge de paix ou d'un commissaire de police délégué par ce magistrat.

Enfin, il y a des cas assez nombreux dans lesquels des lois spéciales autorisent des visites domiciliaires soit dans l'intérêt des citoyens, soit pour veiller à la salubrité publique, soit pour éviter des accidents, soit pour empêcher des fraudes en matière de douane.

V. — Dans certains cas, l'administration est autorisée à faire effectuer une arrestation sans que l'intervention de la justice soit nécessaire. Ces pouvoirs lui sont attribués à l'égard des aliénés et des étrangers.

La loi du 30 juin 1838 décide, en effet, dans son article 19, qu' « en cas de danger imminent, attesté par le certificat d'un médecin ou par la notoriété publique, les commissaires de police, à Paris, et les maires dans les autres communes, ordonneront, à l'égard des personnes atteintes d'aliénation mentale, toutes les mesures provisoires nécessaires, à la charge d'en référer, dans les vingt-quatre heures, au préfet, qui statuera sans délai. »

Lors même que la maladie de l'aliéné n'est pas assez grave pour constituer un danger imminent, le préfet de police à Paris, et les préfets dans les départements, peuvent ordonner d'office le placement, dans un établissement d'aliénés, de toute personne, interdite ou non interdite, dont l'état d'aliénation compromet l'ordre public ou la sécurité des personnes (art. 18, loi de 1838).

Enfin, les aliénés dont l'État ne cause pas un péril pour la sécurité publique peuvent, néanmoins, être conduits dans un établissement d'aliénés, sur la demande d'un parent ou d'une autre personne et sur le vu d'un certificat de médecin attestant l'état mental du malade et la nécessité de le faire enfermer dans une maison d'aliénés (art. 8). C'est là, ce qu'on appelle les placements volontaires.

Il y a deux sortes d'établissements d'aliénés ; les établissements publics et les établissements privés. Aux termes de l'article premier de la loi de 1838 « chaque département est tenu d'avoir un établissement public d'aliénés, ou de traiter, à cet effet, avec un établissement public ou privé, soit de ce département, soit d'un autre département. Les traités passés avec les établissements publics ou privés doivent être approuvés par le ministre de l'intérieur. »

« Les établissements publics d'aliénés sont placés sous la direction de l'autorité publique. » (art. 2 loi de 1838).

Quant aux établissements privés consacrés aux aliénés, ils ne peuvent être ouverts qu'avec l'autorisation du gouvernement (art. 5). Ils sont placés sous la surveillance de l'autorité publique (art. 3).

Afin d'empêcher les séquestrations arbitraires, la loi de 1838 exige certaines formalités et établit un contrôle sérieux de l'autorité, sur les établissements d'aliénés. Ainsi, pour les placements volontaires d'aliénés dans une maison spéciale, cette loi exige en outre de la demande et du certificat dont il vient d'être parlé, « un passeport ou toute autre pièce propre à constater l'individualité de la personne à placer ».

« Il doit être fait mention de toutes les pièces produites dans un bulletin d'entrée, qui doit être renvoyé dans les vingt-quatre heures, avec un certificat du médecin de l'établissement, et la copie de celui ci-dessus mentionné, au préfet de police à Paris, au préfet ou au sous préfet dans les communes chefs-lieux de département ou d'arrondissement et aux maires dans les autres communes. Le sous-préfet ou le maire doit en faire immédiatement l'envoi au préfet. » (art. 8).

« Si le placement, ajoute l'article 9, est dans un établissement privé, le préfet, dans les trois jours de la réception du bulletin, chargera un ou plusieurs hommes de l'art de visiter la personne désignée dans ce bulletin, à l'effet de constater son état mental et d'en faire rapport sur le champ. Il pourra leur adjoindre telle autre personne qu'il désignera. »

Dans le même délai et sans distinguer si le placement est fait dans un établissement public ou privé, le préfet doit notifier les noms, profession et domicile, tant de la personne placée que de celle qui a fait le placement et les causes du placement ; 1° au procureur de la République de l'arrondissement où est situé l'établissement ; 2° au procureur de la République de l'arrondissement de la personne internée. Quinze jours après le placement, il est adressé au préfet un nouveau certificat du médecin de l'établissement, à l'effet de confirmer ou de rectifier, s'il y a lieu. les observations contenues dans le premier certificat. Si ces constatations nouvelles ne sont pas de nature à motiver la sortie de la personne provisoirement retenue, le placement devient définitif (art. 10 et 11, loi de 1838).

Mais ces dispositions ne s'appliquent qu'aux placements volontaires, de sorte que, pour les placements d'office, le préfet exerce un pouvoir discrétionnaire. Toutefois, la liberté individuelle est protégée, dans une certaine mesure, par les prescriptions suivantes : L'article 4 de la loi de 1838 décide, en effet, que: « Le préfet et les personnes spécialement déléguées à cet effet par lui ou par le ministre de l'Intérieur, le président du tribunal, le procureur de la République, le juge de paix, le maire de la commune, sont chargés de visiter les établissements publics ou privés consacrés aux aliénés. Ils recevront les réclamations des personnes qui y seront placées et prendront à leur égard, tous renseignements propres à faire connaître leur position ».

Il est à remarquer que ces visites sont prescrites plutôt comme un devoir moral que comme une véritable obligation et que la loi laisse les fonctionnaires dont il vient d'être question libres de les faire ou de ne les pas faire.

Au contraire, le même article, dans son dernier paragraphe, édicte d'autres visites qui sont obligatoires et déclare que les établissements privés d'aliénés doivent être visités, à des jours indéterminés, au moins une fois chaque trimestre, par le procureur de la République de l'arrondissement. Les établissements publics d'aliénés doivent être visités de la même manière au moins une fois par semestre.

Pour faciliter ces visites et les rendre efficaces, la loi exige la tenue, dans chaque établissement, d'un registre, coté et paraphé par le maire, sur lequel doivent être inscrits les noms, profession, âge et domicile des personnes placées, la mention du jugement d'interdiction, si elle est prononcée, et le nom du tuteur, la date du placement, l'indication de la personne qui l'a demandé, la copie du certificat du médecin, joint à la demande d'admission, et de ceux que le médecin de l'établissement doit adresser à l'autorité, conformément aux articles 8 et 11. Le médecin est tenu de consigner, sur ce registre, au moins tous les mois, les changements survenus dans l'état mental de chaque malade. Les sorties et les décès doivent également y être constatés (art. 12, loi de 1838).

Ce registre doit être soumis aux personnes ayant le droit de visiter l'établissement, lorsqu'elles se présentent pour en faire la visite. Celle-ci terminée, elles doivent apposer sur le registre leur visa et leur signature, avec leurs observations, s'il y a lieu (art. 12).

Toute personne placée dans un établissement d'aliénés doit, sauf opposition de la part du préfet, cesser d'y être retenue dès que les médecins de l'établissement ont déclaré, sur le registre dont il vient d'être question, que la guérison est obtenue (art. 13 et 18).

Avant même que les médecins aient fait cette déclaration, toute personne placée dans un établissement d'aliénés doit cesser d'y être retenue aussitôt que sa sortie est requise par le conseil de famille. Néanmoins, si le médecin de l'établissement est d'avis que l'état mental du malade pourrait compromettre l'ordre public ou la sûreté des personnes, il est préalablement donné connaissance de la demande de sortie au maire qui peut ordonner un sursis provisoire à cette sortie, à la charge d'en référer, dans les vingt-quatre heures. au préfet. Ce sursis provisoire cesse de plein droit à l'expiration de la quinzaine, si le préfet n'a pas, dans ce délai, donné d'ordres contraires.

Pour les placements d'office, on peut demander la sortie au préfet qui, après examen de la demande, ordonne, s'il y a lieu, la mise en liberté.

Enfin, toute personne placée ou détenue dans un établissement d'aliénés, son tuteur, si elle est mineure, son curateur, tout parent ou ami. peuvent, à quelque époque que ce soit, se pourvoir devant le tribunal du lieu de la situation de l'établissement qui, après les vérifications nécessaires, ordonne, s'il y a lieu, la sortie immédiate.

Les personnes ayant demandé le placement et le procureur de la République peuvent se pourvoir aux mêmes fins. La décision est rendue sur simple requête en chambre du conseil et sans délai ; elle n'est point motivée (art. 29).

La seconde catégorie des personnes qui peuvent être arrêtées par mesure administrative comprend les étrangers. D'après l'article 7 de la loi du 3 décembre 1849, le ministre de l'intérieur peut, par mesure de police, enjoindre à tout étranger, voyageant ou résidant en France, de sortir immédiatement du territoire français et le faire conduire à la frontière. Ce droit implique, par conséquent, celui d'arrestation.

Il s'applique même à l'étranger ayant obtenu l'autorisation d'établir son domicile en France. Mais, dans ce cas, la mesure cesse d'avoir effet, après un délai de deux mois, si, dans l'intervalle, l'autorisation de séjour n'a pas été retirée à l'étranger.

Dans les départements frontières, le préfet a le même droit à l'égard de l'étranger non résidant, à la charge d'en référer immédiatement au ministère de l'intérieur.

Enfin, ce serait ici le lieu de rechercher si l'autorité administrative a exceptionnellement, en droit et en outre des cas que nous venons de citer, le pouvoir d'effectuer des arrestations par mesure de police, pour le maintien de l'ordre, en dehors des attributions de police judiciaire conférées à ses agents, pour la recherche des délits et sans qu'ils soient tenus de remettre immédiatement à l'autorité judiciaire les individus arrêtés. Mais cette question demandant des développements assez considérables, nous en ferons l'objet d'un chapitre spécial.

CHAPITRE II.

Du droit de résistance en cas d'arrestation arbitraire.

Lorsque les fonctionnaires, en ordonnant ou en opérant une arrestation, et les particuliers eux-mêmes en saisissant un délinquant, dans les cas exceptionels où ils ont ce droit, ont scrupuleusement observé les formalités prescrites par la loi, ils n'ont à craindre aucun recours de la part de l'individu arrêté, et leur responsabilité est complètement à couvert. Mais il peut arriver que l'arrestation soit effectuée en violation de l'une ou de plusieurs des dispositions édictées par la loi pour protéger la liberté individuelle des citoyens. Alors, la personne arrêtée arbitrairement a le droit de s'adresser tant aux tribunaux civils qu'aux tribunaux de répression, pour obtenir, soit sa mise en liberté, soit la réparation du préjudice qui lui a été causé, soit enfin le châtiment des auteurs de l'arrestation.

Mais la question se pose de savoir si la victime d'une arrestation arbitraire a le droit de résister à ceux qui veulent l'arrêter et, en cas d'affirmative, jusqu'à quel point elle peut user de ce droit.

Ici, une distinction est nécessaire : Si l'auteur de l'arrestation est un simple particulier, la réponse est facile; le droit de résistance est absolu et la personne menacée d'arrestation peut aller jusqu'à frapper ou même jusqu'à tuer l'agresseur, car elle se trouve purement et simplement dans le cas de légitime défense (art. 328 C. p.).

Au contraire, la question se complique lorsque l'auteur de l'arrestation est un agent de l'autorité publique et l'accord est loin d'exister, aussi bien dans la doctrine que dans la jurisprudence, sur le point de savoir quelles sont, dans cette hypothèse, les limites du droit de résistance accordé à la victime de l'arrestation arbitraire. Faut-il la considérer comme étant en état de légitime défense, de même que dans le cas précédent, ou bien faut-il la déclarer coupable du crime de rébellion et la faire tomber sous le coup de l'art. 209 du code pénal, aux termes duquel : « Toute attaque, toute résistance avec violence et voies de fait envers les officiers ministériels, les gardes-champêtres ou forestiers, la force publique, les préposés à la perception des taxes et des contributions, lés porteurs de contraintes, les préposés des douanes, les sequestres, les officiers ou agents de la police administrative ou judiciaire, agissant pour l'exécution des lois, des ordres ou ordonnances de l'autorité publique, des mandats de justice ou jugements, est qualifiée, selon les circonstances, crime ou délit de rébellion. »

Il résulte, des expressions même de ce texte, que la rébellion est toute attaque ou résistance avec violence et voies de fait envers les agents de l'autorité, agissant pour l'exécution des lois et des ordonnances, soit de l'autorité publique, soit de la justice.

Trois éléments sont donc nécessaires à l'existence de la rébellion :

1· Il faut une attaque ou une résistance avec voies de fait, c'est-à-dire qu'une résistance simplement passive ne suffirait pas pour constituer le fait criminel et délictueux;

2· L'attaque ou la résistance doit se produire contré les officiers ministériels, les gardes champêtres ou forestiers, la force publique, les préposés à la perception des taxes et des contributions, les porteurs de contraintes, les préposés des douanes, les séquestres, les officiers au agents de la police administrative ou judiciaire;

3° Il faut que les violences soient exercées envers l'un de ces agents au moment où il agit pour l'exécution des lois, des ordres ou ordonnances de l'autorité publique, des mandats de justice ou de jugements.

Mais, et nous revenons ici à notre question de tout à l'heure, y a-t-il encore rébellion lorsque la résistance a lieu pour empêcher l'exécution d'un acte arbitraire?

Le droit romain consacrait formellement le droit de résistance aux agents de la force publique, lorsqu'ils excédaient leurs pouvoirs « *ut etiamsi officiales ausi fuerint a tenore datæ legis desistere, ipsis privatis resistentibus, a facienda injuria arceantur* (1). » Nous avons

(1) Loi 5, Code Just. *De Jure fisci* Livre X, titre I.

vu aussi que, dans l'ancien droit français, les docteurs, Jourde et Farinacius entre autres, reconnaissaient le même droit à la victime d'une arrestation arbitraire.

L'Assemblée Constituante, adoptant ces principes, ne punissait les violences ou les voies de fait, comme rébellion, que si elles étaient commises contre un dépositaire de la force publique « agissant légalement dans l'ordre de ses fonctions. »

L'article 11 de la constitution du 24 mai 1793 déclarait, en développant cette idée, que : « Tout acte exercé contre un homme, hors les cas et sans les formes que la loi détermine, est arbitraire et tyrannique : celui contre lequel on voudrait l'exécuter par la violence a le droit de le repousser par la force. »

Aujourd'hui, en présence de l'article 209 du code pénal, les avis sont partagés sur ce point et la doctrine se divise en trois groupes soutenant des systèmes différents :

Les uns n'admettent jamais la résistance, car ils la considèrent comme dangereuse pour la sécurité publique. Les principaux représentants de ce groupe sont Serrigny et Blanche. D'après le premier de ces auteurs, la résistance doit être punie, car « le dommage individuel ne peut jamais être grave, dans le système qui donne le provisoire à l'exécution de l'ordre intimé par l'officier public. Celui-ci engage sa responsabilité et sa qualité seule est une présomption qu'il peut répondre du dommage causé par lui. On satisfait par là au premier but de la réunion des hommes en société, qui est de substituer l'autorité de la loi et des tribunaux à la force individuelle pour réprimer la violation de tous les droits. La théorie contraire est un retour à l'anarchie : c'est la négation du pouvoir social, un appel à la force brutale substituée à l'autorité de la loi (1). »

Blanche soutient la même opinion en ces termes : « Est-ce que, si la loi a pris sous son égide les agents de l'autorité, ce n'est pas moins pour eux que pour la société elle-même? Est-ce qu'en les garantissant contre les violences, elle n'a pas voulu, surtout, prévenir les désordres résultant des rixes individuelles, si préjudiciables à l'ordre public? Si l'on permet à chacun de repousser, par les violences et les voies de fait, l'exécution dont il est l'objet, n'est-ce pas rétablir l'empire de la force brutale, diminuer ou plutôt détruire la puissance de la loi, cette première nécessité des sociétés humaines. Est-ce que, si l'exécution est illégale ou arbitraire, il n'est pas plus sage d'en demander la réparation à la justice du pays qu'à sa force personnelle ou à l'arme dont il est porteur (2)? »

Un second système, au contraire, admet toujours le droit de résistance, lorsque l'arrestation est illégale : Les arguments invoqués à l'appui de cette théorie ont été développés, surtout, par Armand Carrel et Odilon Barrot, dans un procès de presse où Armand Carrel était poursuivi pour avoir conseillé la résistance à l'autorité en cas d'arrestation arbitraire : « Oui, Messieurs,

(1) Traité du droit public des français, tome I, page 467.
(2) Etudes pratiques sur le code pénal, tome IV, page 75. — Voy. aussi Garraud : Traité de droit pénal : tome III, pages 525 et suiv.

disait alors ce publiciste aux jurés de la Seine, j'ai conseillé aux écrivains de la presse périodique d'opposer la force à la force, si l'on voulait, avant jugement, s'emparer d'eux et les détenir, en prétendant que leurs publications constituent des cas de flagrant délit ; j'ai annoncé moi-même que j'opposerais cette résistance, s'il plaisait à Monsieur le Procureur général de voir, dans ma déclaration signée, un flagrant délit de provocation à la révolte ; et je ne crains pas de mal disposer pour moi mes juges, en affirmant à cette audience que j'aurais tenu parole. Quand vous aurez reconnu, Messieurs, que la résistance dont il s'agit eût été pour la loi, et non pas contre la loi, vous m'accorderez qu'il n'eût pas été d'un bon citoyen d'être si intimement convaincu de son droit et de manquer de courage pour le soutenir.

« Avant tout, Messieurs, il convient de s'entendre sur ce que c'est que la loi dans un pays qui a détrôné les pouvoirs dits légitimes, pour ne plus reconnaître que les pouvoirs délégués. Dans un tel pays, la loi n'est plus une divinité capricieuse dont MM. les procureurs du Roi, à titre de grands prêtres, soient seuls chargés d'expliquer les oracles ; c'est un livre ouvert à tout le monde. Les pouvoirs du gouvernement, quel que soit son nom, sa forme, y sont tracés à côté des conditions d'obéissance du citoyen. Il y a des lois qui arment le gouvernement, et c'est à lui de les faire respecter dans tous les cas ; il y en a d'autres qui protègent les libertés nationales, et celles-là reposent sur l'énergie individuelle des citoyens. L'équilibre de la société n'existe qu'à la condition que le gouvernement soit à la fois obéi et contenu par les citoyens, suivant le droit. La loi dit quand il faut obéir ou résister. Si l'obéissance est un devoir pour le citoyen, la résistance, dans l'occasion, en est un autre (1). »

Odilon Barrot, qui prit ensuite la défense de l'accusé soutint la même thèse en termes éloquents et, quoique cette citation doive être un peu longue, nous croyons utile de reproduire ici une grande partie de sa plaidoirie à cause de la hauteur des arguments qui y sont invoqués : « Est-ce, dit l'orateur, qu'il n'y a que des lois d'une espèce ? Est-ce qu'il n'y a que des lois qui protègent le gouvernement, la propriété ? Non, sans doute, il en est d'autres, non moins sacrées, et qui protègent la liberté des citoyens. Il faut que tous les membres de la cité courent aux armes et descendent dans la rue pour comprimer l'émeute qui menace la tranquillité publique ; lorsqu'un citoyen crie à la violation de sa liberté, à l'arbitraire commis sur sa personne, tous les citoyens doivent lui porter aide et secours ; dans les deux cas, il y a protection pour la société toute entière qui serait compromise par la sédition aussi bien que par la violation de la liberté individuelle. Vous dites, et j'y reviens, qu'avec de pareilles doctrines, il n'y a plus de civilisation. Qu'est-ce donc que la civilisation? Le triomphe du droit sur la force. Que fait le citoyen, quand il repousse l'arbitraire ? Il défend le droit contre

____

(1) Arrêt de la Cour d'assises de la Seine du 13 mars 1832: Sirey, 1832, 2, 178.

la force, le principe même de la civilisation contre la
violence ; et s'il laissait violer le droit qui protège sa
liberté, il manquerait au plus sacré des devoirs, car il
permettrait que cet attentat se renouvelât et devint une
habitude. Ce n'est donc pas la doctrine du ministère
public qui est conforme à la civilisation et à la justice ;
je ne veux pas lui laisser cet avantage ; non, c'est moi
qui, en ce moment, et en soutenant le principe de la
résistance légale, combats pour la civilisation et la justice. »….. « Quel que soit le respect que méritent les
mandats de la justice, il est des cas, heureusement rares,
où ils se trouvent dépouillés de légalité ; ils manquent
alors du principe qui leur donne la vie ; ils dégénèrent
en arbitraire ; la loi n'est plus en eux et ils n'ont plus
force d'exécution. » ….. « Les citoyens ont leurs privi-
léges qui sont dignes de respect ; ainsi le citoyen est
dans son domicile, au milieu de la nuit, alors qu'il ne
peut plus recourir à l'assistance de ses concitoyens. Eh
bien ! dans ce cas, à moins de flagrant délit, d'incendie
ou de cris, qui, de l'intérieur, appellent au secours, son
domicile est inviolable. On lui présentera un mandat
de justice ; il refusera et fera bien. On tentera de forcer
sa porte, il résistera et fera bien, car le mandat serait
illégal ; celui qui voudrait l'exécuter n'agirait plus au
nom de la loi : ce serait la volonté de l'homme substituée à celle de la loi. » (1)

Entre les opinions extrêmes défendues par les deux

(1) Voyez la note précédente.

précédents systèmes, il en a été soutenu une troisième, qui, tout en admettant, en principe, le droit de résistance, en cas d'arrestation arbitraire, soumet, néanmoins, l'exercice de ce droit à certaines conditions.

« Est-il possible, écrivent, notamment, MM. Chauveau, Faustin Hélie et Villey, de croire que la théorie de la résistance, mise en vigueur pendant des siècles, proclamée par les lois anciennes, recueillie par les législations modernes, enseignée par les plus graves jurisconsultes, soit subversive de tout ordre, soit un outrage pour la loi elle-même? Non, la société n'est pas mise en péril, parce que la loi pose la limite de l'action du pouvoir, parce qu'elle cesse de le protéger, quand il la dépasse et se livre à des actes arbitraires; non, la loi n'est point outragée, parce que les agents chargés de l'exécuter sont méconnus, quand ils méconnaissent eux-mêmes leur mission. Le péril serait de confondre l'abus et le droit, et de les couvrir de la même protection : l'outrage, de donner la provision aux actes arbitraires sur la réclamation légale. » ..... : « l'agent cesse d'être le représentant de l'autorité, au moment où il s'écarte de ses fonctions, car l'autorité, dans un gouvernement libre, c'est la loi, c'est le droit. Toute la question est donc de savoir si la loi doit le soutenir même dans les excès qu'il commet, doit l'avouer encore, quand il en viole les préceptes. Or, si les solutions peuvent être diverses, du moins, il faut le reconnaître, l'ordre public n'est point sérieusement engagé dans cette question, car l'ordre n'est point in-

téressé à soutenir les abus des agents du pouvoir ; il
se fonde sur la loi et non sur l'arbitraire. » (1)

Partant de ce principe, MM. Chauveau, F. Hélie et
Villey admettent une présomption de légalité en faveur
des agents de l'autorité, mais ils déclarent que cette
présomption doit cesser de couvrir l'agent dès qu'il se
rend coupable d'un excès de pouvoir ou de la violation
flagrante d'un droit. « Tels seraient, disent ces auteurs,
les cas où l'agent de la force publique voudrait, hors le
cas de flagrant délit, et sans mandat, effectuer une
arrestation ; où un huissier prétendrait opérer une
saisie sans justifier d'un jugement qui l'ait ordonnée ;
où un officier public tenterait de s'introduire, pendant
la nuit, hors les cas prévus par la loi, dans le domicile
d'un citoyen, pour y procéder à une perquisition. » (2)

Si, comme l'on peut s'en rendre compte, d'après ce
qui vient d'être dit, la doctrine est loin d'être d'accord
au sujet du droit de résistance aux actes arbitraires
commis par les agents de l'autorité, la jurisprudence
n'est, malheureusement pas beaucoup mieux fixée sur
ce point, du moins, si l'on tient compte, à la fois, des
arrêts de Cours d'appel et de ceux de la Cour de cassation. Car, en ce qui concerne cette dernière, sa jurisprudence paraît, au contraire, complètement établie dans
un sens hostile au droit de résistance. Il résulte, en
effet, d'un nombre assez considérable d'arrêts de la
Cour Suprême que, lorsqu'un agent de l'autorité se pré-

(1) Droit pénal : tome III, page 99.
(2) Eodem. Voy. aussi. Hello ; Du régime constitutionnel 3ᵉ
édition, tome I, pages 112 et suiv. — Chassan : Délits de presse,
tc. tome I, nᵒ 323 et suiv.

sente devant un individu pour l'arrêter, celui-ci, même s'il croit l'arrestation arbitraire, doit d'abord obéir, sauf à se pourvoir ensuite devant les tribunaux, conformément à la loi.

Dans un premier arrêt, la Cour de Cassation eut à statuer sur les faits suivants : Un rassemblement de plus de deux personnes armées avait attaqué un détachement de gardes nationaux commandé par deux gendarmes recherchant un conscrit insoumis. Le rassemblement avait fait feu sur les gendarmes et blessé l'un d'eux mortellement. La Cour impériale de Toulouse, d'abord. et après cassation de sa décision, la Cour de Bordeaux avaient renvoyé les accusés devant une Cour d'assises, comme coupables du meurtre du gendarme, au lieu de les renvoyer devant une Cour spéciale, sur le crime de rébellion armée à la force armée. Les deux cours impériales avaient donné pour motifs : 1° que les gendarmes n'étaient porteurs d'aucun mandat spécial de perquisition ; 2° qu'ils avaient voulu s'introduire la nuit dans la maison de Bernard Darré cadet, pour y faire la recherche d'un conscrit.

La Cour de cassation, saisie de l'affaire, déclara, sur les conclusions de Merlin et d'après l'examen des faits, que la gendarmerie n'avait pas agi irrégulièrement, et que, par conséquent, les accusés avaient « exercé contre elle des violences constituant une rébellion armée, dans un temps et dans un lieu où elle agissait légalement dans l'exercice de ses fonctions (1) ».

____

(1) Arrêt du 16 avril 1812 : Sirey, 1812, 1.395.

Toutefois, cet arrêt admettait implicitement, comme la Cour de Toulouse, qu'il n'y avait pas rébellion contre la force armée quand elle agissait irrégulièrement, puisque le motif allégué était, dans l'espèce, que les gendarmes avaient agi légalement et dans l'exercice de leurs fonctions.

Mais, dans un second arrêt, la Cour de Cassation fut plus rigoureuse et repoussa cette distinction. Les faits étaient les suivants. Un huissier, assisté de deux gendarmes, s'étant présenté au domicile d'un nommé Jean-Baptiste Costeroste, pour l'exécution d'un jugement rendu en matière civile, sous contrainte par corps, cet individu, son frère et son oncle avaient résisté à l'huissier et l'avaient, par des violences et voies de fait, obligé à se retirer.

Le Tribunal correctionnel de Mende, saisi de l'affaire, déclara que la résistance ne constituait pas un délit à la charge des prévenus, attendu que l'huissier, au moment où il voulait arrêter ledit Costeroste, n'était pas accompagné du juge de paix, comme le prescrit l'article 781 du code de procédure civile.

La Cour de cassation cassa ce jugement en « considérant que du défaut de cette formalité résultait bien, en faveur dudit Costeroste, une action pour faire déclarer la nullité de l'exécution par corps, et demander des dommages-intérêts envers qui de droit; mais que le défaut de ladite formalité, dont l'appréciation n'appartenait qu'au juge compétent, ne l'autorisait pas à commettre des violences et voies de fait contre huissier; qu'en effet, d'après l'article 209 du Code pénal, il y a crime ou délit de rébellion dans la résistance avec violences et voies de fait envers les officiers ministériels, par cela seul qu'étant porteurs de mandats de justice ou de jugements, ils agissent pour leur exécution ; que cet article ne subordonne pas le crime ou le délit qu'il caractérise au plus ou moins de régularité des formes avec lesquelles ces officiers ministériels peuvent procéder ; que les particuliers n'ont pas le droit de se constituer juges de ces formes pour refuser, avec violences et voies de fait, l'obéissance qui est due à la loi et aux actes qui en émanent (1) ».

Dans une troisième espèce, un nommé Louis Bernard avait été condamné par la Cour de Grenoble pour rébellion avec violence et voies de fait envers la force publique requise par le commissaire de police afin de procéder à son arrestation, en dehors du cas de flagrant délit.

Le condamné s'étant pourvu en cassation de cet arrêt, la Cour de cassation rejeta le pourvoi en disant « que la circonstance que le commissaire de police, en ordonnant l'arrestation du demandeur serait, comme celui-ci le prétendait, sorti des attributions de ses fonctions, ne pouvait rien ôter au caractère du délit de rébellion déterminé par l'article 209, puisque cet article ne subordonne pas son application au plus ou moins de régularité dans les ordres émanés de l'autorité pour faire agir la force publique ; que l'illégalité de ces ordres pourrait seulement donner lieu à la prise

____

(1) Arrêt du 14 avril 1820 : Bulletin des décisions de la Cour de cassation, tome 25, page 151.

à partie ou à des poursuites contre les fonctionnaires qui les auraient donnés; mais que cette illégalité ne peut, en aucun cas, autoriser un particulier à s'y opposer avec violences et voies de fait; que le système contraire, qui conduirait directement à autoriser chaque particulier à se constituer juge des actes émanés de l'autorité publique, serait subversif de tout ordre public, qu'il ne serait fondé sur aucune loi et qu'il ne peut être admis (1) »,

Dans un autre arrêt, la Cour de Cassation déclare encore que l'article 209 du code pénal ne subordonne pas l'existence du délit de rébellion au plus ou moins de régularité avec lequel les officiers publics ont procédé et que les particuliers n'ont pas le droit de se constituer juges des fonctionnaires publics, à l'effet de s'autoriser à résister avec violence et voies de fait à l'exécution des actes de l'autorité publique (2).

Ces arrêts ne distinguent plus, comme celui du 16 avril 1812, si les agents de l'autorité ont agi régulièrement ou irrégulièrement.

Il faut remarquer, cependant, que, dans ces derniers arrêts, la Cour eut à statuer sur des cas où les officiers ministériels et les agents de la force armée étaient porteurs de mandats de justice ou de jugements, et agissaient en vertu d'ordres émanés de l'autorité, ce qui peut, jusqu'à un certain point, expliquer ces décisions. Au contraire, cette circonstance n'existe plus

(1) Arrêt du 5 janvier 1821. Sirey, 2621. I. 122.
(2) Arrêt du 22 août 1867 : Bull. tome 72, page 33.

dans les arrêts suivants, qui établissent, néanmoins. en faveur des agents de la force publique, une présomption de légalité qui les couvre de telle sorte que toutes les attaques dirigées contre eux constituent des actes de rébellion.

Dans un premier arrêt, la Cour de cassation déclare « que la présomption légale est que les chefs et les agents de la force publique, armée pour le maintien des lois, les respectent et n'agissent que conformément à ces lois ; que, si les chefs militaires sont responsables de l'emploi illégal qu'ils feraient de leur autorité, cette responsabilité ne saurait autoriser, dans aucun cas, à résister avec violence et voies de fait à des mesures qui sont toujours supposées, jusqu'à preuve contraire, émaner d'une autorité légale et compétente (1). »

D'après un autre arrêt, il suffit, pour qu'il y ait rébellion, « que, soit les officiers ministériels, soit les agents de la force publique légalement requis, paraissent avec le caractère qui leur a été conféré par la loi et dans l'exercice des fonctions qui leur ont été déléguées, pour que toutes violences et voies de fait soient interdites à leur égard ; qu'un système contraire, qui tendrait à convertir en efforts légitimes des excès de cette nature, serait subversif de tout ordre et serait un outrage à la loi elle-même (2). »

La Cour de cassation a également décidé qu'un condamné arrêté en vertu de la condamnation dont il a été frappé ne peut, pour résister, invoquer, l'illégalité de

(1) Arrêt du 3 sept. 1823 : Dalloz 1824. 1. 403.
(2) Arrêt du 15 juillet 1826 : Bulletin, tome 31, page 399.

son arrestation et qu'il n'est pas nécessaire, en pareil cas, que les agents soient porteurs de l'expédition du jugement de condamnation ou de tout autre mandement de justice (1). »

Toutes ces décisions sont confirmées dans un arrêt plus récent où il est déclaré « que la loi ne subordonne pas l'existence du délit de rébellion à l'entière régularité de l'opération à laquelle il est procédé par le fonctionnaire ; que nul n'a le droit de résister avec voies de fait ou violences à l'exécution des actes de l'autorité publique, sauf à poursuivre, le cas échéant, les auteurs d'une opération irrégulièrement accomplie (2). »

Enfin, le dernier arrêt de la Cour de Cassation que nous connaissions sur ce sujet est peut-être, en même temps, le plus rigoureux, car il déclare que « l'illégalité de l'injonction reçue des agents de l'autorité ne saurait, à aucun titre, excuser la résistance avec voies de fait et violence, et enlever à cette résistance le caractère et la qualification légale de rébellion (3). »

Telle est, dans son dernier état, la jurisprudence de la Cour de cassation ; d'après elle, la règle est absolue et il ne doit être fait aucune distinction : que l'ordre soit illégal, qu'il y ait abus de pouvoir, les citoyens n'en doivent pas moins une obéissance aveugle ; la Cour ne leur reconnaît qu'un seul droit, celui de réclamer après l'exécution de l'acte.

(1) Cass. 26 déc. 1839. Bull. tome 44, page 595.
(2) Arrêt du 29 février 1884 : Bull. tome 89, page 105.
(3) 17 avril 1891 : Bulletin, tome 96, page 157.

Cette jurisprudence n'a pas, cependant, pu triompher complètement devant les cours d'appel et celles-ci se montrent moins exigeantes. Indépendamment, en effet, des décisions des Cours de Toulouse et de Bordeaux que nous avons déjà rapportées et qui furent cassées par la Cour Suprême. nous pouvons citer plusieurs arrêts apportant des atténuations à la théorie de cette Cour. Ainsi, la Cour d'appel d'Agen a décidé qu'il n'y avait pas rébellion dans le fait de résister, même avec voies de faits à un détachement de troupes de ligne intervenu sous la conduite d'un chef, pour disperser un rassemblement tumultueux, sans avoir été requis par l'autorité civile (1).

De même, ayant à statuer sur un cas où des voies de fait avaient été exercées contre un huissier qui était entré dans une maison, sans être assisté du juge de paix, pour exécuter un jugement de contrainte par corps, la Cour de Lyon déclara que cette résistance ne constituait pas le délit de rébellion « attendu que, d'après, l'article 209 du code pénal, il ne peut y avoir délit de rébellion que dans les cas d'une résistance qui a été opposée aux agents de la force publique, pour empêcher les exécutions légales auxquelles ils ont à procéder ; qu'aux termes de l'article 781 du code de procédure civile et d'après la définition portée en l'article 390 du code pénal, un débiteur ne peut être arrêté dans une maison habitée, ni dans aucun des lieux

____

(1) Arrêt du 5 mars 1823 : Journal du Palais, tome 17, page 1143.

attenants qui en forment les dépendances, telles que les cours, jardins, clos et autres lieux semblables (1). »

La Cour de Nîmes a déclaré que la résistance avec violence et voies de fait envers un gendarme qui n'avait point fait connaître ni exhibé à l'auteur de cette résistance, le mandat de justice en vertu duquel il voulait l'arrêter, ne constituait ni crime ni délit. (2)

Enfin, un arrêt de la Cour de Limoges porte que « les gendarmes ne pouvant, sous aucun rapport, pour une simple contravention de police, se permettre d'arrêter, de leur propre autorité, le prévenu et de le conduire en prison, celui-ci avait eu le droit de résister à un tel acte d'oppression. » (3)

Il paraît résulter de ces nombreuses décisions que les cours d'appel admettent, d'une façon générale, la résistance contre tout acte illégal.

Que décider, par conséquent, en présence de la jurisprudence si ferme de la Cour de Cassation et des tentatives de résistance des Cours d'appel, d'une part, et entre les divers groupes de la doctrine, d'autre part. Si nous envisageons la question seulement au point de vue des principes et abstraction faite des textes de lois ou des décisions de la jurisprudence, nous croyons, quant à nous, que les citoyens dont la liberté est arbitrairement menacée, ont le droit de résister à l'arrestation et de la repousser même par la force. Seulement, nous croyons que, dans l'intérêt de l'ordre public, ce

(1) Arrêt du 10 juin 1824. J. Pal. tome 18, page 782.
(2) Arrêt du 21 nov. 1826, J. P. tome 20, page 951.
(3) Arrêt du 14 décembre 1826, J. P. 20, page 1036.

droit à la résistance devrait être limité par la loi à certains cas nettement déterminés, dans lesquels l'illégalité de l'acte commis contre le particulier serait flagrante et de nature à léser gravement les intérêts de ce particulier. Tels seraient : 1° Le cas où l'auteur de l'arrestation n'aurait pas la qualité d'agent de la force publique ; 2° Celui où l'agent, ayant, en principe, qualité pour opérer l'arrestation, ne présenterait aucun ordre d'arrestation ; 3° Le cas où l'agent aurait qualité et présenterait un mandat, mais où ce mandat manquerait des conditions essentielles à sa validité, par exemple, n'émanerait pas d'une autorité compétente ou ne porterait pas la désignation de l'inculpé.

Dans tous ces cas, mais dans ceux-là seulement, nous accorderions le droit de résistance, parce qu'alors l'illégalité serait facile à constater et susceptible de léser gravement les intérêts de la victime de l'arrestation, puisqu'elle serait assez sérieuse pour enlever à cette arrestation toute validité aux yeux de la loi. De plus, nous croyons que l'effet moral produit par le recours à la résistance serait alors beaucoup moins préjudiciable à l'ordre public que ne le serait le scandale causé par l'arrestation elle-même.

Sans doute, il y a d'autres hypothèses où ces conditions se trouveraient réunies et dans lesquelles l'arrestation serait arbitraire. Cela se produirait, notamment, si l'arrestation était opérée avec toutes les formes prescrites et par l'autorité compétente, mais pour un fait non puni par la loi. Assurément, cette arrestation ne devrait pas être maintenue, mais nous croyons que, même dans cette hypothèse, le droit de résistance. devrait être refusé à l'individu arrêté, d'abord parce, que la question de savoir si tel fait est punissable ou non ne peut être résolue facilement et, ensuite, parce que, si l'on permettait à un particulier de résister sous le prétexte qu'il n'est passible d'aucune peine, on lui donnerait, en réalité, le droit de résistance dans tous les cas.

A plus forte raison, considérerions-nous la résistance comme criminelle toutes les fois que l'irrégularité dont serait entachée l'arrestation ne serait pas assez importante pour rendre celle-ci nulle en droit. Telle serait, par exemple, le cas où le mandat ne porterait pas de réquisition à la force publique ou manquerait d'une autre formalité non essentielle à sa validité.

Si, maintenant, nous sortons du domaine de la théorie pure pour rentrer dans celui du droit écrit et, en particulier, du droit français, nous croyons que ce dernier reconnaît à la victime d'une arrestation le droit de résister dans tous les cas où l'arrestation est entachée d'illégalité. Il semble, en effet, qu'en décidant que la rébellion consiste dans la résistance ou l'attaque aux agents de l'autorité « agissant pour l'exécution des lois, ordres ou ordonnances de l'autorité publique, des mandats de justice ou jugements », l'article 209 du code pénal a voulu dire, a contrario, qu'il n'y a plus rébellion, lorsque les agents n'agissent plus pour l'exécution des lois ou conformément à ces lois.

Toutefois, cette interprétation, qui nous paraît imposée par la généralité des termes de l'article 209 C. P.

et en faveur de laquelle penchent les cours d'appel est, nous sommes les premiers à le reconnaître, dangereuse pour l'ordre public, car elle n'aboutit à rien moins qu'à attribuer à chaque particulier le droit de discuter les actes exécutoires contre lui et, par suite, à enlever toute autorité aux officiers publics. C'est, sans doute, ce qu'a redouté la Cour de cassation et ce qui l'a fait, par crainte d'un danger, se jeter dans un autre péril tout aussi grave en accordant, dans tous les cas et sans distinction, la présomption de légalité aux actes des officiers publics.

En résumé, il est regrettable que la loi n'ait pas déterminé plus exactement les cas dans lesquels la résistance est licite et ceux où elle est punissable comme rébellion. Mieux eut valu, en effet, un texte limitant à très peu de cas le droit de résistance, mais l'accordant alors formellement, qu'un texte vague permettant, comme l'article 209 du code pénal, aussi bien une interprétation favorable qu'une interprétation contraire au droit de résistance.

Quoiqu'il en soit, il faut, dans le droit actuel et dans l'état de la jurisprudence de la Cour de cassation se garder de conseiller la résistance, si légitime qu'elle puisse paraître. Mieux vaudrait, au contraire, par prudence et pour éviter de s'exposer à des peines sévères, obéir d'abord, sauf à se pourvoir ensuite devant les tribunaux compétents.

CHAPITRE III

VOIES DE RECOURS

Contre les arrestations arbitraires et responsabilités
encourues par leurs auteurs :

I. — Généralités.

II. — Responsabilité pénale des particuliers en cas d'arrestation ou de séquestration illégale.

III. — Responsabilité pénale des fonctionnaires : 1° En cas d'attentat à la liberté ; 2° En cas d'abus d'autorité.

IV. — Responsabilité encourue, au point de vue pénal, par le militaire auteur d'un attentat à la liberté individuelle.

V. — Du refus de constater les détentions arbitraires ou d'y mettre fin ; sanction.

VI. — De la violation des règles prescrites pour l'arrestation et la détention ; sanction.

VII. — Responsabilité civile résultant de l'arrestation arbitraire ; action civile en dommages-intérêts : 1° contre un particulier ; 2° contre un fonctionnaire de l'ordre judiciaire ; 3° contre un fonctionnaire de l'ordre administratif.

VIII. — De la mise en œuvre de la responsabilité pénale ou civile de l'auteur d'une arrestation arbitraire et de quelques obstacles apportés par la loi à cette mise en œuvre.

I. — Lorsqu'une personne a été arrêtée arbitrairement, la loi lui offre plusieurs moyens pour se faire mettre en liberté ou pour obtenir réparation de ceux qui ont illégalement ordonné ou opéré l'arrestation. D'abord le détenu peut porter plainte aux supérieurs hiérarchiques de l'auteur de l'acte illégal, afin de se faire mettre en liberté. Mais il faut reconnaître que ce moyen est souvent rendu illusoire soit par suite de l'esprit de corps exagéré des fonctionnaires, soit pour des raisons politiques ou autres.

En outre de cette responsabilité spéciale des agents de l'autorité vis-à-vis de leurs supérieurs, il en existe d'autres, tant au point de vue pénal qu'au point de vue civil, auxquelles s'exposent tous ceux qui commettent une arrestation arbitraire, qu'ils soient simples particuliers ou fonctionnaires publics.

Pour ce qui est, d'abord, de la responsabilité pénale, la loi fait quelques distinctions, soit quant aux auteurs de l'acte illégal, soit quant à la pénalité encourue, soit à l'égard de la dénomination donnée à l'acte lui-même.

La loi distingue, en effet, si l'atteinte à la liberté est l'œuvre d'un simple particulier ou si elle a été commise par un fonctionnaire ou agent de l'autorité publique. Dans le premier cas, l'acte incriminé reçoit le nom d'arrestation illégale et de séquestration de personnes ; dans le second, ce même acte est appelé, par la loi, attentat à la liberté individuelle, si c'est cette dernière liberté qui se trouve violée, et abus d'autorité, si l'atteinte a été dirigée contre la liberté du domicile.

Enfin la loi prévoit et punit deux autres catégories de crimes contre la liberté individuelle : 1° Le refus, par les fonctionnaires à qui cette obligation est imposée par la loi de constater les détentions arbitraires ou d'y mettre fin ; 2° La violation des règles prescrites pour l'arrestation ou la détention.

Reprenons maintenant et examinons en détail chacun des termes de cette division :

II. — Les atteintes à la liberté individuelle auxquelles le code pénal (art. 341 et suiv.) donne le nom d'arrestations illégales ou de séquestrations de personnes, c'est-à-dire celles qui sont commises par des particuliers, sont également connues sous le nom de crimes de chartre privée, et ont été punies de très bonne heure par les lois.

Le droit romain punissait la chartre privée comme crime de lèse-majesté car il considérait qu'en privant un citoyen de sa liberté, on offensait le prince, parce que l'on accomplissait ainsi un acte que lui seul avait le droit d'accomplir (1).

Le châtiment encouru par le coupable était la peine de mort et celle de la confiscation des biens. Il était applicable même au gouverneur de province qui aurait toléré quelque détention arbitraire : « *Et quicumque provinciæ moderator majestatis crimen procul dubio incursurus est, qui, cognito hujus modi scelere, læsam non vindicaverit majestatem (2).* »

Justinien atténua ces peines et les remplaça par une détention dans une prison publique, égale en durée à la détention illégalement infligée par le coupable : « *Constitutio habet privatas custodias non fieri, et eos qui fecerint pœnæ subjici et tot dies manere in publico carcere quot fuerit quis in privato ab eis inclusus (3).* »

(1) Chauveau, Faustin Hélie et Villey, IV, 427.
(2) Const. I, Cod. Just. IX, 5. *De privatis carceribus.*
(3) Const. 2   «   «   «   «

Dans le dernier état du droit romain, il n'était permis à personne de détenir un citoyen dans une maison privée : « *Jubemus nemini penitus licere in quibuslibet imperii nostri provinciis vel in agris suis, aut ubicumque domi, privati carceris exercere custodiam* (1). Toutefois, cette disposition ne s'appliquait pas à ceux qui, en détenant une personne, ne faisaient qu'exercer une puissance légale : « *Is tamen qui in potestate habet, hoc interdicto non tenebitur, quia dolo malo non videtur habere qui jure suo utitur* (2). » Exception était faite, également, en faveur des magistrats et des parents qui faisaient enfermer des fous furieux : « *Furiosis, si non possint per necessarios contineri, eo remedio per præsidem ob viam eundum est, scilicet ut carcere contineantur, et ita Divus Pius rescripsit* (3). »

Ces lois continuèrent pendant longtemps à être appliquées en France. Plus tard l'ordonnance de 1670 défendit dans un de ses articles « aux prévôts de faire chartre privée dans leurs maisons, ni ailleurs, à peine de privation de leurs charges (4). Un autre article (5) contenait une disposition analogue. Mais ces deux textes ne s'appliquaient qu'aux abus de pouvoir commis par les agents de l'autorité. La jurisprudence en conclut que, pour les attentats à la liberté commis par des particuliers, la loi laissait à l'arbitraire des juges le soin de fixer le châtiment (6).

(1) Const. I Code, Just. IX, 5.
(2) Dig. loi 3, § 2, *de homine libero exib.* XL III, 29.
(3) Loi 13, § I, Dig. *de off. præs.*I, XVIII.
(4) Art. 10, titre 2.
(5) Art. 10, titre 16.
(6) Chauveau, Faustin Hélie et Villey : tome IV, page 128.

L'article 341 du code pénal qui, dans la législation actuelle, punit le crime de chartre privée, déclare que : « Seront punis de la peine des travaux forcés à temps ceux qui, sans ordre des autorités constituées et hors les cas où la loi ordonne de saisir des prévenus, auront arrêté, détenu ou séquestré des personnes quelconques. »

Trois éléments sont nécessaires pour constituer le crime prévu par cet article : 1° Il faut un fait matériel consistant dans une arrestation, une détention ou une séquestration ; 2° Ce fait doit être illégal ; 3° Il faut qu'il soit accompli dans une intention criminelle.

L'arrestation est l'appréhension au corps d'une personne que l'on prive de la liberté d'aller et de venir à son gré. Elle n'est, en général, que le prélude de la rétention de la personne arrêtée. Si la rétention a lieu dans une prison, on l'appelle ordinairement « détention » ; si elle a lieu dans une maison privée, elle prend le nom de séquestration.

Mais il n'est pas nécessaire qu'il y ait, à la fois, arrestation, détention et séquestration, pour que l'acte soit délictueux et l'existence de l'un seulement de ces faits suffit pour constituer le crime prévu par l'article 34 (1).

Ainsi, la cour de cassation a décidé que la seule détention d'un enfant, par ses père et mère, pendant un certain temps, dans une partie de leur habitation, rendait ces derniers passibles des peines portées par l'ar-

(1) Blanche, tome V, nᵒˢ 232 et 233. — Chauveau, F. Hélie et Villey, VI, 429 et Garraud, IV, 275.

ticle 341 du code pénal, bien qu'à l'égard de l'enfant il n'y ait pas eu d'arrestation à opérer (1).

De même, la cour de Grenoble a déclaré coupables de séquestration de personne des individus faisant partie d'un rassemb'ement, séditieux et armé, qui, après avoir provoqué à l'arrestation d'un commandant de la force publique, s'étaient mis en faction à sa porte et l'avaient empêché, pendant plusieurs heures, de sortir de son hôtel et d'y recevoir » (2).

La seconde condition essentielle à l'existence du crime prévu par l'article 341. C. pén. est l'illégalité de l'acte. Il faut, dit en effet ce texte, que le fait ait été commis « sans ordre des autorités constituées et hors les cas où la loi ordonne de saisir des prévenus ».

Nous avons indiqué, déjà, les fonctionnaires auxquels la loi a donné le droit d'ordonner ou d'effectuer une arrestation. Nous savons aussi que, dans certains cas, les particuliers eux-mêmes ont le droit d'arrestation. Il est donc inutile de revenir sur ce sujet et il nous suffira de dire ici, que l'article 341 reste inapplicable à l'égard des fonctionnaires ou des particuliers dans toutes les circonstances que nous avons fait connaître dans le précédent chapitre (3).

On s'est demandé si la loi avait voulu employer des termes sacramentels lorsqu'elle a dit que l'arrestation, pour être illégale, devait avoir été commise « sans or-

---

(1) Arrêt du 27 sept. 1838. Sirey, 1838, 1, 788.

(2) Arrêt du 17 avril 1832. Sirey : 1832, 2, 453.

(3) Voyez, cependant la controverse exposée plus loin : pages 273 et suiv.

dre des autorités constituées et hors les cas où la loi
ordonne de saisir des prévenus. » Faut-il, autrement
dit, poser au jury la question dans les termes mêmes
de la loi ou suffit-il de lui demander si la détention a
été illégale?

La Cour de cassation, ayant à statuer sur une espèce
où l'on avait employé cette dernière expression, déclara
« qu'en demandant au jury si l'accusé était coupable
d'avoir détenu ou sequestré illégalement sa fille, la
cour d'assises avait suffisamment qualifié le crime;
qu'il eût été plus régulier, à la vérité, de rappeler,
dans la question, les termes mêmes de l'article 341 du
code pénal et de demander si la détention ou la seques-
tration avait eu lieu sans ordre des autorités constituées
et hors les cas où la loi ordonne de saisir des prévenus; mais que l'article 341 du code pénal étant placé
sous la rubrique des arrestations illégales et séquestrations de personnes, il en résultait qu'en déclarant que
l'arrestation était illégale, le jury avait déclaré qu'elle
avait eu lieu sans ordre des autorités constituées » (1).

Malgré l'avis de la Cour de cassation, il nous
semble qu'il vaudrait mieux considérer comme sacramentels les termes employés par l'article 341, C. pén.,
car, avec l'opinion adverse, on risque de faire commettre des erreurs aux jurés en leur demandant de résoudre une question de droit souvent difficile. De plus, il
est vraisemblable que la loi en définissant l'arrestation
illégale, a voulu faciliter la tâche des jurés. Il serait

(1) Arrêt du 19 juin 1828. Journal du Palais, à cette date.

donc logique de faire connaître à ces derniers la défi
nition même donnée par la loi, en la reproduisant dans
la question (1).

Le troisième élément nécessaire à l'existence du
crime prévu par l'article 341. C. pén. est l'intention
criminelle. Sur ce point, c'est l'examen des circonstances et des faits incriminés qui peut fournir les indi-
cations nécessaires. Ainsi, il semble que l'art. 341 serait inapplicable à des parents qui garderaient chez
eux une personne aliénée (2).

On ne pourrait, non plus, refuser aux pères, mères,
tuteurs, maîtres et instituteurs le droit de détenir, dans
une certaine mesure, pour forme de correction, leurs
propres enfants ou les enfants qui leur sont confiés.
Cependant, cette détention doit être modérée, sous
peine de devenir illégale (3).

Il a, de même, été jugé que des agents ne devraient
pas être considérés comme coupables d'arrestation illégale pour avoir arrêté et conduit devant le magistrat
un individu qui les aurait injuriés dans leurs fonctions,
lors même que, l'heure étant avancée, ces agents auraient provisoirement détenu dans la chambre de sûreté la personne ainsi arrêtée (4).

(1) En ce sens : Chauveau, Faustin Hélie et Villey : I V, p. 433.,
et Garraud, IV. 585.

(2)　　　　　»　　　　　　»　　　　　　»　　　　　　　»

(3) Arrêt Cass. 27 sept. 1838 : Sirey, 1838, 1, 788. —Voir aussi :
Chauveau, F. Hélie et Villey, tome IV, page 434 et Blanche. tome
V. n° 236

(4) Arrêt de la Cour de Bourges du 25 mai 1860 : en note sous
Cass., 5 avril 1860. Sirey, 1860, 1, 585.

Une question plus difficile à résoudre est celle de savoir si un mari pourrait être excusable dans le cas où il aurait séquestré sa femme. Quelques anciens auteurs reconnaissaient au mari le droit de tenir sa femme en chartre privée (1), Mais dans la législation en vigueur de nos jours, le mari n'a, sur sa femme, ni le droit de correction, ni celui de détention et, dans le cas où l'intention criminelle serait démontrée chez un mari ayant séquestré sa femme, l'article 341 devrait s'appliquer (2).

A quelles personnes peut être appliqué l'article 341 du code pénal? Est-il destiné à punir les particuliers seuls, ou bien peut-il atteindre même les fonctionnaires qui se rendent coupables du crime d'arrestation illégale? La question a donné lieu à de sérieuses controverses.

Disons, tout d'abord, pour la simplifier, que les fonctionnaires agissant en dehors de leurs fonctions ne sont plus couverts par leur qualité et qu'ils deviennent, alors, comme les simples particuliers, passibles de l'article 341 du code pénal.

Ainsi limitée, la question consiste seulement à savoir si, lorsqu'un fonctionnaire commet, dans l'exercice de ses fonctions, un acte attentatoire à la liberté individuelle, ce fonctionnaire doit être considéré comme tombant sous le coup de l'article 341 précité. Il y a eu longtemps divergence d'opinions, sur ce point, entre la doctrine et la jurisprudence.

(1) Chauveau, F. Hélie et Villey : IV, page 434.
(2) Garraud, tome IV, page 577.

La doctrine admet, généralement, que l'article 341 C. pén. est applicable aux particuliers seuls et non aux fonctionnaires agissant dans l'exercice de leurs fonctions. On invoque, en ce sens, les paroles de l'orateur du gouvernement qui, en expliquant l'article 341, disait : « Il ne s'agit point ici des arrestations illégales commises par des fonctionnaires publics ; cette matière est réglée par le titre Ier du 3e livre. Les dispositions actuelles n'ont trait qu'aux attentats à la liberté commis par des particuliers. » On fait valoir aussi que, toutes les fois où l'occasion s'en est présentée, le code pénal a séparé. pour leur appliquer des peines différentes, les mêmes crimes, suivant qu'ils sont commis par des fonctionnaires ou par des particuliers.

Contrairement à cette opinion, la Cour de cassation déclara, dans un arrêt du 5 novembre 1812, que les expressions générales dans lesquelles était conçu l'article 341 du Code pénal, devaient en faire étendre l'application à toutes les personnes, quelles qu'elles fussent, qui se trouveraient dans la situation prévue par ce texte (1).

La même Cour décida, quelques années plus tard, que « la disposition de l'article 341 du Code pénal est spéciale, quant au fait d'arrestation et de séquestration arbitraire, et générale, en ce qui concerne ceux qui s'en rendraient coupables ; que, dès lors, et à défaut d'une dérogation expresse à cette disposition, on doit considérer, comme y étant compris, tout agent de la force

____

(1) Journal du Palais, tome 10, page 779.

publique qui procéderait à des actes de cette nature ; qu'aucune dérogation à l'article 341 C. pén. ne résulte de l'article 114 du même code ; qu'en effet, les arrestations illégales ne sont pas expressément énoncées dans ce dernier article, et qu'il y a lieu de recourir, dans la recherche de la pénalité qui leur est propre, à la section qui les a spécifiées, et non à celle qui a prévu d'une manière indéterminée les actes arbitraires et attentatoires, soit à la liberté individuelle, soit aux droits civiques d'un ou plusieurs citoyens, soit à la Charte (1). »

Cependant, la Cour de cassation paraît vouloir changer sa jurisprudence sur ce point, car on lit, dans un arrêt plus récent que ceux qui viennent d'être cités, les considérants suivants ; « Attendu qu'il résulte de la combinaison des articles 114, 341 et suivants du code pénal que l'article 114 a pour but de réprimer les actes arbitraires et attentatoires soit à la liberté individuelle, soit aux droits civiques d'un ou plusieurs citoyens, et qui seraient commis ou ordonnés par un fonctionnaire public, un agent ou préposé du gouvernement, dans l'exercice de ses fonctions ; ce qui comprend évidemment l'arrestation d'un citoyen qui aurait lieu par abus de l'autorité déléguée au fonctionnaire ou agent préposé ; attendu que les articles 341 et suiv. C. pén. prévoient l'arrestation, la détention ou la séquestration d'une personne quelconque, sans ordre des autorités constituées et hors les cas où la loi or-

(1) Arrêt du 25 mai 1832 : Journal du droit criminel. 1832 page 133.

donne de saisir un prévenu, par tout individu qui agit de son autorité privée et pour la satisfaction de ses passions personnelles; attendu que ces distinctions ressortent du texte même des dispositions qui viennent compléter les articles 114 et 341 du code pénal (1). »

Cet arrêt rompt, on le voit, entièrement avec les précédents et admet sans restriction la théorie de la doctrine ; il faut espérer que la Cour de cassation s'en tiendra à cette dernière jurisprudence.

Le crime d'arrestation illégale, prévu par l'article 341 C. pén. est puni, par ce même article, de la peine des travaux forcés à temps.

Mais la loi a prévu, au sujet de ce crime, quatre circonstances aggravantes.

La première consiste dans le fait que la séquestration ou la détention a duré plus d'un mois. Alors, la peine, au lieu d'être celle des travaux forcés à temps, est celle des travaux forcés à perpétuité (art. 342, C. pén.).

La peine est également celle des travaux forcés à perpétuité dans les deux circonstances suivantes : 1° lorsque l'arrestation a été exécutée avec le faux costume, sous un faux nom ou sur un faux ordre de l'autorité publique (art. 344, D. pén,); 2° quand l'individu arrêté, détenu ou séquestré a été puni de mort (art. 344, C. pén.).

Enfin, la peine est celle de la mort si les personnes arrêtées, détenues ou séquestrées, ont été soumises à des tortures corporelles (art. 344, C. Pén.).

(1) Arrêt du 4 déc. 1862. Journal du Palais, 1863, page 876.

En sens inverse, la peine peut être diminuée et la culpabilité atténuée par certains faits. Ainsi, l'article 343, C. Pén., dit que « la peine sera réduite à l'emprisonnement de deux ans à cinq ans si les coupables des délits mentionnés en l'article 341, non encore poursuivis de fait, ont rendu la liberté à la personne arrêtée, séquestrée ou détenue, avant le dixième jour accompli depuis celui de l'arrestation, détention ou séquestration. Ils pourront néanmoins être renvoyés sous la surveillance de la haute police depuis cinq ans jusqu'à dix ans » (1).

Deux conditions sont nécessaires pour que la peine soit atténuée : 1° il faut que les coupables ne soient pas encore poursuivis; 2° il faut qu'ils aient rendu la liberté à la personne arrêtée, séquestrée ou détenue, avant le dixième jour accompli depuis celui de l'arrestation, détention on séquestration.

Enfin, l'article 341, § 2, dit que « quiconque aura prêté un lieu pour exécuter la détention ou séquestration subira la même peine ». Ce texte, en établissant une complicité particulière, donne naissance à une difficulté : on se demande si la peine applicable au complice qui a prêté le local de la détention doit toujours être celle que fixe l'article 341, § 2, C. Pén., ou bien si ce complice doit subir les effets de l'atténuation ou de l'aggravation de la peine encourue par l'auteur princi-

(1) Cette surveillance a été supprimée et remplacée par la défense faite au condamné de paraître dans les lieux dont l'interdiction lui est signifiée par le gouvernement avant sa libération (loi du 27 mai 1886, art. 19).

pal. Diverses solutions ont été proposées, parmi lesquelles nous préférons celle qui admet l'extension au complice de l'aggravation de la peine, pour le cas où la détention a duré plus de dix jours, parce qu'il a, sinon nécessairement, du moins presque certainement eu alors connaissance du fait délictueux. Mais il paraît, malgré des avis contraires, difficile d'étendre, en principe, les autres causes d'aggravation au complice, parce que celui-ci peut fort bien les avoir ignorées. Seulement, s'il était prouvé qu'il a eu connaissance des menaces ou du déguisement avant de prêter le local, il semblerait logique de lui appliquer la peine aggravée, bien qu'il n'ait lui-même proféré aucune menace ni pris aucun déguisement (1).

III. — Lorsque l'acte attentatoire à la liberté individuelle est commis par un fonctionnaire public, il prend, ainsi que nous l'avons déjà dit, le nom d'attentat à la liberté. Aux termes de l'article 114 du Code Pénal, « lorsqu'un fonctionnaire public, un agent ou un préposé du gouvernement aura ordonné ou fait quelque acte arbitraire ou attentatoire soit à la liberté individuelle, soit aux droits civiques d'un ou de plusieurs citoyens, soit à la Charte, il sera condamné à la peine de la dégradation civique ».

Deux questions principales sont à résoudre, au sujet de cet article : 1° chercher quels sont les faits prévus et punis par lui ; 2° quelles sont les personnes auxquelles il peut être appliqué.

____

(1) Comp. Chauveau, Faustin-Hélie et Villey, IV, 441.

A propos de la première question, l'article 114, C. Pén., distingue lui-même comme étant punissables trois catégories d'actes arbitraires : 1° ceux qui sont attentatoires à la liberté individuelle ; 2° ceux qui portent atteinte aux droits civiques des citoyens ; 3° ceux qui atteignent la Constitution. Mais les premiers seuls de ces faits entrant dans notre sujet, nous ne parlerons plus des autres.

Que faut-il entendre par actes attentatoires à la liberté individuelle ? On désigne, en général, sous ce nom, toutes les arrestations qui sont exécutées en dehors des cas déterminés par la loi ou en violation des formes qu'elle a prescrites.

Par conséquent, toute arrestation, opérée en dehors de l'un de ces cas ou en violation de ces formes, est illégale et, comme telle, constitue un acte arbitraire à la charge de celui qui l'a ordonnée ou exécutée. Cela peut se produire dans trois ordres d'hypothèses : 1° Si l'arrestation est ordonnée ou opérée par un agent incompétent ; 2° Si l'agent, qui l'ordonne ou l'opère, étant compétent, agit en dehors des cas déterminés par la loi ; 3° Si l'ordre ou l'exécution de cet ordre viole les prescriptions de la loi.

Sur la première question, il n'y a pas de difficultés ; la loi indique quels sont les fonctionnaires compétents et, par conséquent, tous les autres sont incompétents.

Mais, pour les autres hypothèses, la question se complique : l'article 114 du code pénal est, en effet, très vague et permettrait son application à tout acte illégal ou arbitraire quel qu'il soit et qu'il soit commis volon-

tairement ou par erreur. Cependant, on admet, généralement que, pour qu'il y ait lieu d'appliquer cet article,
il ne suffit pas que l'acte incriminé soit illégal, mais
qu'il doit, en outre, avoir été commis dans une intention criminelle. Ainsi, il a été jugé qu'il n'y avait pas
lieu d'autoriser la mise en jugement d'un maire pour
une arrestation ordonnée sans motifs légaux, mais dans
l'intérêt évident de la personne arrêtée et pour la soustraire à de graves dangers. (1)

Au contraire, un maire qui chasse, arbitrairement et
avec la force armée, une femme de la maison qu'elle
habite, doit être mis en jugement, quels que soient
les motifs de mœurs ou de convenances qu'il invoque. (2)

L'existence de l'intention criminelle étant reconnue
comme nécessaire pour qu'il y ait lieu d'appliquer
l'article 114 c. pén. au fonctionnaire, compétent en
principe, qui a simplement commis un excès de pouvoir, il en résulte que si le fonctionnaire a agi par
erreur ou par ignorance, mais sans intention criminelle, il ne peut lui être fait application de ce texte,
quelle que grave que soit son erreur ou son ignorance (3).

Or, aucun autre texte ne punissant les magistrats
pour les abus légers qu'ils peuvent commettre, par
exemple, le juge d'instruction, pour avoir délivré un

____

(1) Cons. d'Etat 10 février 1816, Journal du Palais ; jurispr.
admin. à cette date.
(2) Eodem.
(3) Voy. Garraud : tome 3, page 32 : — Chauveau : tome 2,
page 98.

mandat irrégulier, ordonné une arrestation sans nécessité ou prolongé outre mesure la détention provisoire
d'un inculpé, les victimes de ces actes n'ont que le
recours devant les tribunaux civils ou la ressource de la
plainte au Procureur général, ce qui est bien illusoire.

Il y a deux cas, toutefois dans lesquels le prévenu
bénéficie d'une autre voie de recours contre les décisions du juge d'instruction (art. 135, Inst. cr.) C'est :
1° Quand la mise en liberté provisoire lui est refusée ;
2° Quand il a excipé de l'incompétence du juge et que
celui-ci s'est déclaré compétent. Alors le prévenu a le
droit d'attaquer la décision du juge d'instruction, par
la voie de l'opposition ou appel à la Chambre des mises
en accusation.

Voilà pour les actes punissables par l'article 114.
Nous devons maintenant nous demander à quelles personnes ce texte peut être appliqué et quelles sont celles
qu'il désigne quand il parle des fonctionnaires publics,
agents ou préposés du gouvernement.

On admet généralement que ces expressions sont
trop générales et qu'elles ne doivent pas être prises à
la lettre, mais considérées comme désignant seulement
les fonctionnaires autorisés à ordonner une arrestation, de telle sorte que tout autre fonctionnaire, qui
commettrait une arrestation illégale, devrait être puni
comme un simple particulier et poursuivi, non pas en
vertu des articles 114 et suivants du code pénal, mais
en vertu des articles 341 et suivants du même code.

La peine prononcée par l'article 114, C. Pén. est celle
de la dégradation civique. Il y a une différence frap-

pante entre cette peine, portée contre les fonctionnaires coupables d'attentat à la liberté et celle que prononce l'article 341, C. Pén. contre les simples particuliers commettant le même crime. Pourquoi cette différence et pourquoi punir des travaux forcés un particulier pour un fait qui, s'il est accompli par un fonctionnaire, n'entraîne contre celui-ci que la peine de la dégradation civique ? Sans doute, le fonctionnaire en commettant un attentat à la liberté individuelle, agit généralement dans une intention moins criminelle que ne le fait le particulier en semblable circonstance. Tandis, en effet, que la plupart du temps, les premiers commettent ces attentats par pur excès de zèle, les seconds, au contraire, n'obéissent presque toujours qu'à un sentiment de haine. Cette considération serait suffisante pour justifier une différence de peine en faveur des fonctionnaires, mais elle ne la justifierait cependant pas aussi grande que l'a établie le code pénal. Celle-ci, toutefois, s'explique par ce fait que le code pénal fut promulgué en 1810, c'est-à-dire à l'époque où le premier Empire était à son apogée. Il n'est donc pas étonnant, étant donné le caractère despotique du gouvernement impérial, de reconnaître dans l'article 114, C. Pén. comme, d'ailleurs, dans tous les textes relatifs à la responsabilité des fonctionnaires, le désir manifeste de diminuer cette responsabilité afin d'assurer partout la domination absolue du gouvernement.

Le crime prévu par l'article 114 peut, comme celui que prévoit l'article 341, être accompagné de circonstances aggravantes ou atténuantes.

Aux termes de l'article 115 C. Pén., si c'est un ministre qui a ordonné ou fait les actes ou l'un des actes mentionnés en l'article précédent, et si, après les invitations dont il est parlé dans les articles 63 et 67 du sénatus-consulte du 28 floréal an XII, il a refusé ou négligé de faire réparer ces actes dans les délais fixés par ledit acte, il sera puni du bannissement.

Les invitations, dont il est question dans ce texte, devaient être faites au ministre à trois fois différentes, dans le délai d'un mois, par la commission sénatoriale de la liberté individuelle. Mais le sénatus-consulte de l'an XII n'étant plus en vigueur, faut-il en conclure que l'article 115 ne doit plus être applicable ? Nous ne le croyons pas et, à notre avis, cet article doit rester applicable dans la partie qui n'en a pas été abrogée, de sorte qu'un ministre qui se rendrait coupable d'un attentat à la liberté individuelle serait passible de la peine du bannissement. Il semble même qu'il n'y aurait alors pas lieu de substituer aux invitations exigées par l'article 115, des sommations faites dans un délai légal (1).

L'article 116 C. Pén. établit, en faveur des ministres, une cause d'excuse ou, peut-être plus exactement, de non culpabilité, pour le cas où ils prouvent que leur signature a été surprise, à la condition, toutefois, qu'après avoir fait cesser l'acte délictueux, ils aient dénoncé celui qui avait surpris leur signature.

L'article 114, § 2, C. Pén., crée une autre cause d'ex-

____

(1) Garraud, tome III, page 37.

cuse en cas d'attentat à la liberté, en décidant que si l'auteur de l'acte incriminé « justifie qu'il a agi par ordre de ses supérieurs, pour des objets du ressort de ceux-ci, sur lesquels il leur était dû obéissance hiérarchique, il sera exempt de la peine, laquelle sera, dans ce cas, appliquée seulement aux supérieurs qui auront donné l'ordre. »

Deux conditions sont nécessaires pour que l'excuse existe : 1ᵉ Il faut qu'un ordre ait été donné par un supérieur à un inférieur qui lui devait obéissance ; 2° L'ordre doit être relatif à un objet rentrant dans le ressort de ce supérieur. Lorsque ces deux conditions sont réunies, l'excuse existe, sans qu'il y ait à rechercher si l'agent connaissait l'illégalité de l'acte qu'il accomplissait, ou bien s'il a agi par erreur sur la nature de l'ordre et par ignorance de sa criminalité (1).

Cette cause d'excuse qui peut être très utile au fonctionnaire et lui rendre à l'occasion un grand service, est, en revanche, on le conçoit aisément, bien dangereuse pour les particuliers ayant à se plaindre du fonctionnaire. Sans doute, si celui-ci échappe au châtiment, le supérieur qui a donné l'ordre reste responsable, mais cette responsabilité, en remontant d'échelon en échelon quelquefois jusqu'au ministre, peut, dans beaucoup de cas, rendre le recours de la victime sinon tout à fait illusoire, du moins si long et si difficile à exercer que celle-ci se décourage et renonce à la pour-

____

(1) Garraud, tome III, page 35. — Comp. Chauveau, F. Hélie et Villey, tome II, page 212.

suite. Il y a donc là, à notre avis, un grave danger pour la liberté individuelle et nous voudrions voir disparaître de notre droit pénal cette cause de justification pour les auteurs d'actes arbitraires.

La troisième hypothèse prévue par le code pénal comme portant atteinte à la liberté individuelle est celle de la violation de domicile dont il est question au titre des abus d'autorité (art. 84 et suiv. C. Pén.).

Fidèle à la rubrique sous laquelle il était placé, l'article 184 du code pénal de 1810 ne prévoyait que les violations de domicile commises par des fonctionnaires, mais, lors de la révision de 1832, cet article fut modifié et étendu aux cas de violation de domicile commise par de simples particuliers, de sorte qu'aujourd'hui il est ainsi conçu : « Tout fonctionnaire de l'ordre administratif ou judiciaire, tout officier de justice ou de police, tout commandant ou agent de la force publique qui, agissant en sa dite qualité, se sera introduit dans le domicile d'un citoyen contre le gré de celui-ci, hors les cas prévus par la loi, et sans les formalités qu'elle a prescrites, sera puni d'un emprisonnement de six jours à un an et d'une amende de seize francs à cinq cents francs, sans préjudice de l'application du second paragraphe de l'article 114.

« Tout individu qui se sera introduit à l'aide de menaces ou de violences dans le domicile d'un citoyen sera puni d'un emprisonnement de six jours à trois mois et d'une amende de seize francs à trois cents francs. »

Pour la violation de domicile commise par un fonctionnaire, le fait constitutif de la criminalité consiste :

1° Dans ce que l'acte a été commis par l'une des personnes énumérées au paragraphe premier de l'article 184 C. Pén. ; 2° En ce que le fonctionnaire a agi en sa qualité lorsqu'il a accompli l'acte incriminé ; 3° En ce que l'introduction dans le domicile a eu lieu contre le gré de l'habitant.

Mais, ici, comme dans le cas d'attentat à la liberté, le fonctionnaire peut échapper à la condamnation en justifiant qu'il a agi en vertu d'un ordre de ses supérieurs. Cela résulte des mots : « sans préjudice de l'application du second paragraphe de l'article 114 », par lesquels est terminé l'article 184 C. Pén.

Le second paragraphe de l'article 184 exige une condition de plus que le précédent pour qu'il y ait violation de domicile par un particulier. Tandis, en effet, que, dans l'hypothèse précédente, le délit existe par cela seul que le magistrat ou le fonctionnaire s'est introduit dans le domicile d'un citoyen contre le gré de celui-ci, hors les cas prévus par la loi et sans les formalités qu'elle a prescrites, au contraire, pour que le délit de violation soit commis par un particulier, il faut que ce particulier se soit introduit dans le domicile à l'aide de menaces ou de violences. Une contrainte matérielle ou morale est donc nécessaire, dans cette hypothèse, à l'existence du délit ; mais il n'y a pas à distinguer si la pression sur la volonté de l'habitant a été opérée par une menace directe à sa personne ou par une menace à ses biens (1).

____

(1) Garraud, tome III, page 441.

Il peut arriver que la violation du domicile, au lieu de constituer un délit unique et principal, ait pour motif l'accomplissement d'un autre crime, tel, par exemple, qu'un assassinat ou un vol. Dans ces cas, le fait de violation n'est plus considéré comme un délit principal, mais comme un acte préparatoire ou comme un commencement d'exécution de l'autre crime et c'est cet autre crime ou sa tentative que l'on devrait punir. (1)

IV. — L'attentat à la liberté peut être commis par un militaire. Alors, celui-ci, n'ayant pas le caractère d'agent du gouvernement, ni celui de fonctionnaire, le texte applicable serait, non pas l'article 114 du Code pénal, mais l'article 341 du même code. Il serait, en outre, conformément au droit commun, pour les militaires, jugé par les conseils de guerre, à moins qu'il n'ait des complices et que, par suite de ce fait, les tribunaux ordinaires ne fussent compétents.

Enfin, le militaire qui se rend coupable du crime d'attentat à la liberté peut être poursuivi en dommages intérêts devant les tribunaux ordinaires.

Si l'acte était imputé à un officier ayant agi en vertu de l'ordre d'un supérieur, cet officier serait couvert par l'ordre reçu. Mais la responsabilité remonterait au supérieur lui-même ; c'est ainsi que le commandant d'une place en état de siège ayant, en 1870, fait arrêter et détenir arbitrairement, pendant quinze jours, un citoyen non militaire, qui n'était inculpé d'aucun délit, a été condamné par la Cour de Dijon, le 9 août 1871, à

(1) Chauveau : F. Hélie et Villey, tome 3 page 22.

1,000 francs de dommages-intérêts envers la partie lésée. (1)

V. — Nous nous sommes, jusqu'ici, occupés de ceux qui prennent une part directe à l'exécution de l'attentat à la liberté individuelle. Mais il peut se présenter des cas où certaines personnes, sans avoir d'abord aidé à l'accomplissement de l'acte arbitraire, facilitent ensuite la détention par négligence ou par complaisance. La loi a cherché à prévenir, dans une certaine mesure, les faits de ce genre, et, indépendamment de la disposition de l'article 344 que nous connaissons déjà, le Code d'instruction criminelle et le Code pénal contiennent plusieurs textes destinés à ce but.

La loi distingue, à ce point de vue, deux catégories d'actes : 1° Le refus de constater les détentions arbitraires et d'y mettre fin ; 2° La violation des règles prescrites pour l'arrestation et la détention.

Les actes de la première catégorie sont prévus et punis par les articles 615, 616 du Code d'instruction criminelle et 119 du Code pénal. Ces textes sont ainsi conçus :

« En exécution des articles 77, 78, 79, 80, 81 et 82 de l'acte des constitutions du 22 frimaire an VIII, quiconque aura connaissance qu'un individu est détenu dans un lieu qui n'a pas été destiné à servir de maison d'arrêt, de justice ou de prison, est tenu d'en donner avis au juge de paix, au procureur de la République ou à son substitut, ou au juge d'instruction, ou au procu-

(1) Arrêt du 9 août 1871 : Dalloz, 1872, 1, 392.

reur général près la cour d'appel. » (art. 615, Instr. crim.).

« Tout juge de paix, tout officier chargé du ministère public, tout juge d'instruction, est tenu d'office, ou sur l'avis qu'il en aura reçu, sous peine d'être poursuivi comme complice de détention arbitraire, de s'y transporter aussitôt, et de faire mettre en liberté la personne détenue, ou, s'il est allégué quelque cause légale de détention, de la faire conduire sur le champ devant le magistrat compétent. » (art. 616, Instr. crim.)

« Les fonctionnaires publics chargés de la police administrative ou judiciaire, qui auront refusé ou négligé de déférer à une réclamation légale tendant à constater les détentions illégales et arbitraires, soit dans les maisons destinées à la garde des détenus, soit partout ailleurs, et qui ne justifieront pas les avoir dénoncées à l'autorité supérieure, seront punis de la dégradation civique, et tenus de dommages-intérêts, lesquels seront réglés comme il est dit dans l'article 117. » (art. 119, C. Pén.).

Ainsi, le Code d'instruction criminelle pose la règle. et le Code pénal établit la sanction ; mais il est bizarre que ce texte se contente de punir les fonctionnaires qui refusent ou négligent de constater, quand on le réclame, une détention arbitraire et qui ne la dénoncent pas, ensuite, à l'autorité supérieure. Il en résulte que les fonctionnaires désignés par l'article 119 C. Pén. sont seulement tenus de constater la détention arbitraire quand ils en reçoivent la demande formelle et de la dénoncer ensuite, mais qu'ils ne peuvent, d'eux-mêmes, remettre en liberté l'individu illégalement détenu. Cela est d'autant plus singulier que l'article 119 du Code pénal est le seul texte qui s'occupe des moyens à employer pour faire rendre la liberté aux individus détenus dans les prisons. On pourrait, en présence d'une semblable lacune, être tenté de croire à un oubli, mais il a été donné, sur la rédaction de l'article 119, une explication que l'on est plutôt tenté de croire juste : « Ce n'était pas, a-t-on dit, avec le système des prisons d'Etat et des arrestations par mesure de haute police, que l'on pouvait concéder encore à un simple fonctionnaire le droit de faire mettre en liberté les individus jetés dans les prisons sans mandat ni jugement. On voulait bien permettre la simple réparation du crime de détention arbitraire commis par un particulier, dans une maison particulière ; mais cet autre crime commis par l'autorité elle-même et exécuté ouvertement dans les lieux où ce crime est puni, il fallait bien se garder d'y toucher. » (1)

Quelle que grave que soit cette lacune, ce n'est, cependant, pas la seule que l'on puisse trouver dans l'article 119. C. Pén.

Cet article, en effet, n'indique nullement en quoi consistent les obligations de l'autorité supérieure dont il parle et ne dit pas davantage quels sont les fonctionnaires qui doivent être considérés comme ayant cette autorité.

VI. — Enfin, le dernier crime contre la liberté indi-

(1) Chauveau : F. Hélie et Villey, tome 2, page 221.

viduelle qu'ait prévu le code d'instruction criminelle et le code pénal, consiste dans la violation des formes prescrites par la loi pour l'arrestation. Il est prévu par les articles 120 et 122 du code pénal.

Aux termes de l'article 120. C. Pén. « les gardiens et concierges des maisons de dépôt, d'arrêt, de justice ou de peine, qui auront reçu un prisonnier sans mandat ou jugement, ou sans ordre provisoire du Gouvernement ; ceux qui l'auront retenu, ou auront refusé de le représenter à l'officier de police ou au porteur de ses ordres, sans justifier de la défense du procureur de la République ou du juge ; ceux qui auront refusé d'exhiber leurs registres à l'officier de police seront, comme coupables de détention arbitraire, punis de six mois à deux ans d'emprisonnement et d'une amende de seize francs à deux cents francs. »

Le texte prévoit trois cas : 1° le cas où un prisonnier est détenu sans mandat ni jugement ; 2° le refus de représenter le prisonnier à l'officier de police ; 3° le refus d'exhiber à ce même officier les registres de la prison.

La première de ces dispositions est destinée à sanctionner l'article 609 du code d'instruction criminelle, d'après lequel : « Nul gardien ne pourra, à peine d'être poursuivi comme coupable de détention arbitraire, recevoir ni retenir aucune personne qu'en vertu, soit d'un mandat de dépôt, soit d'un mandat d'arrêt décerné selon les formes prescrites par la loi, soit d'un arrêt de renvoi devant une cour d'assises, d'un décret d'accusation ou d'un arrêt ou jugement de condamnation à peine afflictive ou à un emprisonnement, et sans que la transcription en ait été faite sur son registre. »

Les ordres provisoires dont parle ce texte se rapportaient à l'article 46 de la constitution du 22 frimaire an VIII, mais, l'article 4 de la charte de 1814 ayant abrogé le précédent, la partie de l'article 120 C. Pén. relative aux ordres provisoires du gouvernement est devenue inutile.

Nous devons faire remarquer aussi que, l'article 609 du code d'instruction criminelle n'ayant pas mentionné le mandat d'amener, il faut en conclure que la loi n'autorise pas la détention reposant sur ce simple mandat, ce qui est, d'ailleurs, tout à fait logique, car le mandat d'amener n'a qu'un but, celui de permettre l'interrogatoire du prévenu et cet interrogatoire doit avoir lieu de suite ou, au plus tard, dans un délai de vingt-quatre heures.

Le second délit prévu par l'article 120, C. Pén. c'est-à-dire le refus par le gardien de représenter un prisonnier à l'officier de police ou au porteur de ses ordres, sans justifier de la défense du procureur de la République ou du juge d'instruction, a pour but de sanctionner l'article 618 du code d'instruction criminelle, ainsi conçu : « Tout gardien qui aura refusé, ou de montrer au porteur de l'ordre de l'officier civil ayant la police de la maison d'arrêt, de justice, ou de la prison, la personne du détenu, sur la réquisition qui en sera faite, ou de montrer l'ordre qui le lui défend, ou de faire au juge de paix l'exhibition de ses registres, ou de lui laisser prendre telle copie que celui-ci croira nécessaire de partie de ses registres, sera poursuivi comme coupable de détention arbitraire. »

Enfin, en punissant le refus par le gardien d'exhiber les registres de la prison, le dernier paragraphe de l'article 120, C. Pén. sanctionne l'article 618. Instr. Crim. reproduit ci-dessus et, en outre, les articles 607, 608 et 610 du même code qui prescrivent la tenue de ces registres et qu'il nous suffira de rapporter sans commentaires :

Art. 607 : « Les gardiens des maisons d'arrêt, des maisons de justice et des prisons seront tenus d'avoir un registre.

« Ce registre sera signé et paraphé à toutes les pages, par le juge d'instruction, pour les maisons d'arrêt ; par le président de la cour d'assises, ou, en son absence, par le président du tribunal de première instance, pour les maisons de justice ; et par le préfet, pour les prisons pour peines. »

Art. 608 : « Tout exécuteur de mandat d'arrêt, d'ordonnance de prise de corps, d'arrêt ou de jugement de condamnation, est tenu, avant de remettre au gardien la personne qu'il conduira, de faire inscrire sur le registre l'acte dont il sera porteur ; l'acte de remise sera écrit devant lui.

« Le tout signé tant par lui que par le gardien.

« Le gardien lui en remettra une copie signée de lui pour sa décharge. »

Art. 610 : « Le registre ci-dessus mentionné contiendra également, en marge de l'acte de remise, la date de la sortie du prisonnier, ainsi que l'ordonnance, l'arrêt ou le jugement en vertu duquel elle aura lieu. »

Il ne nous reste plus qu'un texte à examiner, sur ce sujet ; c'est l'article 122, C. Pén. qui déclare que : « Seront punis de la dégradation civique les procureurs généraux ou de la République, les substituts, les juges ou les officiers publics qui auront retenu ou fait retenir un individu hors des lieux déterminés par le Gouvernement ou par l'administration publique, ou qui auront traduit un citoyen devant une cour d'assises, sans qu'il ait été préalablement mis légalement en accusation. »

Il y a deux dispositions à distinguer dans ce texte :

La première a pour but de punir l'incarcération dans des lieux non destinés par la loi à la garde des détenus. Ces lieux sont les maisons d'arrêt et de justice, les maisons de correction et de détention instituées tant par les articles 603 et 604 du code d'instruction criminelle que par les articles 16, 17, 19, 21 et 40 du code pénal. Indépendamment de ces lieux de détention, il en existe d'autres, sous le nom de maisons de police municipale, prisons cantonales ou maisons de dépôt. Mais ces maisons étant placées en dehors de la surveillance organisée par la loi, la détention que l'on y ferait subir pourrait, selon les circonstances, donner lieu à l'application de l'article 122 du code pénal. Il faut, néanmoins, faire exception pour les chambres de sûreté de la gendarmerie dont l'article 85 de la loi du 28 germinal an VI consacre formellement l'institution dans

les lieux où réside une brigade de gendarmerie et
où il n'y a ni maison de justice ou d'arrêt, ni prison (1).

Même lorsque la détention aurait été subie dans un
lieu non destiné à cet usage par la loi, l'article 122, C.
pén. ne serait applicable que si la détention avait été
infligée dans un but criminel. Ainsi, on ne devrait pas
considérer comme délictueux le fait d'enfermer provisoirement, dans une maison privée, un individu arrêté
pour permettre l'achèvement des préparatifs nécessités
par son transfert.

Quant à la seconde disposition de l'article 122, C. p.,
qui prévoit le renvoi devant la Cour d'assises d'un citoyen non préalablement mis légalement en accusation,
elle peut être considérée comme étant la sanction de
l'article 271 du code d'instruction criminelle. Mais,
d'après MM. Chauveau, Faustin Hélie et Villey, cette
disposition serait inutile parce que, dans un cas semblable, la Cour d'assises se déclarerait toujours incom-
pétente (2).

VII. — Les responsabilités pénales dont nous venons
de parler ne sont pas les seules auxquelles soient exposés les auteurs d'une arrestation arbitraire ; ils peuvent, en outre, être poursuivis en réparation civile
du dommage causé par l'acte illégal qu'ils ont commis.

Le droit de demander des dommages-intérêts appar-

---

(1) Chauveau. Faustin Hélie et Villey, tome 2, page 225.
(2)　　　　»　　　　　»　　　　　»　　　　　»　226.

tient, en effet, à la victime, conformément au droit commun, en vertu de l'article 1382 du code civil. Mais, au sujet de l'application de ce principe, nous retrouvons la distinction que nous avons déjà rencontrée entre le cas où le crime est l'œuvre d'un simple particulier et celui où il est commis par un fonctionnaire.

Si l'auteur de l'acte arbitraire est un simple particulier, le droit commun s'applique sans difficulté et la partie lésée peut toujours recourir aux voies ordinaires pour obtenir des dommages-intérêts de celui qui lui a causé préjudice.

Au contraire, on a longtemps discuté la question de savoir si, en pareil cas, les fonctionnaires pouvaient être poursuivis en dommages-intérêts devant les tribunaux civils. La jurisprudence paraissant, aujourd'hui. fixée dans le sens de l'affirmative, nous n'entrerons pas ici dans tous les détails de la controverse et nous nous bornerons à en donner un aperçu sommaire (1).

La discussion était basée sur les articles 479 et suivants, 483 et suivants du code d'instruction criminelle qui établissent certains privilèges au profit des fonctionnaires de l'ordre judiciaire. On a soutenu qu'en établissant ces privilèges, le code d'instruction criminelle avait voulu deux choses : 1° protéger le fonctionnaire contre des poursuites vexatoires et nuisibles à sa considération ; 2° assurer aux particuliers, contre les fonctionnaires, une justice efficace, exempte à la fois

____

(1) Voy. note sous Cass. : 16 déc. 1867. Dalloz, 1868, 1, 5, pour les détails de la controverse.

de trop de rigueur et de trop d'indulgence. Or,
dit-on, ces résultats seraient manqués si, après refus
du procureur général de poursuivre au criminel, la
partie se prétendant lésée était autorisée à réclamer
les dommages-intérêts devant les tribunaux civils. Ce
serait livrer sans défense à la haine des justiciables la
considération du fonctionnaire et la dignité du corps
dont il fait partie, puisqu'il suffirait au premier venu,
pour forcer un magistrat à comparaître devant le tribunal civil et l'y diffamer à son aise, d'alléguer contre
lui un délit correctionnel.

En second lieu, dit-on, la bonne administration de la
justice s'oppose à ce que, pour des faits de cette nature
un fonctionnaire puisse être jugé, même au civil, soit
par la compagnie à laquelle il appartient, soit par des
magistrats placés au-dessous de lui dans l'ordre hiérarchique. Quelle garantie trouverait-on dans un système qui, en matière de diffamation, par exemple, conduirait à ce résultat que le juge de paix deviendrait le
juge des membres du tribunal et de la cour d'appel,
tandis que lui-même, dans les cas analogues serait jugé
par son suppléant, etc... De pareilles conséquences,
concluaient les partisans de ce système, sont en contradiction formelle avec les idées qui ont dicté les articles
479 et suivants du code d'instruction criminelle et elles
contiennent la condamnation du système dont elles
sont le résultat nécessaire.

. On répond à ces arguments que, tout en étant justes
en grande partie, ils ne peuvent suppléer un texte qui
n'existe pas dans la loi et que, ce qui est plus grave, ils

aboutiraient à des conséquences tout à fait contraires à l'article 117 du code pénal, lequel, en reconnaissant formellement la faculté d'agir par la voie civile séparée de la poursuite criminelle, sans organiser une juridiction ou une compétence exceptionnelle, a nécessairement maintenu la compétence et la juridiction ordinaires des tribunaux civils.

La Cour de cassation a, d'ailleurs, admis ce dernier système en déclarant que « tout délit donne ouverture à deux actions distinctes ; l'une publique, pour l'application de la peine, et qui n'appartient qu'aux fonctionnaires auxquels l'exercice en est confié par la loi ; l'autre civile, en réparation du dommage causé par le délit, et qui peut être exercée par ceux qui en ont souffert ; que la première ne peut être portée que devant un tribunal de répression ; que la seconde peut l'être devant un tribunal civil, attendu que s'il n'appartient qu'au procureur général de traduire devant la Cour impériale le magistrat qui a commis un délit hors de ses fonctions, c'est pour le mettre à l'abri des poursuites téméraires qui pourraient, même en cas d'acquittement, nuire à sa considération ; que c'est pour cela que l'article 479 du code d'instruction criminelle déroge à l'article 182 du même code qui, dans les cas ordinaires, accorde à la partie civile le droit de citation directe devant les tribunaux correctionnels ; mais qu'il lui laisse l'action en dommages-interêts qui, portée devant les tribunaux civils, n'a ni le même objet, ni les mêmes conséquences ; que, pour la priver de ce droit qu'elle tient des articles 1 et 3 du code d'instruction criminelle, il faudrait une disposition formelle qui ne se trouve dans aucun texte de loi; que dès lors, Sirot, après s'être inutilement adressé soit au tribunal correctionnel, soit au procureur général de Dijon a pu recourir à l'action civile, et qu'en le déclarant non recevable à demander au juge de paix la réparation du dommage dont il se plaignait, le jugement attaqué a violé les articles susvisés, etc. » (1).

Par conséquent, les privilèges de juridiction et de procédure, qui sont accordés aux fonctionnaires de l'ordre judiciaire par les articles 479 et suivants du Code d'instruction criminelle, ne s'appliquent qu'aux actions pénales dirigées contre eux et non aux actions civiles. Il faut excepter, toutefois, certains cas pour lesquels il y a lieu à l'emploi de la procédure spéciale de la prise à partie.

L'article 117 du Code pénal, qui a été invoqué à l'appui de cette opinion, prévoyant le cas où des dommages-intérêts seraient prononcés à raison des attentats exprimés dans l'article 114 ajoute même au droit commun une disposition tout à fait exceptionnelle, lorsqu'il fixe le minimum de ces dommages-intérêts, en déclarant « qu'en aucun cas, et quelque soit l'individu lésé, lesdits dommages-intérêts ne peuvent être au-dessous de vingt-cinq francs pour chaque jour de détention illégale et arbitraire et pour chaque individu. »

Enfin, pour les dommages-intérêts, comme pour la

____

(1) Dalloz, 1868, 1, 5, arrêt déjà cité,

peine criminelle, le fonctionnaire échappe à la condamnation lorsqu'il justifie avoir agi en vertu de l'ordre d'un supérieur.

VIII. — Une dernière question nous reste maintenant à examiner au sujet de la responsabilité des auteurs d'un acte arbitraire : c'est celle de savoir comment la personne lésée peut mettre en œuvre cette responsabilité et quels sont les principaux obstacles apportés par la loi à l'exercice du droit de recours de la victime d'un attentat à la liberté.

Il nous faut, sur ce point, distinguer, comme nous l'avons déjà fait plusieurs fois, si l'auteur de l'acte incriminé est un simple particulier ou un fonctionnaire.

Si c'est un simple particulier, le droit commun s'applique complètement et la victime peut mettre en œuvre la responsabilité du coupable par tous les moyens ordinaires, plainte, dénonciation, etc.

Au contraire, si l'auteur du crime ou du délit est un fonctionnaire, la victime de l'acte arbitraire est exposée à voir sa poursuite entravée par plusieurs obstacles. D'abord, pour ce qui concerne les officiers de l'ordre judiciaire, la loi a créé, en leur faveur, ainsi que nous le disions plus haut, une série de privilèges de juridiction et de procédure pour le cas où une action pénale serait dirigée contre eux (art. 479 et suivants. Inst. crim.)

De même, il y a certains cas dans lesquels ces fonctionnaires ne peuvent être poursuivis que par une procédure exceptionnelle, celle de la prise à partie, dont l'emploi est assez dangereux, car il expose à une amende le demandeur qui a succombé (art. 505 et suivants. Code de proc. civ.)

Mais ce sont là des questions d'un ordre général, dans les détails desquelles il nous serait difficile de rentrer, sans perdre de vue notre point de départ. Nous nous bornerons donc à les signaler.

En second lieu, si l'attentat à la liberté est l'œuvre d'un fonctionnaire de l'ordre administratif, la partie lésée court le risque de voir son action devant les tribunaux plus ou moins paralysée par certaines règles du droit public en vertu desquelles les fonctionnaires de l'ordre administratif ne peuvent être jugés, pour un acte administratif que par l'autorité administrative.

Enfin, si l'auteur de l'acte criminel était un ministre, la victime de l'acte délictueux rencontrerait, dans l'exercice de son recours, des obstacles peut-être encore plus considérables.

Mais, comme dans le cas précédent, nous mentionnerons seulement pour mémoire ces différentes questions parce qu'elles sont trop vastes pour rentrer dans le cadre de notre sujet.

CHAPITRE IV

L'autorité administrative peut-elle exercer le droit d'arrestation par mesure de police et en vertu d'un simple ordre administratif ?

I. — Généralités.
II. — L'administration peut-elle arrêter les mendiants, par mesure de police ?
III. — Même question en ce qui concerne les personnes voyageant sans passeport.
IV. — Même question à l'égard des filles publiques.

I. — L'autorité administrative, disons-nous, peut-elle exercer le droit d'arrestation par mesure de police et en vertu d'un simple ordre administratif ? Le principe général, sur ce point, est posé dans l'article 609 du code d'instruction criminelle qui énumère les actes sur lesquels doit être fondée une arrestation, pour être valable. Or, ce texte ne parle pas des ordres de l'administration. Donc, celle-ci ne peut ordonner l'arrestation (1).

On invoque, il est vrai, en sens contraire, l'article 120 du code pénal qui parle des ordres provisoires du gouvernement. Mais cet article n'a pas la portée qu'on lui attribue et il faut faire l'application de ces mots « ordres provisoires du gouvernement » à un tout autre point de vue. En effet, lorsque fut voté le code pénal, la

(1) Chauveau. F. Hélie et Villey tome 2, page 202.

constitution en vigueur était celle du 22 frimaire an VIII et l'article 46 de cette constitution établissait en faveur du gouvernement un droit d'arrestation par mesure de police. Le régime des détentions arbitraires avait encore été étendu par l'article 60 du sénatus-consulte du 28 floréal an XII et allait l'être par le décret du 3 mars 1810 sur les prisons d'Etat. Enfin, l'article 45 du code pénal lui-même donnait au gouvernement, à l'égard de l'individu renvoyé sous la surveillance de la haute police, le droit d'ordonner, soit l'éloignement de cet individu d'un certain lieu, soit sa résidence continue dans un lieu déterminé de l'un des départements du royaume.

C'est à ces différents textes que se référait l'article 120 du code pénal, en parlant des ordres provisoires du gouvernement. Mais, tous ces textes ayant été abrogés depuis, la disposition en question de l'article 120, C. Pén. doit être considérée comme également abrogée, c'est-à-dire qu'il n'existe plus aucun droit d'arrestation par ordre administratif.

N'y a-t-il pas, cependant, dans certaines circonstances, lieu de déroger à ce principe?

La question peut être posée surtout au sujet de trois catégories d'individus : 1° les mendiants; 2° les personnes voyageant sans passeport; 3° les filles publiques.

II. — Pour les mendiants, la difficulté paraît avoir disparu depuis que le code pénal (art. 274) a fait, de la mendicité, un délit. Depuis lors, en effet, les mendiants sont placés sous le régime du droit commun et, par conséquent, ils ne peuvent être arrêtés que pour être

traduits devant les tribunaux, de sorte que le droit de
l'administration se borne à conduire le mendiant dans
un dépôt de mendicité, après qu'il a subi sa peine (1).

III. — Pour les voyageurs sans passe port, la question
est plus embarrassante. Il résulte de deux lois tombées
en désuétude, quoique non abrogées, celle du 28 mars
1792 (art. 9) et celle du 10 vendémiaire an IV, articles 6
et 7, que les voyageurs qui ne présentent pas de passeport au cas de réquisition de cette pièce, doivent être
conduits devant l'autorité municipale pour y être interrogés et mis, s'il y a lieu, en état d'arrestation ; et qu'à
défaut de justification, dans les vingt jours, de leur
inscription sur les registres d'une commune, ils seraient
réputés vagabonds et traduits comme tels devant les
tribunaux.

De même, l'article 179 (dernier alinéa) de l'ordonnance du 29 octobre 1820 et l'article 271 du décret du
3 mars 1854 prescrivent aux gendarmes de saisir les
individus voyageant sans passe port, à la charge de les
conduire sur le champ devant le maire de la commune
la plus voisine.

Le texte de ces lois est suffisamment précis pour permettre les trois conclusions suivantes : 1° que la gendarmerie n'a pas le droit de conduire en prison, d'abord,
l'individu qu'elle arrête pour le motif qu'il n'a pas de
passe port ; 2° qu'elle est obligée de le présenter au
maire de la commune la plus voisine ; 3° que c'est à
l'autorité administrative qu'il appartient de prononcer

(1) Chauveau, F. Hélie et Villey. II, 205. Garraud. 3, 23.

si cet individu doit être mis en liberté ou renvoyé devant le procureur de la République comme prévenu de vagabondage (1).

Mais la question devient délicate, lorsqu'il s'agit de décider si, à défaut de présentation d'un passe port, l'individu saisi par l'autorité administrative peut être mis par celle-ci en état d'arrestation provisoire et retenu pendant vingt jours.

Le Conseil d'Etat, appelé deux fois à se prononcer sur ce point, a donné deux avis complètement différents. La première fois, le 14 août 1823, les comités de législation et de l'intérieur déclarèrent « que lorsqu'un individu n'est arrêté qu'à défaut de passe port, c'est devant l'autorité administrative qu'il doit être d'abord traduit, mais que, dans le cas où son domicile et ses moyens d'existence ne seraient pas suffisamment justifiés, il y a nécessité, pour l'autorité administrative, de renvoyer l'individu arrêté sans passe port devant l'autorité judiciaire, qui, seule, a le droit de s'assurer de sa personne, en décernant, s'il y a lieu, un mandat de dépôt. »

Le second avis, qui date du 5 février 1824, déclare, au contraire, « qu'il est impossible d'admettre qu'après avoir fait arrêter la personne qui voyage sans passeport, l'autorité administrative soit tenue de la livrer immédiatement, et avant les délais fixés par la loi du 10 vendémiaire an IV, à l'autorité judiciaire pour la faire poursuivre comme prévenue de vagabondage;

(1) Chauveau, F. Hélie et Villey, II, 206.

que ce serait scinder les dispositions de cette loi et restreindre arbitrairement l'application des règlements
sur les passe ports; que le défaut de passe port ne constitue point le vagabondage; que si l'on ne pouvait
retenir, dans les prisons, les voyageurs arrêtés sans
passe port que lorsqu'ils seraient prévenus de ce délit,
les règlements sur les passe ports ne seraient plus
applicables que dans un petit nombre de cas ou devien-
draient même complètement inutiles, puisqu'il suffit
du code pénal pour faire arrêter les prévenus de vagabondage. »

Ces deux décisions, par suite de leur contradiction,
loin d'éclaircir la question, n'ont fait que démontrer
l'obscurité de la législation sur la matière. En effet, si
la spécialité des lois sur les passe ports et le texte de
l'article 6 de la loi du 10 vendémiaire an IV paraissent
attribuer à l'autorité administrative le droit de détenir
pendant deux décades le voyageur dépourvu de passe
port, d'un autre côté, l'article 609 du code d'instruction
criminelle n'admet aucune détention dans une maison
d'arrêt, sans un mandat ou un jugement. Aussi, en
présence de ce doute, devrait-on choisir la décision la
plus favorable à la liberté individuelle et décider que
le droit de l'administration se borne, aujourd'hui, à
la faculté d'interroger le voyageur sans passe port et
de le laisser en liberté, s'il justifie de son domicile, ou,
dans le cas où il ne pourrait faire cette justification,
de le renvoyer à l'autorité judiciaire qui aurait seule
le droit d'ordonner la mise en état de détention provisoire. Malheureusement, il est évident qu'en l'absence

d'un texte précis en ce sens, l'administration se soumettra difficilement à cet avis, quelque juste qu'il puisse être (1).

IV. — Enfin, il est une troisième classe de personnes au sujet de laquelle la question que nous avons posée en tête de ce chapitre, prend un caractère tout à fait important; ce sont les filles publiques. Pourtant, il ne devrait y avoir aucune difficulté à leur sujet, car aucun texte de loi ne donne à l'administration le droit de les arrêter, par simple mesure de police; du moins tel est l'avis général de la doctrine. Mais l'administration n'admet pas cette opinion et s'arroge des droits absolument abusifs à l'égard des prostituées. Il nous faut donc donner quelques développements sur la question et, après avoir montré par quelques citations que la doctrine est véritablement hostile au droit d'arrestation par mesure de police, rechercher quels sont les arguments invoqués par l'administration pour justifier ses façons de procéder.

« Il en est de même (qu'à l'égard des mendiants), disent MM. Chauveau, F. Hélie et Villey, à l'égard des filles, nous ne parlons ici que du seul droit de les arrêter et de les détenir arbitrairement; aucune loi, aucune disposition quelconque ne donne un tel droit à l'administration. Quelle que soit la position de ces femmes, elle doit les surveiller; mais elle ne peut pas les arrêter lorsqu'elles ne commettent pas un délit punissable. On ne peut reconnaître de classe à part qui

---

(1) Chauveau, F. Hélie et Villey : II, 208. — Garraud 3, 28.

soit en dehors du droit commun, et pour laquelle les lois n'aient ni force, ni protection ; on ne peut reconnaître à l'administration d'autres droits que ceux que la loi lui confère. » (1)

Un ancien avocat à la Cour de cassation écrivait aussi, en 1868 : « C'est sans droit aucun que la police croit pouvoir procéder à des arrestations en dehors des cas qui viennent d'être indiqués, spécialement à l'égard de certaines catégories de personnes sur lesquelles pèse aujourd'hui la menace incessante d'une arrestation : les filles publiques, les vagabonds, les mendiants valides, même lorsqu'ils ne sont pas surpris en flagrant délit. La pratique établie à leur égard, si invétérée qu'elle soit, n'en est pas moins contraire à la loi, et elle n'a pu avoir pour effet de légitimer cette illégalité évidente. » (2)

Beaucoup d'autres auteurs, parmi lesquels MM. Batbie, Vivien, Garraud et Dalloz ont exprimé des idées semblables.

Un jurisconsulte, cependant, a soutenu l'opinion contraire, c'est Dupin, ancien procureur général à la Cour de cassation. « La prostitution, dit-il, est un état qui soumet les créatures qui l'exercent au pouvoir discrétionnaire délégué par la loi à la police, état qui a ses conditions et ses règles comme tous les autres, comme l'état militaire, toutes réserves faites sur la comparaison. Appliquer aux filles publiques des ré-

(1) Chauveau, F. Hélie et Villey. Tome 2, page 206.
(2) Hérold : Manuel de la liberté individuelle, page 15.

glements spéciaux ou des mesures de police auxquels les astreint leur genre de vie, ce n'est pas plus commettre un attentat à la liberté individuelle qu'on ne le fait dans l'armée, lorsqu'on applique aux militaires les règles de discipline en vertu desquelles ils peuvent être privés discrétionnairement et sans formalités, de leur liberté..... En d'autres termes, au-dessous des peines proprement dites appliquées par les tribunaux de répression, il peut y avoir, dans la matière dont il s'agit, une série de mesures, comme l'incarcération et la visite des filles publiques, qui ne constituent que des moyens de police, et qui peuvent résulter légalement de l'exercice du pouvoir discrétionnaire abandonné à l'administration, pouvoir que la police exerce librement sous les garanties constitutionnelles. » (1)

Mais, cette opinion est une exception dans la doctrine. Quelles sont donc les raisons invoquées par la police à l'appui du droit qu'elle prétend avoir. Ces raisons sont simples et consistent dans ce que, d'après l'administration, les anciennes ordonnances de police, antérieures à 1789 seraient encore applicables car elles auraient été sanctionnées par le conseil des Cinq-Cents.

Ces ordonnances sont celles de 1684 et 1713 qui furent reproduites en 1778 par l'ordonnance du lieutenant de police Lenoir.

« Comme les préfets de police, dit M. Fiaux, ne peuvent faire sortir aucun droit de répression de la loi du

(1) Rapporté dans Fiaux : La police des mœurs en France, page 248.

14 décembre 1789 sur les pouvoirs municipaux, de la loi du 22 juillet 1791 sur la police municipale et correctionnelle, non plus que du Code pénal du 25 septembre 1791 ni du Code des délits et des peines du 3 brumaire an IV ; comme ils ne trouvent pendant le cours de la Révolution que le fameux arrêté du 4 octobre 1793 rendu par le procureur de la Commune, Chaumette, qui défend aux filles de paraître même dans les rues sous peine d'être ramassées par les patrouilles et, il est vrai, traduites au Tribunal de Police correctionnel, arrêté que pouvait expliquer, dans un tel moment, l'attitude des filles publiques, toutes contre révolutionnaires et futures reines de Thermidor et du Directoire, en un mot, comme toute la législation de la première République Française a systématiquement omis d'ériger en crime ou délit (contrairement à ce que faisaient les ordonnances royales antérieures à 89) l'irrégularité de conduite des femmes, les préfets de police soutiennent d'abord qu'en fait les dites ordonnances n'ont jamais été abrogées et que le Conseil des Cinq-Cents lui-même en reconnut la validité. » (1)

Or, voici sur quoi se base l'administration pour soutenir ce fait : Le 17 nivôse an IV (7 janvier 1796), le Directoire adressait au Conseil dés Cinq-Cents un message sur la nécessité, en l'absence de toute réglementation, d'en instituer une assez précise et assez pratique pour réfréner la prostitution sans rien laisser à l'arbitraire.

_____

(1) Fiaux : page 237.

Le message disait en termes textuels : « Les lois répressives contre les filles publiques consistent dans quelques ordonnances tombées en désuétude ou dans quelques règlements de police purement locaux ou trop incohérents pour atteindre ce but si désirable. La loi du 19 juillet 1791 a classé au nombre des délits correctionnels la corruption des jeunes gens de l'un et de l'autre sexe, et elle en a déterminé la peine ; mais cette disposition s'applique proprement au métier infâme de ces êtres affreux qui débauchent et prostituent la jeunesse, et non à la vie de ces femmes, l'opprobre d'un sexe et le fléau de l'autre.

« Le Code pénal de la même année (25 septembre 1791) et le nouveau Code des délits et des peines (3 brumaire an IV) sont également muets sur cet objet important.

« C'est à vous qu'il appartient de suppléer à ce silence en portant une loi qui réprime enfin... » (1). Et l'auteur à qui nous empruntons ce renseignement ajoute judicieusement (2) : « Ces lignes étaient signées du président du Directoire, Rewbell, que l'on ne pourra pas assurément représenter comme ignorant la jurisprudence antérieure à 1789 et contemporaine de la Révolution, puisqu'il était bâtonnier de l'Ordre des avocats au Conseil souverain d'Alsace quand il entra à la Constituante » (3).

A la suite de ce message, une commission fut nommée, mais le 7 germinal de l'année suivante, au mo-

(1) Fiaux, 238.
(2) *Id.*
(3) *Id.*, page 239.

ment où la discussion commençait, un contre-projet fut présenté, à la suite duquel l'ordre du jour fut prononcé sur la demande d'un des membres du Conseil. Cette demande se terminait par ces mots : « Au surplus, il existe des règlements de police très précis, il suffit de les mettre à exécution » (1).

C'est sur cette déclaration et sur le vote dont elle fut suivie que l'administration se fonde pour arrêter les filles publiques.

Mais il suffit de voir le compte-rendu de la discussion du Conseil des Cinq-Cents pour comprendre que le vote de ce Conseil a eu une toute autre portée. En effet, le contre-projet présenté demandait l'élection d'une nouvelle commission chargée de présenter une loi sur les maisons de débauche, les maisons de jeu et les théâtres. Le conseiller qui le présentait ajoutait à l'appui de son projet des détails bizarres qui excitèrent la réprobation du Conseil et qui entraînèrent l'ajournement de la discussion. Telle fut la seule raison de ce vote, mais il ne faut pas y voir la consécration de l'allégation rapportée plus haut.

En plus de ce vote, les préfets de police ont souvent invoqué l'article 484 du Code pénal, aux termes duquel, « dans toutes les matières qui n'ont pas été réglées par le présent Code et qui sont régies par des lois et règlements particuliers, les Cours et les tribunaux continueront de les observer ».

Ici encore, l'opinion de l'administration est erronée.

____

(1) *Moniteur*, 12 germinal an V, n° 192, 2ᵉ semestre.

En effet, l'article 484, C. Pén., dit que dans le cas où
des règlements étrangers au Code resteraient applicables, ce seraient les Cours et les tribunaux qui conti-
nueraient de les appliquer. Or, aucune loi ne donne à
la police une qualification semblable, et la préfecture
de police ne peut être assimilée ni à une Cour, ni à un
tribunal, ni même à une justice de paix. Par conséquent, en supposant que l'ordonnance de 1778 fût encore applicable, elle pourrait tout au plus permettre à
l'administration d'arrêter provisoirement les filles publiques et de les conduire ensuite devant l'autorité judiciaire, mais elle ne l'autoriserait jamais à les juger
ni à les détenir pendant un temps indéfini comme elle
le fait journellement. Nous avons vu que cela même
ne lui était pas permis.

L'administration, se sentant poussée dans ses derniers retranchements et ne trouvant plus d'autres arguments, en est arrivée jusqu'à invoquer l'existence
d'un contrat tacite entre la fille publique et la police
des mœurs. La fille qui réclamerait volontairement
son inscription prendrait par cela même l'engagement
de remplir certaines obligations et le contrat rendrait
légales les mesures de répression que pourrait dans la
suite prendre contre elle l'administration. Malheureusement pour cette dernière, les arguments ne manquent pas pour détruire son raisonnement. Nous n'en
donnerons que deux qui suffisent pour le réduire à
néant. D'abord, c'est que l'article 1133 du code civil
prohibe les contrats contraires aux bonnes mœurs. —
En second lieu, en supposant ce contrat valable à l'é-

gard de la fille qui aurait elle-même réclamé son inscription est-ce qu'il ne serait pas forcément annulé
envers celle qui aurait été inscrite d'office par la police parce qu'alors il n'y aurait certes pas eu consentement des deux parties en cause.

Enfin, la Préfecture de police prétend trouver dans
la jurisprudence de la Cour de cassation, la consécration de son droit. Elle invoque en ce sens, pour ne citer qu'un exemple, un arrêt dans lequel la Cour suprême dit : « Attendu que si les pénalités prononcées
par l'ordonnance de 1778 sont actuellement inapplica-
bles, il ne s'ensuit pas que ses prescriptions elles
mêmes aient cessé d'être en vigueur; qu'aux termes
des articles 1, 2, 3 et 5, titre XI, de la loi des 16, 24
août 1798; 471, n°ˢ 15 et 484 du code pénal, les règlements de police, statuant sur des matières confiées par
la loi de 1790 à la vigilance et à l'autorité des corps
municipaux antérieurs à cette loi, ont aujourd'hui
pour sanction non plus les peines qui étaient édictées,
mais celles de simple police (1). »

Il semble bien difficile de trouver, dans cet arrêt, ce
que l'administration veut lui faire dire, c'est-à-dire
qu'il lui reconnaît le droit de juger et de condamner
les filles publiques. On ne pourrait même pas en tirer
la conclusion que la police a le droit d'arrêter provisoirement les prostituées, puisque cet arrêt applique
seulement des peines de simple police aux cas prévus

____

(1) Arrêt du 11 juillet 1884. Gazette des Tribunaux des 26 et 30
juillet 1884.

et punis par les anciens règlements, et que, l'arrestation n'est pas possible en cas de simple contravention.

Nous en revenons ainsi à la consécration de l'opinion que nous avons exposée au commencement de ce chapitre et que nous croyons, en effet, la plus juste, c'est que l'administration n'a pas le droit d'arrêter les filles publiques pour de simples faits accomplis dans l'exercice de leur triste métier.

Comme nous avons déjà fait la même démonstration à l'égard des deux autres classes de personnes au sujet desquelles la question est discutable, nous pouvons conclure que la loi française n'autorise pas l'administration à accomplir des arrestations par simple mesure de police.

CHAPITRE V.

Du droit d'arrestation, dans le projet de réforme du code d'instruction criminelle présenté au Sénat le 27 novembre 1876.

Tandis que depuis quelques années, la plupart des pays étrangers révisaient leurs lois sur la procédure criminelle afin de les mettre plus en rapport avec les idées modernes, le code d'instruction criminelle n'était dans notre pays, l'objet que de remaniements partiels qui, tout en l'améliorant dans une certaine mesure, ne suffisaient pas, cependant, pour en faire disparaître tous les défauts; de sorte que ce code, après avoir, au commencement du siècle, servi de modèle à presque toutes les législations de l'Europe se trouvait être, à son tour, l'un des plus arriérés.

Déjà, en 1870, le Gouvernement s'était ému de cette situation et une commission extraparlementaire avait été chargée d'élaborer le plan des réformes à apporter au code de 1808. Mais les événements de 1870 empêchèrent la continuation des travaux de cette commission. Ce n'est qu'en octobre 1878, sous le ministère de Dufaure, que le projet fut repris. Une nouvelle commission, composée de jurisconsultes et de membres du

Parlement, fut réunie sous la présidence du ministre de la justice et un an plus tard (27 novembre 1879), le Gouvernement soumettait au Sénat un projet de réforme du premier livre du code d'instruction criminelle.

Nous ne voulons pas entreprendre l'examen approfondi de ce projet, mais nous allons chercher, néanmoins, à faire connaître les modifications qu'il apporte aux règles établies par le code de 1808 relativement au droit d'arrestation.

La première que l'on rencontre, à la lecture du projet, est celle qu'il introduit dans la rédaction de l'article 10.

« Cette disposition, dit, en parlant du texte en question, l'exposé des motifs, qui constitue incontestablement une dérogation considérable aux principes du droit criminel, a soulevé les plus sérieuses critiques.

« L'interprétation qui lui a été donnée en a singulièrement étendu la portée. La Cour de cassation a été jusqu'à reconnaître, par un arrêt des Chambres réunies du mois de novembre 1863, que les préfets étaient investis de toutes les attributions des juges d'instruction quant à l'exercice de la police judiciaire. En conférant à un fonctionnaire de l'ordre administratif, qui ne relève que du ministre de l'intérieur et ne répond de ses actes que devant lui, la faculté d'opérer des perquisitions et des saisies chez les citoyens, de confisquer, temporairement au moins, leur fortune et leur liberté, sans mandat d'aucune autorité judiciaire, et d'agir, hors le cas de flagrant délit, sans s'entourer d'aucune des formalités protectrices dont le ministère public lui-même ne saurait légalement se départir, le code de 1808 avait introduit, dans notre organisation judiciaire, une anomalie que les circonstances pouvaient justifier à cette époque, mais qui, sous un régime régulier où la légalité ne comporte aucune exception, ne peut être considérée que comme un anachronisme dangereux.

... En fait, l'article 10 n'a donné lieu en province qu'à des abus : les préfets ne s'en sont jamais servis que pour substituer arbitrairement leur action à celle de la magistrature. Ce danger ne serait même pas écarté si, suivant une proposition qui s'est produite dans la discussion préparatoire, la disposition de l'article 10 était restreinte au cas de flagrant délit (1). »

L'exposé des motifs concluait à la suppression du droit accordé aux préfets des départements mais il maintenait, au contraire ce droit au profit du préfet de police à Paris, en invoquant les raisons suivantes : « Si la suppression des pouvoirs conférés aux préfets des départements par l'article 10 ne paraît présenter aucun inconvénient, la question soulève plus de difficultés en ce qui concerne le préfet de police à Paris.

Avec l'organisation actuelle, telle qu'elle résulte de l'arrêté des consuls du 12 messidor an VIII, et surtout à raison de la pratique qui s'est établie, la préfecture de police est devenue à Paris le principal instrument de la police judiciaire. C'est au préfet de police que sont d'abord adressés les procès-verbaux, et c'est lui

____

(1) Journal officiel du 14 janvier 1880. page 304.

qui est juge de l'opportunité de saisir la Justice. Les mesures urgentes sont prises par ses auxiliaires, souvent en vertu des mandats émanés de lui. Dans beaucoup de cas qni requièrent célérité, on ne pourrait aviser la Justice et attendre, soit un ordre du Parquet, soit un mandat du juge d'instruction, sans risquer d'arriver trop tard. Il en est surtout ainsi lorsqu'il s'agit d'arrêter, avant qu'ils aient franchi la frontière, les auteurs supposés de crimes ou de délits.

« Enfin, au point de vue des attentats contre la sûreté de l'Etat, on ne saurait disconvenir que le préfet de police, par les moyens d'investigations et les sources de renseignements dont il dispose, ne soit mieux placé que le Parquet pour surveiller les actes préparatoires et pour agir, s'il y a lieu, en temps utile (1). »

En conséquence, le Gouvernement maintenait les droits accordés au préfet de police, et cela, malgré l'avis contraire de la commission qui avait préparé le projet. Dès lors, l'article 10 serait ainsi conçu : « Le préfet de police, à Paris, pourra faire personnellement ou requérir les officiers de police judiciaire, chacun en ce qui le concerne, de faire tous actes nécessaires à l'effet de constater les crimes, délits et contraventions, et d'en livrer les auteurs aux tribunaux chargés de les punir, conformément à l'article 8 ci-dessus. »

C'est, on le voit, moins les premiers mots, la reproduction exacte de l'article 10 du code de 1808.

En ce qui concerne les formes de l'arrestation, le

---

(1) Journal officiel du 14 janvier 1880, page 304.

projet est mieux inspiré et apporte de sérieuses modi
fications au système des mandats :

D'abord, il remplace le nom du mandat de comparution par celui d'assignation à comparaître, expression
plus exacte, dit avec raison l'exposé des motifs, l'ordre
dont il s'agit n'entraînant avec lui aucune mesure de
coercition, et le mot mandat impliquant l'idée de
contrainte. Ces dispositions sont contenues dans les
articles 73, 74 et 75 ainsi conçus :

Art. 73 : « L'inculpé, s'il est domicilié et qu'il n'existe
ni péril de fuite, ni danger pour la découverte de la
vérité, doit être simplement assigné à comparaître
pour être entendu par le juge d'instruction. »

Art. 74 : « Le procureur de la République peut faire
signifier à l'inculpé l'assignation ou la lui adresser par
lettre chargée. Tout ordre de se présenter doit contenir l'avis à l'inculpé libre que, faute de s'y conformer,
il sera appréhendé pour être amené devant la justice. »

Art. 75 : « Si l'inculpé ne comparaît pas ou ne fournit
pas de motifs d'excuses suffisants, le juge d'instruction
décerne contre lui un mandat d'amener (1). »

Une seconde innovation consiste en ce que le projet
exige pour tous les mandats les formalités imposées
actuellement au mandat d'arrêt seul. L'article 77 dit,
en effet que « Tout mandat contient l'énonciation du
fait pour lequel il est décerné et la citation de la loi
qui déclare que ce fait est un crime ou un délit. »

(1) Pour le texte du projet, voy. Journal officiel du 15 janvier
1880, pages 330 et suiv.

A côté de ces innovations générales, le projet en contient d'autres particulières à chacun des mandats d'amener, de dépôt ou d'arrêt.

« Tout inculpé, dit l'article 83, auquel est signifié un mandat d'amener, est conduit dans le plus bref délai devant le magistrat qui a décerné le mandat.

« L'inculpé ne peut être en vertu d'un mandat d'amener, retenu plus de vingt-quatre heures dans la maison d'arrêt établie près le tribunal où l'instruction est ouverte contre lui. »

L'article 84 ajoute : « Immédiatement après son arrivée dans la maison d'arrêt, ou au plus tard dans les vingt-quatre heures, l'inculpé paraît devant le juge d'instruction.

« A l'expiration de ce délai, l'inculpé a le droit (et c'est là l'innovation capitale) de requérir sa comparution immédiate devant le juge d'instruction ou, à défaut, sa mise en liberté. »

Une autre modification, importante elle aussi, et imitée de la loi anglaise (1), est contenue dans l'article 85, aux termes duquel « Le juge d'instruction constate l'identité de l'inculpé, lui fait connaître les faits qui lui sont imputés et reçoit ses déclarations après l'avoir averti qu'il est libre de ne pas répondre aux questions

---

(1) En Angleterre, le juge avertit, à l'audience, l'accusé d'avoir à se tenir sur ses gardes et à peser ses paroles pour ne pas se charger lui-même : « Avez-vous quelque chose à dire ? Vous n'y êtes pas forcé, faites le si vous le voulez ; seulement, ce que vous allez dire va être écrit et pourra servir contre vous ». De Franqueville. Les institutions de l'Angleterre, page 241).

qui lui sont posées. Le juge d'instruction donne avis à l'inculpé qu'il a le droit de choisir un conseil et, à défaut de choix, le juge, s'il le demande, lui en désigne un. »

Quant au mandat de dépôt, les articles 93, 94 et 95 du projet lui donnent le caractère véritable qu'il doit avoir en ne lui attribuant qu'un effet purement provisoire. « Le mandat de dépôt, dit l'article 93, est l'ordre en vertu duquel le juge d'instruction peut, après la première comparution, faire détenir l'inculpé dans une maison d'arrêt pendant cinq jours. »

Ce mandat ne peut être renouvelé (art. 94).

« Vingt-quatre heures avant l'expiration du mandat de dépôt, le gardien chef est tenu d'avertir le magistrat signataire du jour où le détenu doit être mis en liberté.

« L'inculpé sera mis en liberté au commencement du sixième jour (art. 95) ».

Enfin, d'après le projet, le juge d'instruction ne peut, de sa propre autorité, même par un mandat d'arrêt, faire détenir l'inculpé pendant plus de trente jours et, dans les cas où la détention doit être prolongée au-delà de ce délai, pour les besoins de l'instruction, le juge d'instruction est tenu d'en informer la chambre du conseil qui peut alors ordonner la prolongation de validité du mandat d'arrêt (1). Ces dispositions sont contenues dans les articles 96 et 99 ainsi conçus :

(1) Le projet de 1877 rétablit la chambre du conseil qu'avait supprimée la loi du 17 juillet 1856.

Art. 96 : « Le mandat d'arrêt est l'ordre en vertu duquel le juge d'instruction peut faire détenir l'inculpé dans une maison d'arrêt pendant trente jours.

« Il ne peut être délivré contre l'inculpé présent qu'à l'expiration du mandat de dépôt ».

Art. 99 : « Si le juge estime que le délai de trente jours prévu par l'article 96 doit être prolongé, il saisit la chambre du conseil qui peut ordonner, sur son rapport, que le mandat sera en vigueur pendant une nouvelle période de trente jours. Cette décision peut être renouvelée dans la même forme. »

Telles sont, en ce qui concerne le droit d'arrestation, les principales réformes proposées dans ce projet de loi.

Malheureusement, le Sénat ne les a pas toutes maintenues. Ainsi, il a rétabli l'ancien nom de mandat de comparution au lieu de celui beaucoup plus juste d'assignation à comparaître qu'employait le projet du Gouvernement (art. 94, nouveau) (1).

Ensuite, il attribue au mandat de dépôt une durée de validité de quinze jours au lieu de cinq et il permet, contrairement au projet primitif, le renouvellement de ce mandat par une ordonnance du juge d'instruction, sauf recours de l'inculpé, devant la chambre du conseil (art. 108 et 109).

Enfin, le Sénat donne le droit au juge d'instruction lui-même de prolonger le mandat d'arrêt au-delà de

(1) Ce nouveau projet est reproduit à l'officiel du 15 mars 894. Annexes de la Chambre des députés, page 249.

trente jours sauf, pour l'inculpé, le droit de recours
auprès de la chambre du conseil (art. 118).

Le projet de réforme du code d'instruction criminelle, ainsi modifié et voté par le Sénat, fut transmis
à la Chambre des députés au commencement de 1883.
Depuis, cette assemblée s'en est occupée pendant quelques séances, mais elle n'en a pas achevé la discussion. Néanmoins, elle a déjà supprimé complètement,
en première lecture, l'article 10 du Code de 1808, à la
suite d'un discours de M. Ribot que nous croyons
devoir reproduire parce qu'il nous paraît défendre
tous les vrais principes de cette question :

« Le préfet de police, disait cet orateur, a sous ses
ordres quatre-vingts commissaires de police qui, tous,
ont le droit d'agir quand il y a flagrant délit, et il n'a
pas même besoin de leur adresser des réquisitions écrites pour les mettre en mouvement. Or, comme ils
jouissent tous de la plénitude des droits que l'on veut
conférer aujourd'hui au préfet de police, il est évident
qu'il est inutile de lui donner aujourd'hui ces droits, à
moins qu'on ne veuille y ajouter implicitement celui
de se transporter de sa personne avec solennité, pour
faire un acte de police judiciaire. Mais, jamais il n'est
venu que je sache, à l'idée du préfet de police de se
substituer à l'un de ses agents pour mettre la main à
l'exécution de ses propres décisions. Si donc on laisse
subsister l'article 10, c'est qu'on veut s'en servir dans
le cas où un commissaire de police ne pourrait pas
agir *motu proprio*.

Il faut choisir : ou bien vous voulez un système régulier, loyal, la séparation des pouvoirs; l'action de la justice séparée de l'action purement politique, purement administrative, alors, à l'exemple de toutes les législations, sans exception, il vous suffit d'avoir un procureur général ayant sous ses ordres des procureurs de la République, des juges d'instruction, des commissaires de police qui, tous, en cas de flagrant délit, peuvent agir et vous n'avez rien à craindre. Il n'est pas besoin des réquisitions du préfet de police ; la justice est assurée. Vous avez, je le répète, une pléiade d'officiers judiciaires qui peuvent tous agir. Ou, en dehors des flagrants délits, vous voulez de cet article 10 vous faire une arme ! vous voulez garder une place pour l'arbitraire. Je pose cette question à la Chambre (1).

Cet appel éloquent fut entendu et la Chambre vota l'abrogation de l'article 10.

Depuis, le projet a été de nouveau soumis à cette assemblée, il y a quelques jours à peine (2). Espérons que lors des nouvelles discussions dont il va faire l'objet, les partisans de l'article 10 ne réussiront pas à le faire revivre.

____

(1) Séance du 4 novembre 1881. — La Loi, numéro des 11, 12 et 13 avril 1887.
(2) 20 février 1894.

CONCLUSION

Si l'on récapitule tout ce qui a été dit dans ce livre,
sur la période écoulée depuis la rédaction du Code
d'instruction criminelle jusqu'à ces derniers temps, on
sera certainement frappé de ce fait : c'est que la liberté
individuelle, à laquelle la loi devrait accorder les plus
grandes garanties, est peut-être précisément celle qui
est le moins protégée par le droit français. Cela se con-
cevait, à l'époque où furent promulgués le Code d'instruction criminelle et le Code pénal ; sous un gouvernement absolu et despotique, il fallait, en effet, assurer le respect de l'autorité des fonctionnaires. Tout,
dans les deux codes qui nous occupent, était combiné
pour atteindre ce résultat, tout en sauvant les apparences, afin de satisfaire l'opinion publique. On posait
des principes très larges, on paraissait protéger la
liberté des citoyens contre les abus des agents de l'autorité, mais on rendait ces protections inutiles, en ou-
bliant de les sanctionner par une disposition pénale ou
bien en rendant les poursuites très difficiles.

Ainsi, on déclarait que toute personne arrêtée devrait être interrogée dans les vingt-quatre heures, mais on ne prononçait aucune peine contre le juge qui ne se conformait pas à cette prescription, et l'on ne laissait au détenu que le droit de porter plainte auprès du Procureur Général. On n'établissait pas davantage de sanction contre le juge d'instruction qui, dans l'exercice de ses fonctions, arrêtait à tort un citoyen, ni contre celui qui prolongeait outre mesure la détention préventive d'un inculpé.

La liberté provisoire était presque complètement inconnue et quant au droit de se faire représenter le prisonnier, il n'en existait qu'une faible trace dans l'article 120 du Code pénal. Au contraire, la mise au secret de l'inculpé jouait un rôle capital.

Sans doute, on trouve dans le code pénal, quelques textes punissant les attentats à la liberté individuelle, mais ici, l'esprit du législateur de 1810 se montre encore clairement : Les attentats commis par des particuliers sont punis avec une sévérité exagérée, tandis qu'au contraire, les mêmes attentats n'entraînent qu'une peine légère contre leur auteur, lorsque celui-ci est fonctionnaire.

De plus, le fonctionnaire est investi d'un privilège exorbitant qui, en fait, anéantit en grande partie, sa responsabilité, car il lui suffit, pour échapper au châtiment, de prouver qu'il a agi d'après les ordres d'un supérieur.

Un principe du droit administratif peut également permettre à bien des fonctionnaires, coupables d'atten-

tats à la liberté, d'échapper aux poursuites de leurs
victimes : c'est le principe en vertu duquel les fonctionnaires administratifs sont justiciables seulement
des tribunaux administratifs pour les faits commis dans
l'exercice de leurs fonctions.

Mais le plus grave danger pour la liberté individuelle
est assurément celui qui résulte de l'article 10 du code
d'instruction criminelle, d'après lequel les préfets
ont des pouvoirs analogues à ceux du juge d'instruction.

En outre, il n'est peut-être pas téméraire de prétendre
que la législation sur les aliénés est susceptible de faciliter parfois des détentions arbitraires, de même que
le silence des textes permet à l'administration de
s'arroger des droits injustifiables sur certaines catégories de personnes, telles que les vagabonds ou les
filles publiques.

Depuis la promulgation du code d'instruction criminelle, quelques modifications ont été apportées à ce
code dans un sens favorable aux inculpés ; c'est ainsi
que la mise en liberté provisoire est devenue possible
dans une très large mesure ; malheureusement, ces
améliorations ont été insuffisantes et, pour ce qui concerne les lois sur la liberté individuelle, la France en
est, encore aujourd'hui presqu'au même point qu'en
1810. On ne saurait donc trop demander une réforme
complète de ces lois. D'abord et avant toute autre chose,
il faudrait supprimer l'article 10 du code d'instruction
criminelle.

Puis, la loi devrait ordonner que toute personne arrêtée fut interrogée dans un délai très bref et cela sous des peines sévères pour le magistrat qui omettrait de procéder à cet interrogatoire.

La détention préventive devrait être soumise à des limites précises, sous peine, également, d'une forte amende pour le magistrat qui la prolongerait outre mesure.

Toute personne devrait pouvoir, comme cela se passe en Angleterre, se faire représenter le détenu par le gardien de la prison où il aurait été enfermé.

De même, il faudrait que tout magistrat commettant un attentat à la liberté individuelle encourût une peine sévère, sans pouvoir jamais se retrancher derrière l'ordre d'un supérieur et tout fonctionnaire, qu'il fût de l'ordre administratif ou de l'ordre judiciaire devrait, en cas de crime contre la liberté, pouvoir être cité, par la partie lésée, soit devant les tribunaux civils, soit devant les tribunaux criminels.

Enfin, la loi devrait prohiber les arrestations par mesure de police et en vertu d'un simple ordre administratif.

Le projet de réforme eu code d'instruction criminelle, présenté au Sénat en 1879, accomplissait plusieurs de ces réformes. Mais depuis 14 ans qu'il a été déposé par le Gouvernement, il n'a jusqu'à présent été voté que par le Sénat et, encore, cette assemblée en a supprimé beaucoup des améliorations proposées.

Nous ne croyons donc pas exagérer, en disant, pour conclure, que si la liberté individuelle existe, en théorie, dans le droit français, elle y est du moins fort peu protégée contre les atteintes des agents de l'autorité et que si elle est, aujourd'hui, respectée, dans la pratique, c'est surtout grâce à l'existence de deux libertés voisines, celle de la presse et celle accordée aux députés et sénateurs d'interpeller le gouvernement sur les différénts actes de l'administration.

POSITIONS

POSITIONS TIRÉES DE LA THÈSE

DROIT ROMAIN

I. — Les tribuns ont un droit de coercition aussi étendu que celui des magistrats investis de l'*imperium*.

II. — L'emprisonnement perpétuel était employé, à Rome, plutôt comme un moyen de coercition qu'à titre de peine véritable.

III. — Les femmes étaient soumises, à l'époque de la République, à la juridiction privée du tribunal domestique et aux juridictions publiques.

IV. — Les magistrats investis de l'*imperium* conservèrent le droit d'appliquer l'emprisonnement, même après le vote des lois sur la *provocatio* et semblent, de plus, avoir encore eu, après ces lois, le droit de juger,

sans l'intervention des comices, les criminels pris en
flagrant délit ou ayant avoué.

POSITIONS PRISES EN DEHORS DE LA THÈSE

I. — La seule échéance du terme ne constitue pas le
débiteur en demeure.

II. — La femme ne pouvait pas renoncer au bénéfice
du sénatus-consulte Velléien.

III. — L'acheteur évincé, si la chose vendue a diminué de valeur, n'a droit, en vertu de l'action *ex empto*,
qu'à une indemnité représentant la valeur de cette
chose au moment de l'éviction et non au rembourse-
ment intégral du prix.

IV. — Dans la vente sous condition résolutoire les
risques sont pour le vendeur, en cas de perte totale ou
partielle de la chose vendue.

POSITIONS TIRÉES DE LA THÈSE

DROIT FRANÇAIS

I. — En cas d'arrestation arbitraire, il est permis,
dans certains cas, de résister aux agents de l'autorité.

II. — L'article 341 du Code pénal est inapplicable
aux fonctionnaires agissant dans l'exercice de leurs
fonctions.

III. — L'autorité administrative n'a pas, réellement, le droit qu'elle s'attribue, d'arrêter certains individus par mesure de police et sur un simple ordre administratif.

IV. — Les dispositions contenues dans les articles 479 et suivants du code d'instruction criminelle n'empêchent pas que les fonctionnaires de l'ordre judiciaire puissent, en cas de crime contre la liberté, être poursuivis en dommages-intérêts devant les tribunaux civils.

POSITIONS PRISES EN DEHORS DE LA THÈSE

I. — Le propriétaire exerçant le droit de sai-ie-revendication dont il est question à l'article 2102; 1° § 5 du code civil, a le droit de revendiquer les bestiaux garantissant la ferme, qui ont été déplacés et vendus en foire par le fermier, sans être tenu de rembourser à l'acheteur le prix de vente et les frais de garde; l'article 2280 du code civil est inapplicable à ce cas.

II. — L'article 1733 du code civil ne crée pas un droit de préférence au profit du propriétaire et n'est que l'application du droit commun.

III. — Le droit de rétention existe toutes les fois qu'il y a *debitum cum re junctum*.

IV. — Un testateur ne peut pas imposer l'indivision, même pour une durée qui n'excède pas cinq ans.

POSITIONS DIVERSES

PROPRIÉTÉ LITTÉRAIRE

I. — L'auteur d'une œuvre d'art qui vend cette œuvre doit, en l'absence d'une clause contraire, être considéré comme s'étant réservé le droit de reproduction.

II. — L'héritier, éditeur d'une œuvre posthume doit compte aux créanciers de la succession des profits réalisés par cette publication.

DROIT CONSTITUTIONNEL

I. — La garantie parlementaire doit être accordée non seulement aux sénateurs et députés dont l'élection a été validée, mais aussi à ceux dont la vérification des pouvoirs n'a pas encore eu lieu, ou même été ajournée après enquête.

DROIT PÉNAL

I. — Le droit de délégation accordé, dans certains cas, au juge d'instruction par les articles 84, 90, 100 et 103 du code d'instruction criminelle, peut être étendu à quelques autres cas, mais il ne peut l'être à tout ce qui a trait à l'arrestation ou à la détention préventive.

Paris, le 14 mars 1894.

Vu par le Doyen,
COLMET DE SANTERRE.

Vu par le Président,
A. ESMEIN.

Vu et permis d'imprimer,
Le Vice-Recteur de l'Académie de Paris,
GRÉARD.

LISTE BIBLIOGRAPHIQUE

DROIT ROMAIN

ALLARD : Histoire des persécutions pendant les deux premiers siècles. Paris, 1885.

DAREMBERG ET SAGLIO : Dictionnaire des antiquités grecques et romaines (en cours de publication).

ESMEIN : Le délit d'adultère à Rome. Paris, 1878.

GEIB : Geschichte des römischen Criminal processes. Leipzig, 1842.

GIDE : Etude sur la condition privée de la femme dans le droit ancien et moderne ; 2e édition. Paris, 1885.

LABOULAYE : Essai sur les lois criminelles des Romains, concernant la responsabilité des magistrats Paris, 1845.

MOMMSEN : Traité de Droit public romain. Traduction Girard. Paris, 1892-1893. (2ᵉ édit. du tome 1ᵉʳ).

MOMMSEN : Romisches Staatsrecht. 3ᵉ édition. Leipzig, 1887,

ORTOLAN : Histoire de la législation romaine ; douzième édition, annotée par Labbé. Paris, 1884.

WALTER : Droit criminel des Romains ; traduit de l'allemand par Picquet-Damesme. Grenoble, 1863.

WILLEMS : Le droit public romain. Louvain et Paris, 1888.

ZUMPT : Das Criminalrecht der römischer Republik. Berlin, 1865-1869.

DROIT FRANÇAIS

AYRAULT : Ordre, formalité et instruction judiciaire des Anciens.
3ᵉ édition. Paris, 1604.

BLANCHE : Etudes pratiques sur le code pénal. Paris, 1861 à
1872.

BLOCK : Dictionnaire de la politique ; 2ᵉ édition. Paris, 1880.

CHALLAMEL : Histoire de la liberté en France. Paris, 1886.

CHAUVEAU, FAUSTIN HÉLIE ET VILLEY : Théorie du code pénal
Paris, 1887.

DECOURTEIX : La liberté individuelle et le droit d'arrestation.
Paris, 1880.

DE FRANQUEVILLE : Les institutions politiques, judiciaires et
administratives de l'Angleterre. Paris, 1863.

D'HAUSSONVILLE : L'église romaine et l'Empire. Paris. 1868-1870.

ESMEIN : Histoire de la procédure criminelle en France. Paris,
1882.

FIAUX : La police des mœurs en France et dans les principaux
pays de l'Europe. Paris, 1888.

FAUSTIN HÉLIE : Traité de l'instruction criminelle ; 2ᵉ édition.
Paris, 1866-1867.

GARRAUD : Traité théorique et pratique du droit pénal français.
Paris, 1888.

GLASSON : Histoire du droit et des institutions politiques, civiles
et judiciaires de l'Angleterre comparées au droit et aux
institutions de la France. Paris, 1882.

JOUSSE : Traité de la justice criminelle de France ; Paris 1771.

LOCRÉ : Législation civile, criminelle et commerciale.

MONTESQUIEU : Esprit des lois.

PASQUIER (Le Chancelier). Mémoires ; Paris, 1893.

SERRIGNY : Traité du droit public des Français, Paris 1849.

TAINE : Origines de la France contemporaine ; Paris 1877 à 1894.

TABLE DES MATIÈRES

DU DROIT D'ARRESTATION A ROME

PREMIÈRE PARTIE

Arrestation des citoyens romains dans la compétence urbaine sous la République.

CHAPITRE I.

CHAPITRE II.

CHAPITRE III.

CHAPITRE IV.

CHAPITRE V.

DEUXIÈME PARTIE

Dérogations au droit commun, en matière d'arrestation, sous la République.

CHAPITRE I.

CHAPITRE II.

CHAPITRE III.

TROISIÈME PARTIE

Droit d'arrestation sous l'Empire.

DES ARRESTATIONS ARBITRAIRES

EN DROIT FRANÇAIS

PREMIÈRE PARTIE

La liberté individuelle en France jusqu'à la Constitution de 1875

CHAPITRE I.

CHAPITRE II.

CHAPITRE III.

CHAPITRE IV

La liberté individuelle en France sous le Consulat et le premier Empire. I. Constitution du 22 frimaire an VIII

CHAPITRE IV.

CHAPITRE V.